일본인 '위안부'

일본인 '위안부'

애국심과 인신매매

전쟁과 여성에 대한 폭력 리서치 액션센터

니시노 루미코·오노자와 아카네 책임편집

번역공동체 잇다 옮김

논형

저자 서문

왜 일본인 '위안부'는 줄곧 사람들의 관심 밖에 있었을까? 이것이 일본인 '위안부' 프로젝트팀의 발족을 서두르게 한 최초의 물음이었습니다. '위안부' 문제가 수면 위로 떠오른 지 20여 년이 지났지만 일본인 '위안부'에게는 어느새 창기, 예기, 작부 등 공창제도 하의 매춘부라는 이미지가 각인되어 '매춘부니까 피해자라고 할 수 없다'는 사고방식이 중첩되어 왔습니다. '위안부' 문제가 부상한 시기에 주목받았던, 당시 제11군 제14 병참병원 군의관 아소 데쓰오麻生徹男가 쓴 『화류병의 적극적 예방법花柳病の積極的予防法』1939년 6월 26일 이라는 책에는 일본인 여성이 조선인 여성에 비해 '화류병의 낙인이 찍힌 닳고 닳은 여자', '내지內地에서 먹고살 길이 막막했던 여자'가 많았다고 분석되어 있습니다. '위안부' 문제에 관심을 가진 많은 사람이 본 이 자료의 영향력은 적지 않았을 것으로 생각합니다. 그러나 우리는 그 이후로 충분한 조사나 연구도 하지 않은 채 "일본인 '위안부'는 '매춘부'였으니 피해자가 아니다"라는 막연한 인식에 사로잡혀 있는 것은 아닐까요?

여기에는 '매춘부'의 피해는 '미혼 처녀'의 피해와 다르다, 성 경험이 없는 미혼 소녀가 받은 고통은 '처녀가 아닌 매춘부'의 고통과는 비교조차 할 수 없을 만큼 크다는 사고방식이 은연중에 스며들어 있습니다. 이것은 '처녀'인지 '매춘부'인지 구분하여 피해의 크기를 측정하는 정조 이데올로기입니다. 피해 여성에게 '이런 몸으로는 결혼할 자격이 없다'고 한탄하게 만들고 처녀성을 잃은 것에 대해 분노와 '한恨'을 품게 하여 자기부정을 강요함으로써 생겨난 침묵의 이유와 정조 이데올로기에 의한 사회적 낙인은 표리일체입니다.

2000년 이래, '위안부' 문제의 해결을 위해서 「전시 성적 강제 피해자 문제 해결 촉진에 관한 법률안戰時性的強制被害者問題の解決の促進に関する法律案」이 몇 번이나 제출되었습니다. 그러나 이 법률에서 '전시 성적 강제 피해자'란 전시에 성적 강제로 피해를 본 여성으로서 구 호적법다이쇼 3년 법률 제26호의 규정에 따른 본적을 가지고 있던 자 이외의 자제2조의2로 정의되어 있습니다. 즉, 보상 대상은 일본인 호적을 가지고 있던 자 이외라고 하여 일본인을 대상에서 제외했습니다. 이러한 배경에는 식민지 지배와 전쟁범죄라는 틀에서 아시아의 피해에 관심을 둔다는 역사 인식의 획기적인 전환이 있었던 반면, 일본인 여성은 전후 보상 문제에 있어서 사실조사도 이루어지지 않은 채 배제되어 왔다는 문제가 있습니다.

이전의 신분이 '매춘부'였다고 해서 피해의 크기를 구별해도 되는 것은 아닙니다. 2000년에 열린 일본군 성노예 전범 여성국제법정에서는 '매춘부'였던 일본인 '위안부'도 피해자로 인정했습니다. 게다가

애초에 전전의 일본 사회에서 매춘을 하던 여성창기, 예기, 작부 등은 인신매매로 팔려 와 대부분 폐업의 자유도 없이 매춘을 강요당한 여성이었습니다. 그리고 이러한 인신매매는 당시에도 1872년의 예창기해방령芸娼妓解放令, 1921년의 국제조약「부인 및 아동의 매매금지에 관한 국제조약婦人及児童の売買禁止に関する国際条約」이나 형법 226조와 같은 국내법에 의해 금지되었어야 할 관습이었습니다. 상세한 내용은 제1장의 「일본인 '위안부'의 징집과 근대공창제도」참조 그러나 당시 일본 정부는 이러한 관습을 금지하지 않고 방치했고 전시에는 군에 의한 '위안부' 모집에 인신매매가 이용되었습니다.

아베 정권을 포함한 역대 내각은 1993년에 발표한 「고노 담화」를 계승해 왔습니다. 그런데도 여전히 "강제연행을 직접 제시하는 기술記述은 발견되지 않았다"라는 문구가 담긴 2007년의 답변서를 방패 삼아 강제성을 부인하는 언설이 끊임없이 이어지고 있습니다. 그뿐만 아니라 "'위안부'는 매춘의 문제"니시카와 쿄코西川京子 의원, 중의원예산위원회, 2013년 4월 10일, "그런 가난한 시대에는 일본인이든 한국인이든 매춘은 상당히 이득이 남는 장사였기 때문에, 가난한 사람들은 어떤 의미에서는 어쩔 수 없이, 그러나 결코 억지로 선택한 것은 아니었다." 이시하라 신타로石原慎太郎 당시 도쿄도지사, 2012년 8월 2일, "일본군에 편입된 '위안부'는 '성노예'가 아니다. 전 세계가 인정한, 어디에나 있는 공창제도 하에서 일하던 여성들이었다." 『워싱턴포스트』지 2007년 6월 14일, 『스타레저』지에 게재된 의견광고 2013년 11월 6일 등 정치인들은 '위안부 상행위'론을 반복하고 있습니다. '위안부' 피해자를 전부 '매춘부'였다고 하고, '매춘부'니까 피해자가 아니라는 논리를 구사함으로써 '위안부' 피해를 없었던 일로 하려는 것입니다.

이런 언사는 공창제도 하의 여성이라면 매춘부이기 때문에 강제성이 없다는 주장으로, '직업이니까 문제가 없다'는 '위안소 긍정론'과도 합류하는 것입니다. 2013년 5월, 하시모토 도루橋下徹 오사카 시장은 "위안소는 필요했다"라는 발언과 더불어 미군에게 풍속업風俗業 활용을 권했다는 것이 알려져 문제가 되었습니다. 이 발언은 국가책임 부정론이라기보다는 적극적인 '위안부'제도 필요론이라고 볼 수 있습니다. 강간 방지 및 병사의 사기 고양, 정신 통제를 위해서 위안소가 필요했다는 사고방식은 정조를 중시하는 도덕에 의한 여성들의 분리를 용인하기도 합니다. 이러한 여성의 이분화는 공창제도에 '대의명분'을 제공한 정조 이데올로기와 동일한 정당화 구조를 갖습니다. 강제를 부정하는 주장에는 '성의 방파제' 긍정론과 여성의 이분화, 여성 차별 및 계급차별이 착종되어 있습니다.

'위안부' 피해자에 대한 헤이트 스피치가 지금도 공공연히 행해지고 있는 일본 사회의 상황과 '위안부'였던 일본인 여성이 자신의 이름을 공식적으로 밝힐 수 없는 상황은 절대 무관하지 않겠지요. '매춘부 멸시'가 내재된 차별 구조에 기반한 '위안부는 공창이다'라는 발언이, 속아서 혹은 권력에 의해 '위안부'가 된 일본인 여성은 물론이고, 전차금을 받고 위안소에 갔던 공창제도 하의 여성들에게, 가족이나 친척,

지역사회에 그러한 과거가 알려져서는 안 된다는 경계심을 부추겨 침묵을 강요해 온 것은 아닐까 생각합니다.

우리는 '위안부'가 되기 이전에 매춘했던 여성을 그렇지 않았던 여성과 차별하는 '위안부' 피해 인식을 넘어서, '위안부' 문제에 있어서 '피해'가 무엇인지 재정의하기 위한 조사와 연구를 해왔습니다. 이 책에 집약된 논고論考는 일본인 '위안부' 프로젝트팀에서 3년에 걸쳐 진행한 조사와 연구를 바탕으로 한 것입니다. 주된 조사대상은 국회도서관 소장 서적, 자비自費출판 도서관 소장 서적, 야스쿠니신사 가이코靖国神社偕行 문고 소장 서적과 자료, 오야소이치大宅壮一 문고 소장의 잡지, 지금까지 간행된 '위안부' 관련 공문서 사료입니다. 이들 자료로부터 일본인 '위안부'에 관한 기술記述을 세밀히 추려내어, 이제까지의 다양한 기록 및 정보와 함께 정리했습니다.

제1장에서는 일본인 '위안부'가 어떻게 모집되었는지 파악하기 위해 공창제도와의 관계를 살펴보고자 오노자와 아카네小野沢あかね가 「일본인 '위안부'의 징집과 근대 공창제도」를, 송연옥宋連玉이 「식민지 조선의 공창제도와 '위안부' 제도」를 논하고, 이해를 돕기 위해 형법학자인 마에다 아키라前田朗가 당시 '위안부' 징집으로 유죄판결을 받은 사례를 소개해 주었습니다. 또한 일본 국내에서 업자가 '위안부'를 징집한 사례가 몇몇 경찰 자료와 내무성 자료에서 발견되었는데, 이를 섬세하게 해독한 나가이 가즈永井和의 논문을 게재했습니다. 게재를 흔쾌히 허락해 주신 나가이 가즈 씨에게 이 자리를 빌려 거듭 감

사의 말씀을 드립니다.

　제2장에서는 일본인 '위안부'가 어떤 사람들이었으며 이들이 어떻게 다루어졌는지 파악하기 위해 일본인 '위안부' 프로젝트팀이 조사해 온 일본인 '위안부'의 생애사Life history 중에서 몇몇 대표적인 사례를 동同 프로젝트팀의 구성원인 요시이케 도시코吉池俊子, 야마다 게이코山田惠子, 야마구치 아키코山口明子가 소개하고, 위안소에서의 일본인 '위안부'의 처우 및 특징을 니시노 루미코西野瑠美子가 정리하였습니다. 조사기간 중에 다바 사치코田場祥子가 중심이 되어 착수한 작업, 즉 오키나와에서 자기 집이 위안소로 사용된 경험을 하신 분들에 대한 인터뷰도 귀중한 기록입니다. 하야시 히로후미林博史는 이와 연계하여 오키나와 위안소 정책에 대한 글을 기고해 주었습니다. 특히, 오코시 아이코大越愛子의 협력으로 '위안부' 모집업자에 대한 인터뷰 작업을 한 이시바시 나오코石橋菜穂子의 보고를 게재할 수 있었습니다. 이자리를 빌려 두 분에게 감사의 인사를 전합니다.

　제3장에서는 일본인 '위안부'의 전후의 삶에 초점을 맞추었습니다. 1970년대에 일본인 '위안부'에게 들었던 이야기를 잡지나 서적에 발표한 히로타 가즈코広田和子가 오노자와와 니시노의 논문 등에 등장하는 일본인 '위안부' 야마우치 게이코山内馨子에게 들은 이야기를 바탕으로 전후에 고난으로 가득했던 그녀의 인생에 관해 써 주었습니다. 생존해 있는 일본인 '위안부'가 전후에 겪었던 딜레마, 그리고 그녀들의 절규가 전해지는 귀중한 원고입니다. 히라이 가즈코平井和子의 논

문에는 일본군 위안소와 전후의 점령군을 대상으로 한 '위안 시설' 및 아카센赤線과의 연속성이 선명하게 그려져 있습니다. 니시카와 미유키西川幸와 아마하 미치코天羽道子가 쓴 일본인 '위안부'가 겪었던 전후의 고뇌와 은폐된 전후를 엿볼 수 있는 칼럼, 그리고 전후 피해자의 민족별 비교에 대한 김부자金富子의 칼럼도 반드시 읽어보아야 할 것입니다.

일본인 '위안부'와 관련된 조사와 연구는 이제 막 첫발을 내디뎠습니다. 조사에서 가장 심각한 문제는 일본인 '위안부'였던 당사자의 증언이 거의 없다는 점입니다. 당사자가 생존해 있더라도 상당히 고령이 되었을 겁니다. 하지만 마음에 짚이는 분이 계시다면 소개를 받았으면 합니다. 앞으로는 국내의 여성사 연구단체와의 교류도 추진하고 싶습니다. 이제 막 시작한 연구이지만 많은 분의 도움으로 한층 더 진상이 규명될 수 있기를 진심으로 기원합니다. 이 책은 조사 연구의 중간보고에 불과하지만 그 한 걸음을 여러분과 함께 공유할 수 있기를 바랍니다.

2015년 2월

니시노 루미코, 오노자와 아카네

---

1   (역자주) GHQ가 공창 폐지 지령을 내린 1948년부터 매춘방지법이 시행된 1958년까지 매춘이 공공연히 행해지던 지역.

한국어판 서문

일본인 '위안부' 조사·연구의 시작

2015년에 출판한『일본인 '위안부' : 애국심과 인신매매』가 한국의 독자들을 만날 수 있게 되어 매우 영광이라고 생각한다.

일본군은 점령지 전역에 위안소를 설치하고 식민지였던 조선·타이완의 여성들과 점령지역의 여성들을 '위안부'로 만들었는데, 사실은 자민족 일본인 여성들까지도 '위안부'로 삼았다. 1990년대 이후 각국의 '위안부' 피해자 지원 운동이 발전하고 피해자들이 연이어 세상에 모습을 드러내며 증언했던 것과는 대조적으로, 일본인 '위안부' 피해자를 위한 지원 운동이 일어나거나 피해 당사자가 자신을 드러내는 일은 없었다.

그러나 일본인 '위안부'에 대한 조사·연구가 전혀 없었던 것은 아니다. '2000년 일본군 성노예 전범 여성국제법정' 이하, 2000년 여성법정을 준비하는 과정에서 이 책의 또 다른 책임편집자인 니시노 루미코가 정리한 「일본인 '위안부'」 VAWW-NET Japan 編, 『日本軍性奴隷制を裁く 2000年女性国際戦犯法廷の記録 vol.3「慰安婦」·戦時性暴力の実態 I 日本·台湾·朝鮮編』, 緑風書房, 2000年 라는 논문을 기록으로 남길 필요가 있다고 생각했다. 1990년대 초부터 페미니스트의 입장에서 '위안부' 문제에 매진해 온 저널리스트 니시노는, 일본군이 차금借金에 시달리는 예기, 창기, 작부나 빈곤한 여성들에게 '나라를 위해'라는 의식을 갖게 하여 '위안부'로 징모했을 뿐만 아니라 사기를 통해 일본인 여성을 징모했다는 것 등 이 책의 골자가 되는 사실을 위 논문에서 밝혀냈다. 그리고 2000년 여성법정에서는 일본인 '위안부'의 전력과 상관없이 그녀들을 피해자로 인정했다.

그러나 그 후 일본인 '위안부'에 관한 조사는 진행되지 않았다. 바우넷 재팬VAWW-NET Japan이 2011년에 바우락VAWW RAC으로 개편되었을 때, 니시노의 주도 하에 참가 희망자를 모아 바우락 내에 일본인 '위안부' 프로젝트팀을 발족했다. 따라서 이 책은 이 팀의 구성원들이 이뤄낸 공동연구의 성과이다. 근대 일본의 공창제도·폐창운동사의 연구를 하고 있었던 나는 이때 바우락과 이 팀의 일원이 되어 니시노와 함께 이 책의 책임편집을 담당하게 되었다.

'위안부'였다는 사실을 스스로 공공연하게 밝힌 일본인 여성은 시로타 스즈코가명 외에는 거의 없기 때문에 그녀의 구술을 바탕으로 쓰인 시로타 스즈코의 『마리아의 찬가』『マリアの贊歌』,日本キリスト教団出版局, 1971年,개정판은かにた出版部, 1985年는 일본인 '위안부' 문제를 이해하기 위해서는 반드시 읽어야 하는 책이다. 그러나 실제로는 다양한 잡지 기자와 논픽션 작가들이 일본인 '위안부'였던 다른 여성들의 이야기를 듣고 그것을 글로 남기기도 했다. 우리는 우선 그러한 정보가 남아 있을 만한 잡지, 논픽션 작품 등을 두루 살폈다. 그 과정에서 간과해왔던 정보나 작품을 재발견할 수 있었다. 동시에 지금까지 발굴되어 온 군

부와 내무성, 전 일본 병사의 수기와 같은 사료를 일본인 '위안부'라는 시점에서 다시 읽었다. 동시에 일본인 '위안부' 관련 연구를 해온 분들에게도 원고를 받았으며, 식민지와의 비교 또한 시야에 넣었다. 이 책은 아직 부족한 점이 많지만 일본인 '위안부' 연구의 효시로 읽어주기를 바란다.

일본인 '위안부' 문제와 공창제도·현대의 성매매

일본인 '위안부' 조사를 통해 일본 사회가 에도시대부터 매춘買春, 성을 사는 것에 매우 관대했다는 사실을 통감했다. 성을 사는 남자를 상대할 여성을 조달하기 위해 인신매매하는 관습과 그것을 직업으로 하는 사람이 공공연히 존재하던 사회였다. 그렇기 때문에 1937년 중일전쟁이 시작되자 군은 업자를 이용해 예기, 창기, 작부는 물론 그 외에 방대한 인원의 여성을 '위안부'로 징집할 수 있었다. 이렇듯 종주국 일본의 일본인 '위안부'의 특징을 밝히는 작업은 식민지와 점령지의 '위안부'를 포함한 '위안부'의 전체상을 밝히는 데에도 도움이 될 것이라 생각한다.

　가장 인상에 남았던 것은 일본인 '위안부'였던 여성 중에 '위안부' 시절을 '더 나았다', '즐거웠다'라고 말하며 1945년 이후에도 전우회전 일본 병사들의 모임에 참석하던 여성들이 있었다는 사실이다. 이는 조선인과 같은 식민지의 '위안부'나 점령지의 '위안부'와는 확연히 다른 점이다. 이를 이해하기 위해서는 다음과 같은 사정을 짚고 넘어가야 한다. 첫째, 일본인 '위안부'는 다른 민족 여성들보다 조금 나은 환경에 놓여 있었다고 하지만, 여기에서 고려해야 하는 것은 이것만이 아니다. '위안부'가 되기 전부터 이미 폐업할 가망 없이 계속 성을 팔아야만 하는 생활을 강요당해온 여성들에게는 '위안부' 경험만 괴로웠던 것이 아니라 그 이상으로 고통스러웠던 시절이 있었다. 게다가 성을 파는 것을 상행위의 일종이라고 여기며 경멸하는 일본사회 안에서 '위안부'였다는 과거가 알려지는 것은 두려운 일이었다. 그렇기 때문에 1945년 이후에도 자신의 과거를 알고 있는 사람들의 모임인 전우회 말고는 자신의 자리를 찾을 수 없었던 경우도 있었다.

이러한 사실이 현재의 우리에게 던지는 교훈은 무엇일까? 그것은 매춘을 용인하고 여성들에게 성을 팔게 하는 업자를 방임하는 사회가 제2, 제3의 '위안부' 피해를 낳을 가능성이 높다는 것을 의미하는 것 아닐까? 성을 파는 여성들의 어려운 처지를 방치하고 그것을 상행위로 보는 사회에서 당사자들이 그 고통을 피해라고 자각하고 목소리를 내는 일은 매우 어렵다.

현대 일본도 매춘에 대해 몹시 관대한 사회이며 많은 사람들이 성매매를 상행위로 보고 있다. 빈곤의 확대와 젠더격차지수 Gender Gap Index, GGI 전 세계 121위 2019년라는 상황 속에서 많은 여성이 어쩔 수 없이 성을 파는데도 불구하고, 여성들의 곤경에는 무관심하면서도 경멸하는 감정이 공존한다. 이런 상황에서 "위안부는 매춘부였다", "원래 매춘하던 여성들이라면 위안부를 시켜도 문제없다"라는 취지로 '위안부' 피해를 부정하는 정치가의 발언이 끊이지 않으며 인터넷이나 주간지에도 이런 종류의 발언이 넘치고 있다. 게다가 최근에는 성노동론이 페미니즘으로 침투하면서 매춘에 대한 비판은 더욱 약해지고, 성을 파는 여성들의 자발성만 강조되는 것처럼 보인다. 조선인 '위안부'가 일본군에게 협력했던 측면을 중시해야 한다고 강조하는 페미니스트도 있다. 이러한 현상이 일본인 '위안부', 더 나아가 '위안부' 문제 전체를 이해할 때 커다란 장애 중 하나가 되며 '전시 성노예제' 개념을 부정하는 풍조로 이어지고 있는 것 아닐까?

'위안부' 문제의 진정한 해결을 향해―성착취 반대라는 한일연대로

이 책이 출판되고 5년이 지난 지금, 나는 일본인 '위안부' 문제에 머무르지 않고 그 근원에 있는 유곽의 구조를 해명할 필요가 있다고 생각해 연구를 진행하고 있다. 여기에 더해 매춘 비판을 강화하고 현대에 성을 파는 여성들의 곤경을 밝히며 그 목소리를 듣는 일이 결과적으로 일본인 '위안부' 문제, 더 나아가 '위안부' 문제 전체에 관한 사람들의 이해로 이어진다고 생각한다.

　　그리고 최근 한국의 여성운동에 다시금 놀라고 있다. 한국의 페미니즘은 매춘을 처벌하는 성매매방지법을 실현했고, '성매매문제 해결을 위한 전국연대'이하, 전국연대가 각지에서 성을 파는 여성들의 어려운 상황을 듣고 탈성매매 운동과 매춘 비판을 전개하며, 기지촌 여성의 경험을 피해로 인정하고 국가책임을 묻는 재판을 일으켜 승소했다. 그리고 '위안부' 운동이 이러한 운동들과 연대하여 여성의 성착취에 반대하는 커다란 파도를 만들어내고 있다는 점을 알고 있기 때문이다.

얼마 전부터 나는 바우락의 동료이자 이 책의 집필자 중 한 명인 김부자와 그녀의 동료들과 함께 한국의 기지촌 여성 지원운동과 성매매 문제 해결 운동의 탈성매매 지원 현장을 방문해 교류를 이어오고 있다. 2019년 9월에는 '#Me Too 운동과 함께하는 범시민행동'이 주최한 연속 시위 "'성착취' 카르텔을 깨부수자!'에도 참가했다. 그곳에서는 '위안부' 피해자가 자신의 체험을 이야기하며 가해자를 고발한 것처럼 '성매매경험당사자네트워크 뭉치'^{이하, 뭉치}의 멤버가 자신의 경험을 피해로 자각하고 자기 생각을 당당히 말하는 것을 보고 깊은 감명을 받았다. 또한 같은 해 '전국연대'의 활동가들과 뭉치의 멤버들을 일본에 초빙해 일본에서 탈성매매 지원운동을 하고 있는 파프스^{People Against Pornography and Sexual Violence, PAPS}, 콜라보^{Colabo} 등과 함께 연구회와 심포지움도 열었다. 이런 중에 김부자, 오노자와 아카네 편, 『성폭력 피해를 듣는다: '위안부'에서 현대의 성착취로』^{岩波書店, 2020년}를 출간했으며, 한국어판 출간도 예정되어 있으니 이 책도 함께 읽어 주었으면 한다.

현재의 성착취에 대해 무관심한 사회는 전시 성폭력에 대해서도 정확하게 인식할 수 없다. 이 책『일본인 '위안부': 애국심과 인신매매』의 한국어판이 일본인 '위안부'의 특질을 밝힘과 동시에 '위안부' 문제에 대한 인식을 더욱 풍부하게 하고 성착취에 반대하는 한국의 모든 분과 연대하는 데 자그마한 도움이 되기를 바란다.

2021년 1월
오노자와 아카네

차례

제3장 일본인 '위안부'의 전후는 어떠했는가?

제1장

일본인 '위안부'는 어떻게 모집되었나?

일본인 '위안부'의 징집과 근대 공창제도

오노자와 아카네 小野沢あかね

들어가며

'위안부'는 '매춘부'이지 피해자가 아니고, '위안부'를 징집하여 일을 시킨 것은 민간업자이지 군이 아니라며 '위안부' 피해와 군의 책임을 부정하는 주장이 있다. 이런 공격적인 주장은 종종 일본인 '위안부'의 사례를 들어 그녀들이 원래부터 매춘을 하고 있었고, '자발적으로' '위안부'가 되었으며, 대우도 좋았고 '즐거웠다'라고 말한다는 점을 강조한다. 여기에서는 이러한 공격에 대해 반론하고, 일본인 '위안부'의 징집을 검증함으로써 다음의 세 가지를 강조하고자 한다.

첫째, 군을 비롯한 내무성 등의 국가기관이 일본인 '위안부' 징집을 명한 것은 각종 자료를 통해 명백하게 밝혀져 있어 군과 국가는 책임을 면할 수 없다는 점이다.

둘째, 군이나 내무성의 명령을 받아 인신매매나 사기 등의 방법으로

여성을 징집한 것은 공창업자나 주선업자, 묵인사창업자, 그 밖의 민간인 등이었다. 요컨대, 전전의 일본 사회에는 일상적으로 여성을 매매하는 자들이 존재하고 있었고, 그런 행위를 공창제도 하에서 사실상 인정하고 있었기 때문에 전시에 군이 그런 자들에게 명령하여 일본인 '위안부'를 징집할 수 있었다. 그러나 여기서 강조해 두고 싶은 점은 매춘 목적으로 여성을 인신매매하는 것은 당시에도 처벌받아야 할 금지 행위였다는 것이다. 1872년에 내려진 「예창기해방령芸娼妓解放令」태정관 포고 제295호에 의해 인신매매는 금지되었고, 전차금前借金을 이유로 인신을 구속하거나 예기·창기의 폐업을 방해해서는 안 되었다. 매춘 목적의 여성 인신매매는 적어도 「추업을 목적으로 하는 부녀자 매매 금지에 관한 국제조약醜業を行はしむる為の婦売買禁止に関する国際条約」 1910년, 「부인 및 아동의 매매 금지에 관한 국제조약婦人及児童の売買禁止に関する国際条約」1921년,[1] 「성년 부녀 매매 금지조약成年婦女売買禁止条約」 1933년, 「노예조약奴隷条約」1926년[2] 등을 위반하고 있었다고 간주되며, 제국 밖으로 이송할 목적으로 여성을 매매하는 행위는 형법 226조를 위반하는 것이었다.[3] 그러나 전전의 일본 정부는 인신매매를 처벌하기

---

1 부인 및 아동의 매매 금지에 관한 국제조약은 ① 매춘시킬 것을 목적으로 미성년(21세 미만)의 여성을 권유, 유괴한 자는 본인의 승낙을 받았더라도 처벌받을 수 있다, ② 매춘시킬 것을 목적으로 성년 여성에게 사기·폭행·협박·권력 남용 기타 일체의 강제수단을 이용해 권유·유인한 자는 처벌을 받을 수 있다는 내용이다. 성년 부녀 매매 금지조약은 연령 제한을 없애고 성년 여성에게 매춘을 권유하는 것 자체를 금지했다.

2 노예제도라는 것은 어떤 사람에 대해서 소유권에 따르는 기능의 일부 혹은 전부가 행사되는 경우, 그 사람의 지위 혹은 상황을 말한다.

3 제국 밖으로 이송하는 목적으로 사람을 약취·유괴·매매하는 자 혹은 피괴취자(被拐取者)·피매자(被売者)를 제국 밖으로 이송하는 자는 처벌될 수 있다고 되어 있으므로, 인신매매한 예기·창기·작부를 제국 밖에서 일하도록 시키는 행위는 형법을 위반하는 것이 된다. 前田明, 「『慰安婦』誘拐犯罪」, 「戦争と女性への暴力」, リサーチ・アクションセンター編, 『『慰安婦』バッシングを越えて』, 大月書店, 2013年.

는커녕 그것을 온존시켜 온 내력이 있다.

셋째, '위안부'가 된 일본인은 예기·창기·작부로 일하던 여성이 많은데, 앞에서 언급한 것처럼 그녀들은 인신매매를 당해 자유를 빼앗긴 사람들[4]이었기 때문에 '자유의사'로 '위안부'가 되었다고 말할 수 없고, '위안부' 시절을 즐거웠다고 말한 여성이 있다 하더라도, 그것은 '위안부'가 되기 이전과 이후의 삶이 얼마나 가혹한 것이었는지를 드러내는 것에 지나지 않는다. 또한 사기를 당해 징집된 일본인 여성도 있었다는 점을 강조하고 싶다.

결국 일본 정부는 국내의 제반 법규와 국제조약에 위반되는 인신매매 관습을 금지하지 않고 온존시켜 전시에 관련 업자들에게 여성을 '위안부'로 징집하도록 명령하는 중대한 범죄행위를 저지른 셈이다. 이하의 사료를 기반으로 구체적으로 살펴보도록 하자.

---

4   창기는 손님과의 성교로 보수를 받는 것을 공인받았다. 또한 창기를 데리고 영업하는 것이 허가된 업자를 가시자시키(貸座敷, 대좌부)라고 한다. 예기는 술자리에서 노래하고 춤추고 샤미센 등을 연주하는 것을 본업으로 하지만, 매춘하는 경우가 많았다. 대부분의 작부도 매춘으로 먹고 살았다. 그녀들 모두 계약을 할 때 계약기간을 정함과 동시에 다시금 유곽이나 예기집에서 전차금이라 불리는 돈을 빌리게 되는 것이 관습이었다. 많은 경우, 그 돈은 여성의 부모가 가져갔고, 여성들은 그 빚을 완전히 갚을 때까지 일을 그만두기가 매우 어려웠다. 전차금이라기보다는 몸값이라고 해도 과언이 아니었다. 또한 수입의 일부만 자기 것이었고 나머지는 포주의 몫이었기 때문에 여성들은 적은 수입으로 빚을 갚아나가야 했다. 따라서 변제는 매우 어려웠고 빚이 늘어가는 일도 자주 있었다. 게다가 사기나 유괴로 여성들을 매춘시설로 보내는 '악덕 소개업자'도 존재했다. 1872년에 「예창기해방령」으로 인신매매는 본래 금지되어야 했고, 1900년에 제정된 「창기단속규칙」에서는 빚을 변제하지 못해도 자유로이 폐업을 할 수 있다고 되어 있었다. 그러나 창기·예기 계약과 전차금 계약은 각각 별도여서 전차금 계약 자체는 위법으로 간주되지 않았기 때문에 폐업 후에도 남아있는 변제의 의무로 인해 실제로 폐업할 수 있는 여성은 드물었다. 1920년대가 되면 국제연맹이 부녀매매 금지에 힘을 쏟음으로써, 앞에서 언급한 국제조약이 만들어져 인신매매는 한층 더 금지의 대상이 되었지만, 일본 정부는 그러한 금지를 태만으로 일관했다. 상세한 내용은 졸고, 『「慰安婦」問題と公娼制度』, 『「慰安婦」バッシングを越えて』를 참조할 것.

I. 군부·내무성에 의한 일본인 '위안부' 징집명령

1. 상하이 파견군의 명령

「경찰청 관계 공표자료」에 있는 자료 중에는 중일전쟁 발발 직후부터 군부·내무성 등이 작부 등의 일본인 여성을 대상으로 '위안부'의 대규모 징집을 명령한 것이 명확하게 기재되어 있다.[5]

이 자료는 1938년 초에 군마群馬, 야마가타山形, 고치高知, 와카야마和歌山, 이바라키茨城, 미야기宮城의 각 현에서 수상한 남자들이 상하이의 육군 특무기관으로부터 의뢰를 받았다며 상하이 파견군 내 육군위안소에서 일할 작부를 모집하고 있는 것을 각 현의 지사가 문제 삼아 내무성 등에 문의하는 문서이다. 예를 들면, 고베神戸 시의 가시자시키貸座敷 업자인 오우치大內라는 이름의 남자가 상하이 주재 육군 특무기관의 의뢰로 상하이 파견군 내 육군위안소에서 일할 작부 3,000명이 필요하다며, 모집을 위해 마에바시前橋시에서 예창기·작부 등의 소개업을 하는 남자를 방문하여 계약서, 승낙서, 차용증서, 계약조건 등을 제시하고 작부 모집을 의뢰했다고 한다. 야마가타, 이바라키에서도 오우치가 같은 방식으로 모집을 했다고 전해졌다. 이바라키현에서는 실제로 작부 여성 두 명이 상하이에서 영업하기로 하고, 각각 전차금 642엔과 691엔을 받아서 고베로 떠났다고 한다. 그 밖의 현에서는 오우치는 아니지만, 다른 가시세키貸席[6] 업자나 주선업자들이 동일한 방식으로 군에서 의뢰를 받았다고 하며 작부를 모으고 있다는 정황이 전

---

5   女性のためのアジア平和国民基金編, 『政府調査「従軍慰安婦」関係資料集成』, 第1卷, 龍渓書舍, 1997年, 3~112頁. 이 자료의 전체상에 대해서는 이 책에 수록된 나가이 가즈의 논문에 상세하게 검증되어 있다.

6   (역자주) 회합이나 식사를 위하여 요금을 받고 빌려 주는 방 또는 그것을 업으로 하는 집.

해지고 있었다.

특히 주목할 만한 것은 와카야마의 사례다. 와카야마에서는 요릿집 작부에게 상하이행을 권했던 세 명의 남자, 오사카시 가시세키 업자인 사가佐賀와 가나자와金澤, 가이난海南시의 소개업자 히라오카平岡를 취조했다. 그 결과, 그들은 상하이의 황군위안소가 요청한 작부 3,000명 중 70명을 1938년 1월 3일에 나가사키 항에서 헌병 호위를 받으며 육군어용선에 태워 보냈다고 했고, 추가로 다음과 같은 진술도 하였다. 1937년 가을에 오사카시의 기업 임원 고니시小西, 고베시 가시세키 업자 나카노中野, 오사카시 가시세키 업자 후지무라藤村가 상경하여, 도쿠히사德久 중좌의 중개로 도야마 미쓰루頭山滿, 아라키 사다오荒木貞夫 대장과 논의를 거쳐, 내지에서 3,000명의 창부를 보내기로 했다. 이에 후지무라와 고니시가 70명을 보내면서 오사카부 구조九条 경찰과 나가사키현 외사과로부터 편의를 제공받은 것, 사가와 가나자와가 후지무라의 앞잡이로 와카야마에서 모집을 시작하여 그곳 사정에 밝은 히라오카에게 안내를 시킨 것 등이 밝혀졌다. 그리고 이미 와카야마현 내에서도 20대 여성 두 명에게 각각 전차금 470엔과 362엔을 지불한 것도 드러났다.

와카야마현 경찰은 이 진술의 진위를 확인하기 위해 나가사키현 경찰 외사과와 오사카부 구조경찰서에 문의하였다. 그 결과, 나가사키현 경찰 외사과에서는 1937년 12월 21일에 상하이 일본총영사관 경찰서장이 나가사키현 수상경찰서장에게 다음과 같은 의뢰장을 보냈다는 사실을 알려왔다. 육군무관실 헌병대의 합의 결과, 군 위안소를 설치하게 되었으므로 '위안부' 모집을 위해 내지와 조선으로 도항하는 자에게 해당 기관이 발급한 신분증명서를 소지토록 할테니 편의를

봐주라는 내용이다.[7]

또한 오사카 구조경찰서에서는 내무성으로부터 경찰부장에게 의뢰가 있었기 때문에 1938년 1월에 모집자에게 편의를 제공해주어 도항시켰다는 회신을, 앞에서 언급된 가나자와의 신분증명서와 함께 보내왔다.[8] 요컨대 상하이 육군위안소가 업자들에게 명령하여 내지에서 여성을 모으게 하고, 내무성과 경찰이 그 편의를 봐주었다는 것이 공문서에 명확하게 기재되어 있다는 것이다.

2. 내무성의 명령

게다가 1938년 11월이 되자, 내무성이 자체적으로 일본인 '위안부'를 적극적으로 징집하게 되었다는 것을 알 수 있다. 11월 4일 자의 자료를 보면, 남지나 파견군 후루소古莊부대의 참모인 육군항공병 소좌 구몬 아리후미久門有文와 육군성 징모 과장으로부터 남지나 파견군의 위안소 설치를 위해 약 400명의 '위안부'를 징모해 달라는 요청이 있어, 내무성은 각 지방청에 통첩을 보내 적당한 인솔자引率者를 선정하여 부녀자를 모집해 현지로 보내도록 조치한 것을 알 수 있다. 내무성은 오사카100명, 교토50명, 효고100명, 후쿠오카100명, 야마구치50명로 할당하여, 각 현별로 인솔자引率者를 선정해 모집시키고 현지로 가도록 명령했다. 또한 이미 타이완총독부를 통해 타이완에서도 약 300명을 도항시킬 준비를 마쳤다고 되어 있다.[9]

7　「上海派遣軍内陸軍慰安所に於ける酌婦募集に関する件」群馬県知事, 1938年 1月 19日 (茨城県知事, 1938年 2月 14日), 「時局利用婦女誘拐被疑事件に関する件」和歌山県知事, 1938年 2月 7日. 이상은 앞에 게재된 『警察庁関係公表資料』, 『政府調査「従軍慰安婦」関係資料集成①』에 수록되어 있음.

8　상동.

9　内務省警保局, 「支那渡航婦女に関する件」, 1938年 11月 4日, 앞에 게재된 『政府

3. 그 밖의 파견군이 직접 출신 지역에서 '위안부'를 징집

한편, 파견군이 직접 출신 지역에서 '위안부'를 징집한 경우도 있었다. 한커우漢口에 주둔 중이던 가가와香川현 출신 아마야天谷부대 젠쓰지善通寺 제40사단 사단장 아마야 나오지로天谷直次郎 중장은 군 위안소 개설을 위해 '위안부' 50명을 자기의 고향에서 모집·인솔하여 중국으로 도항시키는 것에 대한 허가를 가가와현청에 신청했다.[10]

4. 아시아·태평양전쟁 시기 '위안부' 도항에 관한 해군의 관리

그뿐만 아니라, 1941년 이후에는 해군이 자체적으로 아시아·태평양 지역의 새로운 점령지와 전지戰地로 '위안부'를 이송할 것을 결정했다는 사실이 전前 해군 병사의 증언에 의해 밝혀졌다. 해군성 군무국장과 해군성 병비국장이 남서방면함대 참모장에게 보낸「제2차 특요원 진출에 관한 건 조회第二次特要員進出に関する件照会」1942년 5월 30일 자라는 자료에서 요코하마橫浜항으로부터 암본, 마카사르, 발릭파판, 페낭, 수라바야 등으로 '특요원'이라는 이름의 '위안부'를 도항시키도록 결정한 것을 알 수 있다.[11] 또한 '특요원'의 표준 계약기간은 1년 정도이며 여성들은 대개 400~500엔의 전차금을 빚지고 있었다고 한다.

調査「從軍慰安婦」関係資料集成①」

10 「漢口陸軍天谷部隊慰安所婦女渡支に関する件」, 1939年 12月 23日, 吉見義明 編集·解説, 『從軍慰安婦資料集』 大月書店, 1992年.

11 重村実, 「特要員と言う名の部隊」 『文藝春秋』, 1955年 12月.

II. 군의 명령 하에 '위안부' 징집의 앞잡이가 된 것은 누구인가?

1. 공창업자·묵인사창업자·요정

다음으로 육·해군, 내무성 등에 의해 선정되어 그 앞잡이로 '위안부'를 징집한 공창업자들의 움직임을 살펴보자.

(1) 고베·오사카의 가시자시키 업자 등이 제시한 계약조건

앞에서 언급한 바와 같이, 「경찰청 관계 공표자료」에는 고베나 오사카의 공창업자가 '위안부'를 각지에서 모집하던 정황이 명확히 기재되어 있다. 주목해야 할 점은 그들이 전차금액과 1년 단위의 계약기간年期 등 '위안부'가 되는 구체적인 계약조건을 제시하고 여성들에게 이를 권유했다는 사실이다. 그 내용은 다음과 같다.

> 계약기간은 만 2년으로, 전차금은 500~1,000엔[단, 이 중 2할을 공제하여 신부금身付金 및 승선비로 충당], 연령은 만 16~30세, 신체가 건강하고 친권자의 승낙을 받을 것, 전차금의 변제는 계약기간 만료와 동시에 '소멸'하는 방식으로 함. 즉, 계약기간에 병으로 일을 쉬어도 기간 만료와 동시에 전차금은 변제가 완료됨. 차금에 대한 이자는 계약기간 중에는 붙지 않지만 도중에 폐업할 경우에는 잔금에 대해 월 1보一步의 이자를 부과, 계약기간 중에 폐업할 경우에는 원금 잔액과 위약금 및 고용 당시 발생한 비용 일체를 즉각 변제할 것, 위약금은 1년 이내라면 전차금의 1할로 함, 계약기간 종료 후 귀국 시 필요한 경비는 포주가 부담, 매상의 1할을 본인 소득으로 매월 지급할 것, 계약기간 만료 시에는 본인 매상에 따라 위로금을 지급할 것, 침구·입욕비·의료비는 포주가 부담한다.

이 계약조건에서 눈길을 끄는 것은 2년이라는 비교적 짧은 계약기간이 완료되면 그동안 병으로 일을 쉰 기간이 있더라도 전차금은 다 갚은 것으로 한다는, 말하자면 해방된다는 점이다. 계약기간이 완료되어도 아직 전차금이 남았을 경우, 그것을 완전히 갚지 않으면 폐업할 수 없는 경우가 많았던 당시 상황으로 미루어 보자면, 이러한 조건은 그녀들에게 '좋은 조건'으로 비쳤을 가능성이 있다. 한편, 기간 중의 본인 소득은 매상의 10%에 불과하다는 점이나 도중에 그만두면 전차금 잔액과 위약금 등을 즉시 갚아야 한다는 점 등을 보면, 기간 중의 폐업을 엄격하게 막고 있었음을 알 수 있다. 결국 여기서 제시된 계약조건은 계약기간 중에 그만둘 수는 없지만, 단기간의 계약으로 해방된다는 특징을 지닌 것으로 보인다.

이러한 조건은 그만둘 가망이 없는 상태에서 매춘을 강요당하던 여성들의 입장에서 보면 희망으로 가득한 내용이었을 것이다. 게다가 '위안부' 모집을 했던 남자들의 증언에 따르면, 병사의 위안소 이용요금은 군의 위안비 같은 것에서 나왔고, 소개 수수료의 10%는 군부가 부담했다고 한다.[12] 여성들도 군의 경비라는 것을 알았다면 그로 인해 안도감을 느꼈을 것이다.

(2) 오사카 마쓰시마 유곽, 고베 후쿠와라 유곽 등이 한커우 위안소로

공창업자가 상하이 파견군의 의뢰에 응하여 점령지에 업소를 낸 것이 확실한 사례도 있다. 상하이 파견군은 서일본 각지의 유곽에 협력을 요청했고 오사카 마쓰시마松島 유곽, 고베 후쿠와라福原 유곽, 히로시마의 유곽 등이 이 요청에 응하여, 1938년 10월경 한커우 지청리積

---

12   앞에 게재된 「警察庁関係公表資料」, 「政府調査「從軍慰安婦」関係資料集成①」

慶里에 위안소를 만들고 브로커女衒를 통해 여성을 모집했다. 브로커는 딸을 팔 것 같은 집이 있다는 말을 듣고 마을로 가서 문짝 대신 거적을 매달아 놓을 정도로 가난한 집의 딸을 사들였다. '위안부'들에게는 많은 액수의 전차금이 있었고 전차금을 다 갚을 때까지 그만두지 못한 채 여러모로 착취당하고 있던 상태를 군이 인정하고 있었다는 것이 명백하다.[13]

(3) 묵인사창가의 조합장이 육군성으로부터 의뢰를 받아 여성을 징집
공창업자만이 아니라, 묵인사창업자도 군부의 의뢰로 여성을 모아 위안소를 차렸다. 예를 들면, 다마노이玉の井의 명주옥銘酒屋[14] 조합장은 1937년 11월에 육군성에 불려가서 '위안부'를 50명 모으라는 명령을 받았다. 이에 알고 지내던 주선업자에게 부탁하여 여성을 모아 상하이로 데려갔다고 한다.[15]

(4) 난징 위안소 경영자의 친족이 전차금으로 여성을 모아 버마에서
위안소를 개업
1941년 이후에 일본군 점령지역이 아시아·태평양으로 확대되자, 중국에서 위안소를 경영하던 업자가 여성을 모아 남방에서 군 위안소를 개설하는 경우도 있었다. 난징南京의 타이핑루太平路에서 일본인 '위안부' 30명이 있는 육·해군 공용의 군대 위안소를 경영하던 사람의 아

13　長沢健一, 『漢口慰安所』(図書出版社, 1983年), 山田清吉, 『武漢兵站—支那派遣軍慰安所係長の手記』, 図書出版社, 1978年.

14　(역자주) 메이지 시대에 명주(銘酒)를 파는 집이라는 간판을 세우고, 뒤에서 사창(私娼)을 데리고 영업을 한 가게.

15　大林清, 「従軍慰安婦第一号順子の場合」, 『現代』, 1974年 4月.

들이 군의 명령으로 난징에서 전차금을 주고 일본인 여성 27명을 모아, 상하이를 경유하여 군이 준비한 배로 싱가포르와 랑군^{현재의 양곤}으로 건너간 사례가 있다.[16]

(5) 요정이 고급장교용 위안소로서 전지로 이동

일본의 요정이 고급장교용 위안소로서 전지로 이동하는 사례도 많이 보였다. 예를 들면, 구루메久留米에 있던 요릿집 '스이코엔翠香園'은 버마로 옮겨간 제15군의 고급장교 전용 요정으로서 랑군으로 이전했다. 랑군으로 간 일행은 그 수가 총 150명에 달했고, 샤미센 연주자와 재봉사도 데려갔으며, 다다미와 병풍까지 가져갔다고 한다.[17] 또한 '스이코엔'에 대해서는 이 밖에도 많은 수기가 남아있는데, 그 수기들은 장교들의 문란함을 일반병사가 강하게 비판하는 내용이다.

또한 하카타博多 야나기초柳町의 요정 '히토쓰야나기一柳'도 버마로 이동하여, 고급장교 전용 위안소가 되었다.[18] 그뿐만 아니라, 타이난台南에 있던 '아즈마あづま'라는 요정은 해군 항공부대 장교가 자주 들렀던 곳으로 태평양전쟁이 시작되어 마닐라가 함락되자 바로 타이베이台北의 해군 무관부에 현지에서 영업하고 싶다고 요청했다고 한다. 1942년 말에 허가가 떨어지자 이미 가게에서 일하고 있던 이들을 포함하여 13명의 게이샤를 모으고 요리사, 미용사, 목수, 미장공까지 총 30명이 그 해가 지나기 전에 가오슝高雄에서 배를 타고 출발했다. 배

16　西野留美子,『従軍慰安婦と十五年戦争―ビルマ慰安所経営者の証言』, 明石書店, 2003年.

17　秋元実,「慰安婦と兵隊」『かたりべの群れ2 私の戦時体験』, 沼津戦後の戦友会, 1988年. 中村法一,『ビルマ戦線の終幕』エピック企画出版部, 1980年 외.

18　千田夏光,『従軍慰安婦・慶子: 死線をさまよった女の証言』光文社, 1981年.

는 해군의 특무함정으로, 게이샤가 입을 의상부터 장신구, 식기, 다다미, 벽에 바를 흙까지 운반했다고 한다. 이 기록을 남긴 전 해군 중좌에 따르면, '위안부' 징집은 '내지의 군 주둔지나 군항의 요정', '어용상인, 지역유지 등'이 필요한 인원을 모았던 것이 보통이고, 내지의 요릿집을 그대로 이동시킨 사례도 있었다고 한다.[19]

2. 그 밖의 민간인에 의한 '위안부' 징집과 위안소 개설

'위안부'를 징집한 것은 공창업자나 유사업자만이 아니었다. 군에 출입하던 상인, 군인의 지인, 찻집 경영자, 제대한 군인 등 다양한 민간인들이 군의 명령이나 허가 하에 내지에서 여성을 모아 도항하여 위안소를 경영하였다. 그들에게 군이 자금을 제공하는 경우도 있었다는 것이 밝혀졌다. 그 사례를 살펴보자.

(1) 어용상인들이 파견군의 명령으로 고향에서 '위안부' 징집
군의 어용상인이 '위안부'를 징집한 사례는 허다하다. 예를 들어 다가와 에이조田川榮造, 가명는 1938년, 중지나 파견군의 군 직할 '위안부'를 모집했다. 기타큐슈北九州 출신의 군인이 많았기 때문에 동향同鄉의 여자가 좋겠다는 이유로 온가가와遠賀川 강변의 '갈보집ダルマ屋' 같은 곳에서 여성을 모아 그녀들에게 전차금 1,000엔을 미리 건넸다.[20] 또 시마다 도시오島田俊夫, 가명는 자기의 고향인 기타큐슈에서 여성 20여 명을 모아 1938년 4월에 상하이로 도항했다.[21] 1937년 12월에 군의 어용상인 이시바시 도쿠타로石橋德太郎는 상하이 제11 병참사령부에 불려가,

---

19 앞의 글, 「特要員と言う名の部隊」.
20 千田夏光, 『從軍慰安婦』 三一書房, 1978年.
21 상동.

상하이발 나가사키행 수송선을 타고 내지에서 '위안부'를 모아오라는 명령을 받고 이를 실행에 옮겼다. 전차금 용도로 군에서 건네받은 돈은 임시군사비에서 지출되었다.[22]

(2) 무허가 매춘업자가 군의 허가를 받아 도항·위안소 개설
고베에서 카페 바喫茶バー를 내걸고 '갈보집淫売屋'을 하던 스가와 아키라須川昭라는 이는인물은 특무기관에서 일하던 지인에게서 위안소 형식의 업소가 반드시 생길 테니 미리 군의 허가를 받아두는 편이 좋을 것이라는 말을 듣고, 1938년 말에 상하이로 건너가 군의 허가를 받아 1939년부터 1942년 말까지 난징, 푸커우浦口, 한커우에서 위안소를 운영했다.[23] 여성들에게는 '창부의 전차금에 비하면 적은 돈'을 빌려주고 데려갔다고 한다.

(3) 제대 군인에 의한 '위안부' 징집·위안소 경영
제대한 군인이 위안소를 경영하고 '위안부'를 징집한 사례도 있다. 하이난海南 섬의 위안소 '아사히테朝日亭'의 경영자 고이즈미小泉는 둥베이東北에서 편성된 작은 부대에서 현지 제대했는데, 군 복무 중에 친해진 조선인이 경영하는 육군위안소 '후쿠야마福山'의 계산대에서 돈을 받는 일로 취직하여 지배인 역할까지 하게 되었다. 그 후 타이완군의 병참부에 들어가 작부 동원 증명서를 얻어 조선, 타이완 등지에서 10명 정도의 작부를 모아 개업했다고 한다.[24]

---

22 앞의 책,「従軍慰安婦·慶子 : 死線をさまよった女の証言」.
23 小沢昭一,「四畳半むしゃぶり昭和史25 ゲスト須川昭 兵隊一円将校三円だった 心やさしき「戦場の天使立ち」」「週刊ポスト」1975年 7月 4日.
24 鈴木卓四郎,「憲兵余録」図書出版社, 1984年.

(4) 신문기자로 위장한 인물에 의한 '위안부' 징집·위안소 개업

군인의 지인이 직함을 위조하고 군에 접근하여 위안소를 개업한 사례도 있다. 1939년 한커우의 위안소에 신문기자 니베 시게타仁部茂太라는 남자가 후방 참모 사지佐治 중좌의 소개장을 가지고 장교용 요정을 개업하는 데 편의를 봐달라며 찾아왔다고 한다. 사실 그는 신문기자가 아니었지만 도항 허가를 받기 위해 자격을 위조했고, 허가를 받자 일단 일본으로 돌아가 20여 명의 여성을 데리고 와서 개업했는데, 그 여성들의 서류상 신분은 '사무원'이었다. 사지 중좌가 네덜란드령 인도현 인도네시아에 부임하자 그도 바타비아Batavia로 떠났다.[25]

3. 사기에 의한 징집

(1) 무허가 매춘업자가 여성을 속여 도항

일본인 여성 중에서도 사기나 유괴로 '위안부'가 된 이들이 있었다는 것을 강조하고 싶다. 예를 들면, 앞서 말했듯이 카페 바 간판을 내걸고 '갈보집'을 운영하고 있었던 스가와는 '매춘을 전문으로 하는 애', '위안소가 뭔지 모르는 애'를, "미안한 소리지만, 잘 모르는 애들은 속여서 데려갔다", "그런 수법도 있었지(웃음)"라며 진술하고 있다.[26] 내지에서는 위안소에 대한 실정을 몰랐기 때문에 업자의 입장에서는 체면을 구기는 일 없이 속여서 데려가기 쉬웠다.

(2) '남방특요원' '특수간호부'라는 이름의 '위안부'

군인들의 수기를 보면 속아서 '위안부'가 될 뻔한혹은 된 일본인 여성

---

25   앞의 책, 「漢口慰安所」.
26   앞의 글, 「四畳半むしゃぶり昭和史25 ゲスト須川昭 兵隊一円将校三円だった 心やさしき, 「戦場の天使立ち」」.

의 사례가 빈번하게 등장한다. 예를 들어, 필리핀 다바오Davao의 위안소에는 같은 마을에서 온 세 명의 여성이 있었다. 25세, 19세, 22세였던 그녀들은 간사이關西 사투리를 썼다. '남방특요원'에 응모해서 왔는데, 현지에 도착하고 나서야 '위안부' 일을 하게 될 것을 알았다고 한다.[27] 또, 당시 트럭섬Chuuk Islands에서 '위안부'를 감독하는 일을 맡았던 사람의 증언에 의하면 '특수간호부'라는 이름에 솔깃해서 응모했지만 '위안부' 일을 하게 될 것이라는 사실을 알아차린 것은 트럭섬에 온 이후였다는 여성의 사례도 있다.[28]

이렇게 일본인 '위안부'는 공창업자를 비롯해 다양한 민간인에 의해 징집되었는데, 인신매매뿐만 아니라 조선인 '위안부' 피해자 등과 마찬가지로 속아서 징집된 경우도 상당히 많았다.

III. 일본인 '위안부'의 생애사로 보는 징집

마지막으로 일본인 '위안부' 피해자의 생애사적 관점에서 '위안부'로 징집된 경험이 어떠한 것이었는지를 살펴보고자 한다. 제2장의 「서적·잡지로 보는 '위안부' 문제」와 제3장의 「서적·잡지로 보는 일본인 '위안부'의 전후」를 참조하면서 읽어주길 바란다.[29]

---

27 三宅善喜, 『密林に消えた兵士たち: 私のダバオ戦記』 建友舘, 1981年.
28 「性の奴隷として生きた戦場の女たち」 『週刊大衆』 1970年 8月.
29 여기에서 언급되는 일본인 '위안부' 여성들의 생애사에 대한 출전은 이 책의 제2장 서적·잡지로 보는 일본인 '위안부', 제3장 서적·잡지로 보는 일본인 '위안부'의 전후와 동일하다.

1. 전차금에 얽매여 끝이 보이지 않았던 매춘생활

현재 알려진 일본인 '위안부' 여성들의 생애사에 의하면, 그녀들은 어린 시절 부모에 의해 팔려가, 전차금에 얽매여 그만둘 수도 없는 고독한 매춘생활을 했던 사람들이었다는 것, 그리고 전차금을 갚고 자유의 몸이 될 날을 꿈꾸며 '위안부'가 되는 길을 '선택'했다는 것을 알 수 있다. 우선, 부모가 그녀들을 팔았던 경위를 살펴보자.

예를 들면, '기쿠마루菊丸'로 불린 야마우치 게이코山内馨子는 만으로 열 살 되던 해에 게이샤에게 팔려갔다. 시로타 스즈코城田すず子는 아버지의 사업 실패로 게이샤집芸者置屋[30]에 팔렸고, 그 후 다시 유곽으로 팔려갔다. 스즈모토 아야鈴本文는 일곱 살 때 아버지가 그녀를 팔아넘겼는데, 그 후 그녀의 차금은 2,000엔으로 불어났다. 다카시마 준코高島順子는 열일곱 살 때 1,000엔에 팔려갔고, 다나카 다미田中タミ는 열한 살 때 게이샤집에 팔린 후, 아버지에 의해 다시 유곽으로 팔려갔다. 게이코慶子라 불린 사사구리 후지笹栗フジ는 아버지에 의해 열일곱 살 때 20엔에 사창가로 팔려갔고, 다카나시 다카高梨タカ는 열아홉 살 때 사창가로 팔려갔다. 미즈노 이쿠水野イク는 열한 살에 료칸으로 팔려가 여종으로 일하다가 술집을 거쳐 결혼했으나 남편의 벌이가 없어 몸을 팔았고, 스물두 살 때 가와사키川崎 유곽의 창기가 되었다. 전차금은 2,000엔이었다.

어린 시절에 팔려 간 경험과 폐업의 가망이 없는 매춘생활의 괴로움은 그녀들에게 있어 '위안부' 경험 이상의 고통이었던 경우도 있다. 사사구리의 경우를 예로 들면, "가장 괴로웠던 일은...... 히코산英彦山 기슭의 집을 떠나올 때, 두 번째는 '아사후지로朝富士楼'에서 처음으로 손

---

30   (역자주) 게이샤와 유녀를 데리고 있는 곳으로, 요정이나 찻집 등 손님 요구에 따라 게이샤와 유녀를 보낸다.

님을 받았을 때. 그다음엔 다 똑같아요. 버마에서의 일도 그때와 비교하면 별일 아닌 것처럼 느껴져요"라고 말한다. 그리고 스즈모토 아야도 "속옷 차림에 스카프를 머리띠처럼 묶어 올린 모습으로 30분마다 다른 남자들을 받는" 생활이었음에도 불구하고 "일본에서 게이샤집을 전전하는 것보다는", "트럭섬에 있는 동안만큼은 시름을 잊고 지냈다"라고 훗날 진술하였다. 또 야마우치 게이코는 "지금까지 살아오면서 가장 즐거웠던 때는 트럭섬에 있었을 때예요"라고 말했다.

2. 자유의 몸이 된다는 희망과 '애국심'으로 '위안부'가 되다

어린 시절 부모에 의해 팔려간 후 폐업의 가망이 없던 그녀들이 '위안부'가 되기로 결심한 것은, 군이 고액의 전차금을 지불해 줄 뿐 아니라 전장에서 돈도 벌 수 있고 단기간만 근무하면 자유의 몸이 될 수 있다고 말했기 때문이다. 몇몇 사례를 살펴보자.

시마다 요시코嶋田美子는 후쿠오카 보병 제24연대와 관련이 있다는 남자가 "나라를 위한 일"이라며 1,000엔의 전차금을 주겠다고 권유했을 때 빚을 갚고 이 생활을 끝낼 수 있을 것이라는 말에 솔깃하던 차에, 1930년에 다른 남자가 권유했을 때 그에 응하여 '만주'로 도항해 '위안부'가 되었다.

야마우치 게이코는 남방에 가면 포주에게 진 빚을 군이 대신 갚아준다는 이야기를 듣고 도항을 결심하여 1942년 3월에 트럭섬으로 떠났다. 당시 그녀는 4,000엔 정도의 빚을 떠안고 있었다. 계약은 1년 반으로 해군성이 경영하던 위안소에서 장교용 '위안부'가 되었다. 스즈모토 아야도 게이샤였던 열여덟 살 때 "남방의 전선戰線 기지에서 일하면 빚을 갚을 수 있다"는 말에 1942년 3월, 트럭섬으로 건너갔다. 1년 계약으로 그녀의 전차금 2,300엔을 군이 대신 갚아 주었다.

가와사키 유곽의 창기였던 미즈노 이쿠는 1943년 3월에 가와사키 유곽이 문을 닫자, 요코하마의 유곽 주인의 권유로 팔라우행을 결심했다. 그 주인에게 2,000엔의 빚을 내어 전에 일했던 유곽에 빚을 갚고 도항했다. 다마노이에서 일하던 다카시마 준코는 남동생의 수술비와 자신의 전차금을 갚기 위해 '위안부'가 되었고, 2,000엔의 전차금을 받고 상하이로 도항했다. 시로타 스즈코도 빚을 갚기 위해서는 외지로 나갈 수밖에 없다는 생각에 열일곱 살 때 해군의 군항이 있는 펑후澎湖섬의 마궁馬公으로 건너갔다. 전차금은 2,500엔이었다.

　이렇게 '위안부'가 되면 고액의 전차금을 군이 대신 갚아주는 데다 돈도 벌게 해주고, 짧은 계약기간이 끝난 후에는 틀림없이 자유의 몸이 되게 해주겠다는 이야기는 그녀들이 '위안부'를 선택한 큰 계기였다. 끝이 보이지 않는 매춘생활 속에 놓인 그녀들에게 전차금을 갚고 자유의 몸이 된다는 희망은 크게 다가왔을 것이다. 하지만 그녀들이 '위안부'가 될 결심을 하도록 부추긴 것이 하나 더 있다. 그것은 "나라에 도움이 된다", "야스쿠니에 모셔진다"는 일종의 '애국심', 바꾸어 말하자면 '국민'으로서 평등하게 대우받고 싶다는 바람이었다.

　야마우치 게이코는 "나라를 위해서예요. 누군가는 꼭 해야만 하는 일이니 보내주세요"라며 아버지의 반대를 무릅쓰고 '위안부'가 되었고, "죽으면 야스쿠니 신사에 모셔준다고 했어요"라고 말했다. 스즈모토 아야도 "'전사戰死하면 군속으로 야스쿠니에 모셔진다'는 말을 듣고 트럭섬으로 갔다"고 진술했고, 그밖에도 "'위안부' 어느 누구에게 물어봐도 '우리는 나라를 위해 일하는 것이다…'라고 했습니다"라는 증언도 있다.

　하지만 전쟁이 끝나자, 그러한 '애국심'은 보기 좋게 배신당하고 말았다. 야마우치 게이코가 전후에 했던 어느 인터뷰에서 "요코이橫井[31] 씨가 전쟁의 희생자라고 말한다면 저도 마찬가지로 전쟁의 희생자예요. 천황폐하를 위해서라고 하지만, 뭐가 폐하를 위한다는 건가요. 우리도 그런 말을 듣고 간 거잖아요, 빌어먹을. 나는 결국 그 일 때문에 결혼도 못하고 이렇게 살고 있다고 후생성에 가서 말하고 싶어요"라고 말했다.

나가며

마지막으로, '들어가며'에서 강조한 세 가지를 정리해 두고자 한다.

첫째, 지금까지 보아온 것처럼 일본인 '위안부'의 징집은 명백하게 군과 내무성 등 국가기관에 의한 명령 하에 행해졌기 때문에 군과 국가는 책임을 면할 수 없다. 군과 국가는 예기·창기·작부 등의 매춘여성을 처음부터 '위안부' 후보로 생각하고 징집했다.

둘째, 군과 내무성의 명령으로 일본인 '위안부'를 직접 징집한 것은 공창업자나 유사업자에 더하여 군에 출입하는 상인, 제대 군인, 군인의 지인 등 여러 종류의 민간인들이었다. 그들은 매춘여성들이 전차금에 얽매여 그만둘 수 없는 매춘생활을 강요받고 있다는 점을 공략하여, 그녀들이 무엇보다 바라던 전차금의 대납과 단기간의 계약, 그리고 계약종료 후의 자유를 조건으로 징집했다. 게다가 제반 경비는 군에서 나왔다는 증언도 있다. 인신매매로 여성을 모으는 것 자체가 그

---

31 (역자주) 요코이 쇼이치(橫井庄一, 1915~1997년)는 일본의 육군으로, 아시아·태평양전쟁이 종결되었는데도 그 사실을 모른 채 28년 동안 미국령 괌 지역에 숨어살다가 사냥꾼에 의해 발견된 잔류 일본인이다.

당시에 이미 금지되었어야 할 행위임에도 불구하고 군이 그것을 명령했다는 것은 중대한 범죄라고 말하지 않을 수 없다.

이를 토대로 이후 '위안부'를 징집한 업자들의 활동을 한층 더 명확하게 밝혀낼 필요가 있다. 여성을 전차금으로 옭아매 매춘을 강요하거나 속여서 매춘을 시키는 관습이 뿌리 깊게 존재해왔고, 그런 일들을 범죄라고 보는 인식이 결여되어 있었기 때문에, 군이나 국가는 공창·사창업자들을 이용하여 '위안부'를 징집했다고 말할 수 있다. 그리고 중요한 것은 지금도 여전히 여성의 몸을 사고파는 것을 범죄라고 인식하지 못하기 때문에 '위안부' 피해 또한 인식하지 못하는 사람들이 많다는 현실이다.

셋째, '위안부'가 된 여성들은 본디 가난하여 출구가 보이지 않는 매춘생활 속에 놓여 있었고 빚을 갚고 자유로워지는 것을 꿈꾸며 모집에 응했다. 그러나 한편으로는 속아서 징집된 사람들도 있었다는 것을 강조하고 싶다. 그녀들은 몸을 사고판다는, 본래에는 금지되었어야 할 악습의 '피해자'이자, 그러한 여성들의 고통과 괴로운 현실에서 벗어나고 싶어 하는 마음을 공략하여 '위안부'로 징집한 일본군에 의한 '피해자'이다. "나라에 도움이 된다", "야스쿠니에 모셔준다"는 말이 그녀들의 등을 한층 더 세게 떠민 셈이 되었다. 하지만 그런 말은 모두 속임수였고, 그녀들은 전후 또다시 빈곤과 차별과 매춘 속으로 내몰렸다. 그리고 전후 일본 사회에서 그 범죄성은 오래도록 은폐되어 왔다.

나가사키 사건, 시즈오카 사건 대심원 판결을 읽는다: '위안부' 강제연행은 유괴이다

마에다 아키라 前田朗

들어가며

한국을 시작으로 아시아 각국의 전시 성노예제 피해자가 잇따라 모습을 드러냈지만 일본인 '위안부'는 일부의 저서에 기록으로만 남아있을 뿐, 그 실태는 그다지 알려지지 않았다. 피해자가 커밍아웃하여 생존자로서 일본 정부의 책임을 묻는 투쟁의 주체가 되기 위해서는 그 사회 안에 생존자를 지지하는 의식이나 운동이 존재하는지가 중요하다. 일본 사회에서는 '위안부' 문제에 적극적으로 대처하는 여성운동이나 전후보상 운동이 전개되었음에도 불구하고 '위안부'에 대한 비방이나 모함이 심해 피해자가 신분을 드러내는 것을 어려워한다. 일본 사회의 성 의식, 성별 역할분업 의식, 그리고 '당시는 공창제였다'라는 정당화 등이 걸림돌이 되어왔다.

이러한 가운데 일본인 '위안부' 징모가 구체적으로 어떻게 실시되었는지 파악하는 데 단서가 되는 두 건의 대심원 판결이 확인되었다. 이 글은 이 두 건의 판결을 소개하여 '위안부' 징모의 한 형태가 유괴죄에 해당하는 범죄이며, 명백한 강제연행이었다는 사실을 밝힐 것이다.

본론으로 들어가기 전에 보충해 두겠다. 첫째, 대심원이란 현재의 최고재판소에 해당한다. 당시의 재판소 제도는 대심원을 정점으로 공소원控訴院, 지방재판소라는 세 단계의 제도였다. 현재의 최고재판소, 고등재판소, 지방재판소라는 3심제와 같은 구도이다. 둘째, 이 글은 대심원 판결을 대상으로 하므로 기본적으로 당시의 일본 형법에 기초하여 검토한다. 단, 지금까지 유엔의 인권기관에서 여러 번 논의되었던 바와 같이 '위안부' 문제에 적용되는 법, 즉 노예의 금지, 강제노동의 금지, 인신매매의 금지, 인도에 반한 죄 등의 국제법을 잊어서는 안 된다. 이 점에 대해서는 강제연행 개념을 밝히기 위해 이 글의 후반부에서 다시 설명하겠다.

I. 나가사키 사건 판결

강제라는 개념을 검토하는 데 참고가 되는 사례를 1937년 3월 5일의 대심원 제4형사부 판결이 제공하고 있다. 본 판결의 존재는 대심원이 "여성을 속여 국외의 위안소로 보내는 것은 국외이송 목적 유괴죄에 해당한다"라고 판단한 것을 '조선인 강제연행 진상조사단'이 공표함으로써 밝혀졌다.[32]

---

32 『每日新聞』, 1997年 8月 6日.

"유괴는 범죄다"라는 당연한 사실을 확인한 대심원 판결을 살펴보자.[33] 사건의 내용은 다음과 같다.〔이하, '나가사키長崎 사건'〕

　　A는 1930년 11월경부터 상하이에서 위안소 영업을 하고 있었는데 1932년 1월, '해군지정 위안소'로 영업을 확장하기 위해 B〔판결 당시는 故人〕의 소개로 상하이의 여관에서 C, D와 상의하여 D가 자금을 제공하고 B와 C가 일본에서 여성을 고용하기로 하였고, 그때 위안소라는 사실을 숨기고 단순히 여급女給 또는 여종업원女中을 고용하는 것처럼 속여 상하이로 이송했다. 그곳에서 D 등은 나가사키에 있던 D의 아내 E에게 여성 모집을 의뢰했고, E는 C의 아내 F와 G에게 연락하여 세 명이 분담하여 실시하기로 하고 D가 귀국해서는 다시 H가 가담 및 합의하여 1932년 3월 하순 무렵, I와 J를 매개로 하여 K와 L의 협력도 얻어 실행하였다. 결국 I, L, J 및 K가 여성 15명을 속이고 유괴하여 상하이로 이송했다.

이 사실에 대해 나가사키 공소원은 다음과 같이 판결했다.

　　제2심은 피고인 등이 부녀를 유괴하여 상하이로 이송해 추업醜業에 종사시킬 것을 모의한 뒤에, 피고인 A 이외의 피고인 등이 그 모의에 근거하여 나가사키 지방에서 십수 명의 부녀자를 유괴하여 이를 상하이로 이송한 사실을 인정하며, 피고인 모두를 공동정범으로 판정하여 그 행위 중 유괴의 점에 대해서는 형법 226조 제1항, 이송의 점에 대해서는 동조 제2항을 각각 적용한다. 또한 위의 양 행위 간에

---

33 『大審院刑事判例集第16卷』上, 法曹会, 1938年.

수단 결과의 관계가 있다고 판단하여 동법 54조 제1항 후단에 의거해 처단한다.

　나가사키 지방재판소 및 나가사키 공소원은 나가사키 사건에 가담한 A부터 L 전원에게 순차 공모에 의한 공동정범으로서, 국외이송 목적 유괴죄의 성립을 인정했다. 이에 대해 피고인 중 일부가 상고했다. 유괴를 실행한 것은 I, L, J, K이며, 다른 사람들은 모의에는 가담했지만 유괴나 이송은 절대로 하지 않았으며, 여성을 속이고 유괴할 인식도 없었다고 주장했다. 상고에 대한 대심원의 「판결요지」는 다음의 세 가지로 정리할 수 있다.

　① 국외이송 목적으로 유괴하여 그 피유괴자를 국외로 이송하는 것을 모의한 자는 그 실행 행위를 분담하지 않았을 때라고 하더라도 국외 유괴 및 국외이송죄의 공동정범의 형책刑責을 지어야 한다.
　② 상하이로 이송할 목적으로 사람을 유괴하여, 이를 동지同地로 이동할 때는 즉각 국외유괴죄 및 국외이송죄가 성립되어야 하고, 동 지역에 제국군대의 주둔 여부, 제국 재판권의 행사 여부는 범죄의 성립과 관계가 없는 것으로 한다.
　③ 국외이송 목적으로 사람을 유괴한 자가 피유괴자를 국외로 이송했을 때는 그 유괴에 대하여 형법 226조 제1항, 이송의 점에 대하여 동 조약 2항을 각각 적용하여 그 사이에 수단 결과의 관계가 있는 것으로 동법 제54조 제1항 후단에 비추어 처단하여야 한다.

이것이 나가사키 사건 대심원 판결의 골자이다.[34] 그 후, 도쓰카 에쓰로 당시 류코쿠대학龍谷大学 교수는 나가사키 지방재판소 및 공소원의 판결문이 존재한다는 사실을 알아내 그것을 입수하여 공개하고 검토했다.[35]

도쓰카에 의하면 나가사키 사건 판결은 "일본의 사법이 일본군 '종군위안부'의 모집을 범죄로써 처벌한 유일한 사례"이며, "일본군의 위안소에 여성을 납치하여 '위안부'로 만든 가해자의 처벌에 관한 현재로서는 최초의 공문서"이다. 그 역사적 위치에 대해서 도쓰카는 다음과 같이 정리하고 있다.

> 납치사건의 발생은 판결선고 4년 전인 1932년의 일이며, 일본군 '위안부' 피해자의 사례로 보더 라도 초기 단계의 사건이다. 요시미 요시아키吉見義明 교수가 일본 해군의 군 위안소 설치의 최초 개설 시기에 대해서 말한 내용으로 생각해보면, 상당히 이른 초기 단계의 사례라고 봐도 좋을 것이다. 초기 일본군 위안소의 존재에 관한 유력한 증거의 하나가 될 뿐 아니라, 그것의 설립이 위법으로 이뤄졌다는 것을 보여주는 공문서라고 할 수 있다.[36]

---

34 前田朗,「国外移送目的誘拐罪の共同正犯」,『季刊戦争責任研究』19号, 1998年 (同『戦争犯罪論』青木書店, 2000年所収).

35 戸塚悦朗,「戦時女性に対する暴力への日本司法の対応,その成果と限界―発掘された日本軍『慰安婦』拉致処罰判決をめぐって(上・下)」『季刊戦争責任研究』43号・44号, 2004. 同「日本軍『従軍慰安婦』被害者の拉致事件を処罰した戦前の下級審刑事判決を発掘」『龍谷法学』37巻 3号, 2004年.

36 戸塚, 앞의 글,『龍谷法学』825~826頁.

Ⅱ. 시즈오카 사건 판결

2012년 8월, 나가사키 사건 이외에도 같은 종류의 판결이 있다는 사실이 밝혀졌다. 대심원 형사 판례집에 등재되어 있음에도 지금까지 간과됐던 판결이다.

'만주'의 '카페'에서 일할 '여급'이 필요하다고 생각하여, 시즈오카静岡현 안에서 여성을 속여 '만주'로 데려간 피고인들에게 미성년 국외이송 목적 유괴죄가 성립한다고 인정한 대심원 판결이 존재한다는 사실이 '조선인 강제연행 진상조사단'의 조사로 밝혀졌다.[37]

사건명은 「국외유괴 이송 동미수 국외유괴 피고사건国外誘拐移送同未遂国外誘拐被告事件」 1935년, 제492호 동년 6월 6일 제2형사부 판결 기각이다.[38]

제2심인 도쿄 공소원이 인정한 것은 세 건의 사실이다. 개요는 다음과 같다. 제1심은 시즈오카 지방재판소 누마즈沼津 지부이다. 이하, '시즈오카 사건'

제1사실

피고인 A의 동생 B는 쇼와 8년1933년 2월, '만주' 시찰 당시 일본 제국군의 주재를 알고, 군인을 고객으로 하는 '카페'를 경영하면 거액의 이익을 얻을 수 있으리라 생각하여, C 및 피고인 D에게 알려 '카페'를 경영하기로 하고 동년 3월, 피고인 D에게 '여급' 수 명을 고용할 것을 의뢰하여, 피고인 D는 피고인 A와 협력하여 '여급'의 고용에 분주해져 피고인 E와 원심피고인 F에게도 '여급'의 주선을 의뢰했다. 동년 3

37 前田朗, 「『慰安婦』誘拐犯罪の証明一静岡事件判決」, 『統一評論』 564号, 2012年.
38 『大審院刑事判例集第14巻』 法曹会, 1936年.

월 E는 F와 공모한 뒤 시즈오카현 다가타田方군 나가자토무라中鄕村³⁹의 음식점 G에서 작부로 일하고 있던 H의 차녀 I당시 19세에게, I가 미성년이라는 사실을 알면서도 A 등이 개업하는 '카페'에 '여급'으로 갈 것을 종용하며, "만주에 가면 차금借金을 바로 갚을 수 있고, 일 년만 일하면 목돈을 가지고 귀국할 수 있다. 돌아올 때는 비행기로 올 수 있다"와 같은 감언으로 유혹하여 I에게서 만주에 가겠다는 대답을 듣고 I의 여동생 J에게 E가 I의 차금을 갚아주고 부부가 된다고 속여 I를 빼내 3월 26일경, A에게 인도하고 E는 F와 공동하여 I를 제국 밖인 '만주'로 보낼 목적으로 유괴했다. '만주', '여급' 등의 따옴표는 인용자에 의함

제2사실

피고인 A는 누마즈 시내의 자택에서 F로부터 I를 인수하고, F 및 E로부터 동녀同女를 감언으로 유혹하여 '만주'행을 허락받아 유괴한 점, F 등이 J 등에게 E가 I를 기적에서 빼내 주겠다고 기망한 점, I가 미성년인데 만주로 도항하는 것에 대해 친권자인 친부의 승낙을 받지 않았다는 사실을 주지하고 있었음에도 3월 28일, I를 피고인 D에게 인도하여 I 및 수 명의 '여급'을 '만주'로 연행하여 피유괴자인 I를 제국 밖으로 이송했다.

제3사실

피고인 D는 I 및 수명의 '여급'을 데리고 만주로 건너갔는데, 거기에 B 등이 개업한 요리점의 '여급'을 고용할 필요를 느껴 동년 5월 귀

---

39 (역자주) 원문은 出方郡 中鄕村이나, 이는 田方郡에 中鄕村의 오기로 보인다. 다가타군 나가자토무라는 1960년대까지 사용된 지명으로 현재는 나가자토(中鄕)시로 행정단위가 바뀌었다.

국한 뒤 원심상 피고인原審相被告人 K 등에게 사정을 말하고 '여급'의 주선을 의뢰하였다. K는 이를 받아들여 원심상 피고인 L과 공모하여 시즈오카현 다가타군 도이무라土肥村 요리점 M의 작부인 N당시 16세에 대해, 동녀同女가 미성년인 사실을 주지하면서도 '만주' 이송목적을 비밀로 하고 N의 친부로부터 요리점을 옮기는 것을 의뢰받고 왔다고 속였다. K와 L이 N을 기망하여 N이 요리점을 옮기는 것을 허락받게 해, 동녀를 유괴하여 그녀의 무지에 편승하여 고베에서 조금 떨어진 다롄大連으로 간다고 속여 N을 피고인 D에게 인도하였다. 이어서 K 단독으로 누마즈시의 요리점 작부였던 P당시 27세가 선천적으로 약간 '우둔'한 것을 이용하여 '만주' 이송의 목적을 숨기고, 요리점을 옮길 것을 종용하였다. P를 기망하여 요리점을 옮길 것을 허락받게 하여 유괴하고 동녀가 무지하여 다롄이 어디에 있는지 알지 못하는 것을 이용하여, 그리 멀지 않은 다롄으로 간다고 속이고, P를 피고인 D에게 인도하였는데 D는 N, P 두 사람을 모두 허언으로 희롱하여 데려갔기 때문에, 만주에 도착해서 충분히 승낙을 받지 않은 것을 알면서도, 또한 N은 미성년이고 만주로 건너가는 것에 대해 친권자의 승낙이 없었다는 사실을 알면서도, 피유괴자인 두 사람을 유치誘致하고 제국 밖인 '만주'로 이송하려는 준비 중에 경찰서의 탐문에 걸려 그 목적을 이루지 못했다.

이상의 세 가지 사실이 인정되었다. 제1 및 제2의 사실은 국외이송목적 유괴죄 기수既遂이며 제3의 사실은 미수未遂이다.

위의 사실에 대한 도쿄 공소원 판결에 불복한 일부 피고가 상고했

---

40 (역자주) 위의 역자주 참고.

다. 대심원은 1935년 6월 6일 상고를 기각했다. '판결요지'는 "국외이송의 목적으로 미성년자를 유혹하여 자기의 지배 아래에 둔 이상, 그 감독권자를 유혹하지 않았다 하더라도 미성년에 대한 국외 유괴죄가 성립한다"라고 되어 있다. 그 '이유요지'를 다음과 같이 밝히고 있다.

국외이송 목적으로 미성년자를 유괴한 죄는 국외이송 목적으로 미성년자 또는 그 감독권자를 유혹하여 미성년자를 자기의 지배 아래에 옮기는 것에 의해 성립한다. 따라서 원판결이 판시하듯이, 국외이송의 목적으로 미성년자를 유혹하여 이를 자신의 지배 아래로 옮기고 그 피유괴자를 국외로 이송하거나 이송하려 한 이상, 형법 226조 제1항 제2항 및 제2항의 미수죄가 되기 때문에 소론所論과 같이, 더 나아가 감독권자에 대한 기망 유혹의 행위가 있다는 것을 필요로 하지는 않으므로, 논지는 이유 없다.

시즈오카 사건 판결은 국외이송 목적 유괴죄의 성립을 인정한 가장 초기의 판결이며, 대심원 판결로서는 나가사키 판결보다도 2년 앞선 최초의 판결로 여겨진다. 실제 행위가 있었던 것은 시즈오카 사건이 1933년이고, 나가사키 사건이 1932년이기 때문에 사안으로서는 나가사키 사건이 앞선다. 그러나 대심원 판결은 시즈오카 사건이 1935년 6월 6일이고, 나가사키 사건은 1937년 3월 5일이다. 또한 본 판결에는 위안소라는 말은 사용되지 않는다. 군인을 고객으로 하는 '카페'의 '여급'이라고 표현되었지만, 판결내용으로 보면 '위안부' 유괴 사안이다.

시즈오카 사건은 형사 제2부가, 나가사키 사건은 형사 제4부가 판결을 담당했다. 나가사키 사건을 담당한 형사 제4부의 판사들은 당연히 시즈오카 사건 판결의 존재를 알았을 테지만 이를 인용하지는 않는다. 그 이유는 분명하지 않지만, 시즈오카 사건은 미성년자에 대한 유괴죄라는 측면이 있고, 그 점이 판결요지로서 강조되어 있다. 미성년자에 대한 유괴라는 측면이 없는 나가사키 사건을 심리할 때에 시즈오카 사건 판결을 인용하지 않은 것은 이 때문이 아니었을까? 시즈오카 사건 판결은 미성년자를 유혹하여 이송한 것으로 유괴죄가 성립하며, 그 감독권자에 대한 기망 유혹행위가 없어도 유괴죄는 성립한다고 판단하고 있다. 이 점을 '요지'로 이해한다면 국외이송 목적의 유무나 그 행위가 초점이 된 나가사키 사건 판결에서 시즈오카 사건 판결이 인용되지 않은 점도 이해할 수 있다. 단, 시즈오카 사건 판결은 국외이송 목적 유괴죄의 성립을 인정한 최초의 판결이며, 나가사키 사건 판결에서 초점이 되었던 논점이 이미 포함되어 있다.

III. 약취와 유괴

'위안부' 강제연행은 유괴죄에 해당한다는 것이 분명해졌다. 이것은 당시의 형법에 근거한 판단이며 상식과도 합치한다. 유괴죄라고 하면 대부분 몸값을 요구하는 것을 떠올릴 것이다. TV 드라마에서도 "당신 자식을 데리고 있으니 돈을 준비하라"라는 전화로 사건 발생이 분명해지는 것이 보통이다. 남의 집에 강제로 들어가 유괴하는 예도 있지만, 보통은 길거리나 공원 등 집 밖에서 끌고 간다.

형법이 규정하는 유괴죄에는 다양한 사례가 포함된다. 기본 유형은 다음과 같다.

ⓐ 미성년자 약취 유괴죄 형법224조

ⓑ 영리·외설·결혼목적 약취·유괴죄 형법225조

ⓒ 몸값 목적 약취 등의 죄 형법 225조 2항

ⓓ 국외이송 목적 약취·유괴죄 형법 226조

ⓔ 피약취자 수수收受 등의 죄 형법 227조

일반적으로는 유괴죄라고 부르지만, 형법으로는 '약취·유괴'에 해당하며 때에 따라 '괴취죄拐取罪'라고도 한다. 나가사키 사건과 시즈오카 사건에서 적용된 것은 국외이송 목적 유괴죄이다. 대심원 판결 당시의 형법1908년제정은 다음과 같이 규정하고 있다.[41]

226조 제국 밖으로 이송할 목적으로 사람을 약취 또는 유괴한 자는 2년 이상의 유기징역에 처하고, 제국 밖으로 이송할 목적으로 사람을 매매 또는 피괴취자에 해당하는 피매자被賣者를 제국 밖으로 이송한 자 또한 같다.

나가사키 사건·시즈오카 사건 당시의 국외이송 목적 유괴죄에는 네 가지의 행위 유형이 있었다.

---

41 일본국헌법(日本國憲法) 시행과 더불어, 1947년의 일부 개정에서 '제국'이 '일본국'으로 개정되었고, 나아가 1995년 개정에서 다음과 같이 바뀌었다. "226조 일본 국외로 이송할 목적으로 사람을 약취 또는 유괴한 자는 2년 이상의 유기징역에 처한다. 일본 국외로 이송할 목적으로 사람을 매매하고 약취, 유괴, 매매 된 사람을 일본 국외로 이송한 자 또한 전항과 마찬가지로 처한다." 게다가 2005년 개정에서 226조의 「소재국외이송 목적 유괴죄」, 226조 2의 「인신매매죄」, 226조 3의 「피약취자 등 소재국외이송죄」로 분류되어 있지만, 기본 내용은 같다.

① 국외이송 목적 + 약취

② 국외이송 목적 + 유괴

③ 국외이송 목적 + 매매

④ 피괴취자·피매자의 국외이송

　다른 유괴죄가 일본 국내에서의 유괴를 염두에 두고 있는 데 반해,
국외이송 목적이 있는 유괴죄를 별도의 독립된 범죄로 취급하고 있
다. 국외이송 목적 유괴죄이므로 현재 국외로 이송했느냐가 필요한
것이 아니라, 국외로 이송할 목적으로 유괴하여 국내에 있더라도 그
죄의 미수가 성립한다. 국외에 도달하지 않아도 일본의 항구나 공항
에서 데리고 나가면 기수가 된다. 강조점은 저자

　'약취', '유괴'란 사람을 보호받고 있는 상태에서 떼어놓아 자기 또
는 제삼자의 사실적 지배하에 두는 것이다. '약취'와 '유괴'의 구별은
'약취'는 폭행 또는 협박을 수단으로 하는 경우이고, '유괴'는 기망 또
는 유혹을 수단으로 하는 경우라는 것이 다수의 주장이지만, 약취는
피괴취자의 의사에 반하여 이루어지기 때문에 주로 폭행·협박을 수
단으로 하는 경우라는 반대 의견도 있다.[42]

　유괴죄에 있어서 '기망'이란 허위의 사실로 상대방을 착오에 빠뜨
리는 것을 말하고, '유혹'은 기망의 정도에는 이르지 않지만, 감언으로
상대방을 움직여 그 판단을 그르치게 하는 것이라는 정의가 다수의
주장이다.[43]

---

42 『大コンメンタール刑法8巻』, 青林書院, 2001年, 601頁.

43 『大コンメンタール刑法8巻』603頁.

나고야대학名古屋大学 명예교수 히라카와 무네노부平川宗信는 다음과 같이 설명한다.

약취·유괴란 사람을 본래의 생활환경에서 이탈시켜 자신 또는 제삼자의 사실적 지배하에 두는 것을 말한다. 폭행·협박을 수단으로 하는 경우가 약취, 기망·유혹을 수단으로 하는 경우가 유괴로 여겨진다. 유혹이란 기망에는 이르지 않을 정도의 감언으로 적정한 판단에 착오를 일으키게 하는 것이라 여겨진다.[44]

이처럼 '약취'에는 폭행·협박이, '유괴'에는 기망·유혹이 대응하고 있지만, 본질은 본인의 의사에 반하여 데려가는 것이다.

형법에는 '취한다取る'라는 것에 대해 '절취竊取 235조 절도죄', '강취强取, 236조 강도죄', '편취騙取, 舊246조 사기죄', '공갈恐喝, 249조 공갈죄', '횡령橫領, 252조 횡령죄'과 같이 타인의 재물 등을 빼앗는 경우와 '약취', '탈취奪取, 99조·피구금자 탈취죄'와 같이 사람을 빼앗는 경우가 규정되어 있다. 후자가 더욱 중한 범죄임은 말할 필요도 없다. 또한 '매매'란 '대가를 얻고 인신을 수수授受하는 것'이라고 되어 있으며 국외이송을 목적으로 한 인신매매를 범죄로 보고 있다.

'이송'이란 "피괴취자 또는 피매자를 일본국 영토, 영해 또는 영공 밖으로 옮기는 것을 말한다. 옮긴 시점에 기수에 도달하며, 타국의 영토 안으로 도달하는 것을 필요로 하지 않는다."[45]

나가사키 사건에서는 "위안소라는 사실을 숨기고 단순히 여급 또는 여종업원을 고용하는 것처럼 속여 유혹"한 행위가 ②의 유괴에 해당하

---

44 平川宗信,『刑法各論』,有斐閣, 1995年, 180頁.
45 『大コンメンタール刑法8巻』, 630頁.

고, 나가사키에서 실제로 송출한 행위가 ④의 국외이송에 해당한다.

시즈오카 사건 제1사실에서는 "I가 미성년이라는 사실을 알면서도 A 등이 개업하는 '카페'에 '여급'으로 갈 것을 종용하여, '만주에 가면 차금을 바로 갚을 수 있고, 일 년만 일하면 목돈을 가지고 귀국할 수 있다. 돌아올 때는 비행기로 올 수 있다'와 같은 감언으로 유혹"한 행위가 ②의 유괴에 해당한다. 제2사실에서는 "'여급'을 '만주'로 연행하여 피유괴자 I를 제국 밖으로 이송했"기 때문에 기수가 된다. 제3사실에서는 "'만주' 이송의 목적을 숨기고 요리점을 옮길 것을 종용하여 속이고, P를 기망하여 요리점을 옮길 것을 허락받게 하여 유괴"했지만, 이송하기 전에 발각되었기 때문에 미수가 되었다.

'위안부' 문제에 입각해서 보면 '노예사냥과 같은 강제연행'은 '약취', '좋은 일자리가 있다고 속이는' 것은 '유괴'에 해당한다는 것을 알 수 있다. '노예사냥과 같은 강제연행'이 없더라도 유괴는 범죄이다. '집에 쳐들어와 끌고 나가'지 않더라도 유괴는 범죄이다.

그렇다면 약취·유괴의 보호법익保護法益은 무엇일까? 다시 말해 약취·유괴를 범죄로 처벌함으로써 지킬 수 있는 것은 무엇일까? 세 가지의 설이 있다.

①피괴취자의 자유라는 설
②친권자 등에 의한 인적 보호 관계라는 설
③피괴취자의 자유와 보호자의 감독권 양방이라는 설

지금까지는 ③이 다수의 주장이었지만, 미성년자 유괴라면 몰라도 성인 유괴의 경우 보호자의 감독권을 상정하는 것은 불가능하고, "보호자의 감독·감호권은 미성년자의 인신의 자유를 보장하기 위한 것이라야 하며, 이것을 독립한 법익으로 할 필요는 없다"라는 의미에서 ①의 설이 타당할 것이다. 히라카와 무네노부

이를 '위안부' 문제에 적용해 본다면 대부분이 미성년자 여성이었기 때문에 인신의 자유를 보호할 필요가 있었다. 인신의 자유를 보호한다는 관점에서 보면「추업에 종사시키기 위한 부녀매매 단속에 관한 국제협정醜業を行はしむる為の婦女売買取締に関する国際協定」1904년, 「추업에 종사시키기 위한 부녀매매 단속에 관한 국제조약醜業を行はしむる為の婦女売買取締に関する国際条約」1910년, 「노예조약奴隷条約」1926년, 「부인 및 아동의 매매금지에 관한 국제조약1921년, 「강제노동에 관한 조약強制労働に関する条約」1930년 등의 국제조약이 당시에도 이미 존재했고, 일본 정부도 노예조약 이외의 조약을 비준하고 있었다.

인신의 자유를 침해하는 약취·유괴죄를 처벌하는 규정은 이러한 국제적인 상식에 합치하고, 다름 아닌 '위안부' 문제에 적용되어야 할 규정이었다. 일본 형법은 1908년에 상식에 부합하는 규정을 마련하고 있었다.

Ⅳ. 나가사키 사건·시즈오카 사건 판결의 의의

나가사키 사건·시즈오카 사건 대심원 판결에서 밝혀진 사실을 확인해 보자.

첫째, 일본인 '위안부' 징모 형태의 하나가 유괴죄였다는 사실이다. 당시 형법에서는 국외이송 목적이 없는 인신매매를 범죄로 여기지 않았기 때문에, "인신매매였기 때문에 어쩔 수 없다"라고 주장하는 논자가 있지만 이는 적절치 않다. 국외이송 목적의 인신매매는 범죄로 여

겨지고 있었다. 또한 공창 또는 사창이라 해도 속여서 외국으로 이송하면 유괴죄이다.

둘째, 시즈오카 사건의 피해자인 I와 N은 미성년자이기 때문에 미성년자 유괴죄가 성립한다. 일본인 '위안부' 가운데도 미성년이 피해를 보고 있지만 조선에서는 그 피해가 한층 크다.

셋째, '강제연행'의 판단기준이다. 형법상 유괴에 해당하는 행위는 강제연행이며 위법이다. 아베 신조安倍晋三 총리는 "집으로 쳐들어간" 유괴만을 강제라 하여, 노상유괴路上誘拐를 용인하는 발언을 반복해 왔다. 그러나 강제연행은 노예사냥으로만 한정할 수 없다. 약취·유괴죄에 해당하는 행위는 위법인 강제연행이다. 그리고 유괴에 해당하지 않는 행위 전체가 강제연행에 해당하지 않는다고 말할 수 있을지는 검토가 더 필요하다.

넷째, 이 판결은 당시의 가치 기준에 따르고 있다. "당시는 허용됐다", "전전의 문제를 오늘날의 가치 기준으로 비판할 수는 없다"는 등의 주장은 명백한 오류이다. 약취·유괴죄의 규정은 1908년 형법의 규정이다.

나가사키 사건 판결의 역사적 의의에 대해서 도쓰카 에쓰로는 다음과 같이 말하고 있다.

원심 단계라면 몰라도 확정된 후에 판례집에 등재될 만큼 중요한 이 사건은 일반인에게는 알려지지 않았다고 해도 정부 관계자정부 중추부는 원래 전국적으로 군, 외무성, 사법성, 내무성, 경찰관계자라면 특별히 조사하지 않더라도 당연히 널리 알고 있을 만한 정보였다고 할 수 있다. 당시의 법으로 보면 '해군지정 위안소'로 보내기 위해 나가사키의 피해여성들을 납치한 것은 범죄라고 확정되었는데도 "당시는 용인되었

다"라는 등의 견해는 도저히 지지할 수 없을 만큼 심각하다.[46]

　고바야시 히사토모小林久公,강제동원진상규명네트워크 사무국장는 1937년 8월 31일의 외무차관 통달通達「불량분자의 도지 단속에 관한 건不良分子ノ渡支取締方ニ関スル件」에 의해 일본의 출입국관리가 시작되어, 1938년 2월 23일의 경찰보건국장 통달「내무성발 경찰 제5호 지나 도항 부녀 취급에 관한 건内務省発警察第五号 支那渡航婦女の取り扱いに関する件」이 "그때까지 일본군이 설치해 온 군 위안소를 정부가 용인하고, '위안부'의 도항 수속을 정한 것"이라 한다.[47] 고바야시에 의하면 경찰보건국장 통달은 "국내법, 국제법에 위반되는 범죄행위라는 사실을 알면서도 앞선 1937년의 외무차관 통달에 따라 신분증명서를 발행하여 '위안부'가 중국으로 도항하는 것을 허가"한 것이다.

　그리고 고바야시는 1940년 5월 7일에 요나이 미쓰마사米内光政 내각이 결정한「도도渡 지나인 잠정처리에 관한 건渡支邦人暫定処理に関する件」을 중요하다고 본다. 고바야시는 "'위안부' 여성을 '위문'으로 취급할 것이 아니라, '재지在支 육해군이 발급한 '취급방침'에서 도항을 인정하기 위한 군속이라는 신분증명서를 소유할 것'이라는 내용에 '위안부'를 포함시켜 그 도항을 인정하고 있습니다"라고 확인하고 있다.

　나가사키 사건, 시즈오카 사건의 대심원 판결 이후, 일본 정부는 일본 본토에서의 '위안부' 이송을 규제하면서 '도항'을 인정했다. 일본에서 일본인 '위안부'에 대해서도 '도항'을 금지하지 않고 규제하는 데 그쳤다고 할 수 있을 것이다. 또한 조선 반도로부터의 이송을 규제하

46　戸塚, 앞의 글,『龍谷法学』,826頁.

47　小林久公,「閣議で決定した『慰安婦』渡航手続きについて(資料調査)」,『Let's』第 77,日本の戦争責任資料センター,2012年.

는 조치가 취해진 기록이 없다는 것도 중요하다.

V. 강제연행에 대한 고찰을 위하여

'위안부' 강제연행에 관해 검토하기 위해서는 강제연행 개념을 명확히 해야 한다. 강제연행에는 다양한 형태가 있다. 그렇기 때문에 자의적인 인식이 횡행하였다. 강제연행 개념을 정의할 때 가장 중요한 것이 법적 개념이란 것은 말할 필요도 없다. 첫째, 일본 정부의 책임을 묻는다면 법적 책임의 유무가 최대의 문제가 된다. 도의적 책임과 그 이외의 책임도 논의할 필요가 있지만 우선 법적 책임이 문제가 된다. 둘째, 국제법상의 개념이 중요해진다. 일본 국내에서 일본인을 대상으로 실행된 것이라면 우선은 당시의 일본법을 검토하면 충분하다. 아시아 태평양 각지의 '식민지'나 점령지에서 행해졌기 때문에 국제법이 중요하지만 조선 등 식민지에는 '국내법'이 적용되었다.

실제로 1990년대 이래 여러 국제 인권기관에서는 노예의 금지, 강제노동조약 위반, 인도에 반한 죄 등 국제법상의 기준을 참조하여 논의가 진행되었다. 유엔인권위원회의 '여성에 대한 폭력' 특별보고관 라디카 쿠마라스와미Radhika Coomaraswamy, '전시 성노예제' 특별보고관 게이 맥두걸Gay McDougall, 2000년 일본군 성노예 전범 여성국제법정 등은 모두 당시의 국제법에 비추어 '위안부' 문제의 범죄성과 일본의 국가책임을 해명했다. 최근의 고문금지위원회, 자유권규약위원회, 여성차별철폐위원회 등의 조약기관으로부터 일본 정부에 대한 경고

가 이어지고 있는 것도 국제법의 관점이 크다.[48]

　'위안부'의 징모에는 다양한 형태가 있다. 이미 1995년 유엔인권위원회에 제출된 '여성에 대한 폭력' 특별고문관 쿠마라스와미의 예비보고서 및 1996년 인권위원회에 제출된 「일본인 '위안부' 보고서」는 징모에는 ① 자발적 응모 ② 급료가 좋은 일이라며 속이는 것 ③ 대규모의 강제 노예사냥에 필적하는 여성의 폭력적 연행이라는 세 가지 유형이 있다고 지적한다.[49]

　가령 최초에는 ①의 자발적 응모이더라도, 위안소에 감금해 '위안'을 강제하고, 열악한 환경에 계속 두었다면 당연히 중대한 인권침해이다. ②의 경우에는 본인을 속이거나 부모를 속인 경우도 포함되는데, 전자는 유괴이고 후자는 인신매매에 해당한다. ③의 대규모의 강제는 예를 들면 식민지 지배 하의 조선에서는 법적 강제에 한정되지 않고, 경제적 및 기타 사실상의 강제가 행해진 것은 주지의 사실이다. 중국과 필리핀에서는 노예사냥이라 불릴 만한 사태가 보고되었다.

　이처럼 종래의 '위안부' 문제는 국제법의 기준에 근거하여 검토되었다. 하지만 한편으로 국내법적 검토가 충분히 이루어지지 않았다는 사실을 확인해 둘 필요가 있다. 강제연행이 '집에 쳐들어와 끌고 가는 협의의 강제'라고 주장하는 아베 총리의 발언은 노상유괴를 용인하는 것으로 매우 비상식적임에도 불구하고 일본의 언론이나 일반 여론에서 이러한 유형의 비상식적인 발언이 공감을 얻고 있는 것 또한 사실이다. 일본인 '위안부'의 징모나 이송의 실태를 해명하는 것은 '위안부' 문제의 법률론을 국제법과 국내법의 양면에서 총체적으로 다시 파악하기 위한 출발점이 된다.

48　前田朗,『人道に対する罪』靑木書店, 2009年.

49　ラディカ·クマラスワミ著,『女性に対する暴力』明石書店, 2000年.

일본군 '위안부'의 문제성은 '강제연행'에만 있는 것이 아니라, 연행에서 위안소에서의 처우에 이르기까지 전체적으로 중대한 인권침해가 행해졌다는 것에 있다. 강제연행, 강제노동, 나아가 체포, 감금, 폭행, 협박, 상해, 살인, 그리고 종전 후의 유기, 현지에 그냥 두고 떠나는 등 다수의 범죄가 행해졌지만 이 글에서는 다루지 않았다.

식민지 조선의 공창제도와 '위안부' 제도

송연옥宋連玉

I. 개항지 공창제 이식

1. 부산·원산에서의 공창제 이식

일본 식민지 도시의 상징은 신사와 유곽이라고 일컬어지듯이[50], 일본은 식민지 타이완1895~1945년과 조선보호국화 1905~1910년, '병합' 1910~1945년에 공창제유곽를 이식한다.

이 글에서는 일본의 공창제와 그것이 이식된 장소인 식민지에서의 공창제가 어떻게 다르며 식민지 지배의 진전에 따라 어떻게 변화되었는지 밝히고, 더 나아가 공창제를 전제로 한 '위안부' 제도가 확대되어 가는 역사를 실증하고자 한다.

일본은 메이지유신으로부터 8년이 지난 1876년에 군사력을 배경

---

50 橋谷弘, 『帝国日本と植民地都市』, 吉川弘文館, 2004年, 81頁.

으로 조일수호조규^{강화도조약}라는 불평등조약 체결을 조선에 강요한다. 조약 체결 후 가장 먼저 조선에 온 일본인 여성은 해군 군의대감^{軍醫大監} 야노 요시테쓰^{矢野義徹}의 부인과 그녀의 여성 사용인이라고 하는데, 외무성 통상국이 편찬한 『여권발부수 누년비교^{旅券下付數累年比較 1868~1905}』에 따르면 조약체결 전인 1868년부터 1875년 사이에 이미 144명의 여성이 바다를 건넜다. 저명한 군의관의 부인과는 달리 이름 없는 여성들의 구체적인 모습은 보이지 않는데, 그들이 공적 기록에 이름을 남길 만한 존재가 아니었다는 것은 확실하다.

1876년에 처음으로 부산이 개항되었다. 부산에 영사관이 개설된 1880년에는 이미 적지 않은 유곽업자가 거류일본인을 대상으로 영업을 하고 있었다. 그 2년 전인 1878년에 히로시마^{広島}, 야마구치^{山口}, 시마네^{島根}, 후쿠오카^{福岡}, 가고시마^{鹿児島}, 나가사키의 이즈하라^{厳原}/^{대마도} 등 각지에서 일본인의 조선행 여권발급이 가능해졌고, 수수료도 2엔에서 50전으로 감액되었다. 조선행이 수월해진 가운데 1879년에 나가사키의 유곽업자가 부산에 진출하기 위해 오사카에서 창기를 모집하느라 분주했다는 이야기나 부산에서 성업 중인 동업자를 따라 도쿄 요시와라^{吉原}의 유곽업자가 부산행을 추진했다는 이야기를 다룬 신문기사가 여기저기에 보인다.

새로운 시장에 모여든 유곽업자를 대상으로 영사관은 「가시자시키 영업규칙^{貸座敷営業規則}」, 「예창기 영업규칙^{芸娼妓営業規則}」을 1881년 11월에 영사관령으로 제정한다. 그 내용은 1876년에 일본 내무성 경

51 難波仙太郎,『朝鮮風土記』,上卷,建設社,1942年.

52 『大阪朝日新聞』,1879年 12月 7日.

53 『有喜世』,1980年 5月 11日.

54 『韓国警察史(外務省警察史韓国部)』第4卷,高麗書林,1989年.

시국이 정한 「가시자시키 및 창기규칙貸座敷並娼妓規則」을 토대로 하고 있다. 창기의 허가 연령을 15세 이상으로 하고 일주일에 한 번 성병검사를 의무화한 것은 부산의 영사관령과 내무성 경시국의 규칙이 같은데, 내무성 규칙에서는 예기와 창기를 일괄적으로 다루지 않는다. 반면 부산의 영사관령에서는 명목은 달라도 실질적으로 징수하는 부금賦金이 예기와 예창기, 창기 모두 같았다.[55] 즉 부산의 유곽은 처음부터 예기와 창기의 경계가 모호했다.

또한 내무성 경시국은 창기에게 규칙을 주지시킬 것과 창기가 '정업正業'으로 이직할 때 방해하지 말 것을 업자에게 훈시하고 있지만[56] 부산에는 그러한 조항이 없다.

가시자시키貸座敷 경영자, 창기에게 징수하는 부금은 내무성 규칙으로는 영업 이익에 대한 비율제였지만 부산에서는 정액제였다. 규칙을 위반했을 때의 벌칙은 내무성 규칙에 따르면 업자등록취소와 벌금 30엔 이하 혹은 징역 6개월 이하, 창기는 벌금 20엔 이하, 징역 5개월 이하인 것에 비해, 부산에서는 내무성과 같은 금액의 벌금형이 있을 뿐이다. 정리하면 부산 쪽이 업자의 영업에 유리한 내용이다.

부산에서는 창기의 거주가 가시자시키 안으로 제한되어 있었는데 내무성 규칙은 영업구역 안에서라면 자택에서 다니는 것도 가능했다.

---

55 징수 명목은 예기는 영업 단속비, 창기는 영업 단속비 및 매독 병원비였으며, 창기를 겸하는 예기도 이와 같았다. 출처는 주 54 참조.

56 1882년 경시청에서 고시한 「가시자시키 히키테차야 창기 세 가지 생업 단속규칙(貸座敷引手茶屋娼妓三渡世取締規則)」에는 창기가 20세 미만이라면 가업을 3년 이내로 한정하고 있다. 단, 이 규정은 1891년에 철폐되었다(中西一,「遊女の社會史」有志舍, 2007年). 또한 규칙에는 한자를 읽을 수 있게 가나를 붙여 창기에게 훈시하도록 명하고 있다. 덧붙이자면 개척사본청(開拓師使庁) 「삿포로 오타루 가시자시키 및 예창기 영업규칙(札幌小樽貸座敷並芸娼妓営業規則)」(1877年)에서는 영업자가 창기에게 독서, 습자, 방적, 재봉 등을 습득시키도록 규정하고 있다.

이렇듯 공창제가 이식되었다고는 하나, 애초에 조선에 적용된 규칙은 업자에게 유리하게 만들어졌다. 1880년에 개항된 원산에서도 부산과 같은 내용의 유곽 영업규칙이 시행된다.

2. 인천·서울에서의 위장공창제

부산·원산에 이어 1883년에 인천이 개항되자 외무성은 인천에 공창제를 이식하는 것에 난색을 표한다. 그 이유는 일본과 청국 이외에도 구미 여러 나라가 조선과 수호조약을 맺고 각국의 영사관이 인천에 개설되었기 때문이다.

외무성은 "오직 조선의 우리 거주지에만 외설적인 영업을 공허公許했다"라는 것에 대해 "당시는 어쩔 수 없이 일단 공허했다"고 설명하고[57] 부산·원산의 업자에게는 일 년 이내에 폐업할 것을 명했는데, 거류지의 유력자이기도 했던 유곽업자의 반대로 기존 영업자에 한해 영업의 지속을 인정하는 특례를 마련했다.[58]

공창제를 둘러싸고 국가적 체면을 이유로 반대하는 외무성과 존속을 호소하는 인천 영사관 사이에서 논의가 이어졌고, 결국 도출된 결론은 가시자시키를 '요리점', 창기를 '예기' 혹은 '작부'라고 호칭하는 위장공창제였다.

다음으로 영사관의 관료를 고민하게 만든 것은 위장공창제에 따른 밀매춘 문제인데, 이에 대해 부산·원산·인천 등의 일본인 거류지에서 '매음 벌칙'을 제정하여 대응하려 했다. 1883년에 제정된 「청국·조선

---

57 「明治16年 10月 16日起草·貸座敷営業及娼妓営業廃止方 件省議」, 『韓国警察史』第1巻.

58 「朝鮮国各港ニ於テ貸座敷営業及娼妓営業両業共再願新願ヲ許サス」(明治16年 12月 10日), 『外務省布 達書』自明治16年, 至同16年.

국 재류일본인 단속규칙淸国·朝鮮国在留日本人取締規則」에 1885년에는 밀
매춘 단속 항목을 추가하는데, 이러한 벌칙은 징역형이나 강제퇴거보
다 벌금형을 기본으로 하기 때문에 거류민 확보에 중점을 두고 있었다.[59]
    결국 인천에서는 1892년, 서울에서는 1896년에 예기가 접대하는
요리점 영업이 인정된다. 공창제를 조건부로 인정하던 부산·원산에
서도 1890년 이후로는 가시자시키를 '특별요리점'이라 개칭하여 구
미에 대한 국가적 체면과 거류지의 실리를 꾀하는 매춘 관리의 재편을
단행했다.

II. 식민지 공창제의 확립

1. 군사 점령과 점령지의 공창제

일본 정부는 조선 남부에서 일어난 농민들의 혁명운동갑오농민전쟁을
구실로 군대를 파견하고 청일전쟁을 일으킨다. 그 후에도 러시아를
상대로 전쟁을 일으키기 위해 군대를 확장하면서 조선에 계속해서 군
대를 주둔시켰다. 동시에 조선행 여권 수속을 간략화하고 도항민 장[60]
려, 거류민의 증가에 따른 거류지의 확대[61]를 실현했다. 군대를 중심으

---

59 宋連玉, 「世紀転換期の軍事占領と『売春』管理」『軍隊と性暴力朝鮮半島の20世
紀』, 現代史料出版, 2010年(송연옥 저, 박해순 역, 「세기 전환기의 군사점령과 '매춘'관리」,
『군대와 성폭력-한반도의 20세기』, 선인, 2012년).

60 1895년에는 거류민이라면 재도항 허가증이 없어도 조선에 갈 수 있었고, 1900년에는
조선에서의 어업자는 여권이 없어도 조선 도항이 가능해졌다(木村健二, 『在朝日本人の社
会史』, 未来社, 1989年).

61 1899년까지 진남포, 목포, 마산, 군산, 성진이 새로운 거류지가 되었다.

로 형성된 거류민 사회에서 접객업이 점하는 비중은 예외 없이 컸다.[62]

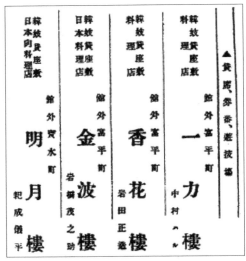

한기(韓妓) 가시자시키 광고

위 문서는 1902년에 간행된 『한국 안내韓國案內』〔가즈키 겐타로香月源太郎, 아오키스잔도靑木嵩山堂, 1902년〕의 권말 광고인데, 이 시기 위장공창제의 실체가 잘 드러나 있다. 일본인이 경영하는 요리점의 실체가 조선인 창기를 고용하는 가시자시키라는 사실을 숨기지 않는다.

그러나 이런 종류의 사업자가 늘면서 생기는 혼란을 피하고 가시자시키와 일반요리점을 구별하기 위해 가시자시키를 '특별요리점'이라 부르고, 창기도 '제2종 예기' 또는 '을乙종 예기'라고 다르게 불렀다. 호칭을 바꾸는 것만이 아니라 영업지역도 제한하면서 점차 공창제의 기초를 정리해 나갔다.

---

62 일례를 들자면 1896년 서울 거류민의 직업 중 가장 많은 것이 작부였는데, 여성 다섯 명 중 한 명꼴이었다(京城居留民団役所, 『京城発達史』, 1912年).

공창제 확대의 계기는 러일전쟁이다. 일본은 1904년 2월에 한일의 정서를 체결하고 조선을 사실상 군사점령 하에 두어 3월에 상설 일본군으로 한국주차군韓國駐箚軍을 편성한다. 서울 용산의 4,000평 가까운 토지가 한국주차군의 군용지로 강제 수용收用된다. 군비증강과 함께 해로와 육로가 정비되고 군이 수용한 지역 내에 신시가지가 형성되자, 그곳에 유곽이 출현했다.[63] 용산에서도 1906년에 모모야마桃山 유곽[훗날 야요이弥生 유곽], 이어서 오시마大島 유곽이 개업한다.

서울은 정치적, 군사적 지배의 중추였기 때문에 성병검진은 다른 지역 이상으로 철저했다. 1904년에 「예기 건강진단 시행규칙芸妓健康診断施行規則」「화류병 예방규칙花柳病予防規則」을 제정하고 용산, 개성, 수원, 대전에도 이를 준용했다.

그 이외의 군사적 요충지에서는 군이 병사관리를 위해 유곽의 경영을 묵인할 뿐만 아니라 관리에도 개입했다. 용암포龍巖浦는 유곽을 경영하려면 병참사령부의 허가가 필요해졌다.[64] 또한 러일전쟁을 계

---

63 「平壤ニ於ケル帝国軍用地域內ニ新市街設定一件」, 外務省外交資料館, 『外務省記録3-13-1』(明治 38年). 평양에서 유곽(美人楼)을 경영했던 고바야시 씨의 장녀 다다 사야코(多田さや子)와 필자가 1994년 9월에 면담했을 때, 고바야시 씨가 군사령부의 모집으로 유곽 경영을 했다고 들었다. 또한 1910년부터 군항 건설이 시작된 진해(경상남도)에서는 다음 해에 도쿄 요시와라의 유곽업자에게 30년 동안 약 15,000평의 군용지를 '대여(貸下げ)'하는 대신에 업자가 유곽지 정비의 비용을 부담하기로 약속한다. 최종적으로는 애초에 예정되어 있었던 높은 지대의 장소가 아닌 시가지에 유곽이 개설된다(海軍省, 『明治45年~大正1年 公文備考 鎮海永興 関係書類23』). 일본에서 군함승조원, 기타 출입하는 중요한 도로에 해당하는 해안에서의 가시자시키 영업을 금지하는 판례가 1909년에 내려진 것이 이 유곽 후보지의 변경과 관련되어 있을 것이다(内務省警保局, 『警察法令判例集』, 1927年).
64 『韓国警察史』 三. 일본 정부는 러일전쟁, 시베리아 출병 등으로 전쟁 피해를 입은 재외 일본인에게 보상, 구휼을 폭넓게 실시했다. 그중에는 가시자시키 경영자도 다수 포함되어 있었다. 용암포에서 가시자시키 경영을 하고 있던 남성(富永라는 성을 가진 이)은 타이완총독부를 통해 배상청구를 했다(『外務省記録』, 5-2—17).

인천부도(敷島)유곽대문앞

부산녹정(綠町)유곽

기로 조선에서는 군인이나 헌병, 경찰 출신 다수가 유곽 경영에 참여
하게 된다.[65]

　일본은 1907년에 조선 내 주둔 사단을 1개 사단으로 했는데, 일본
의 조선 지배에 반대하는 의병 투쟁이 전개되자 군의 파견을 늘려 의
병들의 싸움을 진압했다. 그 시기에도 일본 장병들이 유곽을 이용했

65　宋連玉, 2010年.

다는 것을 진중일지陳中日誌에서 엿볼 수 있다.[66]

유곽용지 확보에 있어서는 군용지로 강제 수용하거나 군사력을 배경으로 하여 파격적인 가격으로 매수했는데, 서울의 신도시 유곽은 지대의 비용을 거류민단의 재정으로 충당했다.[67]

2. '한국병합'과 공창제에 나타난 민족 차별

러일전쟁 개전 직후 일본은 일본인 장병을 '성병으로부터 지키기' 위해 서울의 조선인 창기 단속取締에도 착수한다. 종로 남측현재의 중구 입정동에 집창지역을 설정하고 일본인 군의관이 성병검사를 실시했다.

1905년 일본은 조선을 보호국화하고 외교권1907년, 군사권1909년, 사법권1909년을 빼앗는 과정에서 1908년 서울에 「기생 단속령妓生團束令」, 「창기 단속령娼妓團束令」을 제정한다. 단속取締을 의미하는 '단속團束'이라는 한자는 조선인에게 익숙한 단어인데, 이를 사용함으로써 마치 조선인 쪽에서 자발적으로 성 관리를 요구한 것 같은 인상을 준다. 『대한제국관보大韓帝国官報』에는 두 단속령이 한자와 한글 혼용문으로, 『기생 및 창기에 관한 서류철妓生及娼妓=関スル書類綴』세칙에는 한자와 가타카나 혼용문으로 쓰여 있는데, 문장 전체의 의미를 이해할 수 있었던 조선인은 많지 않았을 것이다. 구체적인 조항이나 조합규약에는 기생이나 창기의 관리조직, 화대를 시간 단위로 설정한 정액화 등이 정해져 성매매의 대중화와 체계화를 꾀했다. 창기에 대해서는 특정구역으로 몰아넣고 성병검진을 의무화하면서 허가연령을 15세로 했다. 성 관리 정책에

66　토지주택박물관 연구총서 제15집, 『陣中日誌Ⅲ』에 "군대가 출발할 때 추업부의 전송 등을 금지해 종래 만주 근처에서 보였던 추태가 다시 없기를 요청함"이라고 계고하고 있다.

67　菊池真, 「新町遊廓の創設」 『居留民之昔物語』 1927年, 京城居留民団役所, 『京城発達史』 1912年.

대한 조선인의 경계나 비난의 목소리는 당시 민족 신문에도 여러 번 실렸다.『황성신문皇城新聞』1908년 11월 21일

조선에서 허가된 15세라는 연령을 일본과 비교하면 일본 '내지'에서는 창기 허가연령을 1887년에 15세에서 16세로, 1900년에는 18세로 올렸다.[68] 조선 내 일본인 창기도 1906년부터 1910년까지 성진, 군산, 원산, 청진, 경성서울, 평양, 대구, 진남포, 인천, 부산, 신의주, 목포의 이사청理事庁[69]이 제정한 예기창기를 가리킴 단속규칙의 연령 규정이 일본 '내지'의 연령 규정인 18세 이상이었기 때문에 이를 따랐다. 그럼에도 불구하고 조선인 창기의 연령은 1887년 이전의 15세로 한 것이다. 이렇게 큰 연령차는 유곽업자들이 가난한 조선인 여성들에게 몰려드는 요인이 되었다.

의병운동이 거의 진압된 1910년에 '한국병합'이 이뤄진다. 그 이후에 조선총독부 각도 경무부가 제정한 단속규칙의 내용이 다 똑같지는 않았다. 예를 들어 평안남도의 예기작부창기의 연령은 18세인데, 함경북도에서는 15세, 평안남도에서는 18세, 평안북도·황해도·충청북도는 일본인 18세, 조선인 16세로 연령에 차이를 두어 민족 차별을 교묘히 이용하는 지역도 존재했다.

3. 공창제 확립과 식민지 차별

일본은 '한국병합'에 따라 조선총독부 관제官制를 공포하여, 총독은

---

68 일본에서는 1900년에 창기허가 연령을 18세로 정했지만 그 후 유곽업자가 몇 번이나 연령을 낮춰달라고 청원하자 내무성 내부에서도 발의되었다(『内務大臣決裁書類·明治37年』『内務大臣決裁書類·大正 7年(上)』). 조선에서의 낮은 허가연령이 일본인 창기의 대우가 나빠지게 하는 요인이 되었을 것으로 추측된다.

69 (역자주) 조선통감부의 직무를 분장하기 위해 각 지역에 설치한 기구.

육해군 대장이 되며 주차사단駐箚師団의 지휘권을 갖게 되었다. 1916년에 조선 내 상주 사단이 편성되었으며 이 병력을 기초로 제19사단함경북도나남, 제20사단서울·용산이 설치되었다. 공창제가 확립된 것은 바로 조선군 사령부의 체재가 정비된 시기와 겹친다.[70]

러일전쟁을 거쳐 일본이 조선을 보호국화하면서 공창제와 다를 바 없는 성 관리 시스템이 정비된다. 일본 '내지'의 공창제와 같은 명칭을 다시 사용하는 것은 한국병합 후 6년이 지난 1916년의 일이다. 이렇게 하여 그때까지 지역이나 민족에 따라 복잡하게 달랐던 가시자시키·창기의 단속규칙을 조선 내에서 통일하고 식민지 권력 하에 공창제의 확립을 꾀했다.

이와 관련하여 타이완의 공창제 도입은 일본 영유 직후인 1896년, 타이베이현령令 갑 제1호「가시자시키 및 창기 단속규칙貸座敷並娼妓取締規則」의 제정에 의해 시작된다. 1906년에는 일본군의 침공과 함께 타이완총독부의 지배가 지방에까지 미치는데, 이 시기에 타이완 공창제가 확립된다. 즉 그때까지 가시자시키·창기에 대한 단속 법령이 지역마다 달랐기 때문에 거기에서 발생하는 혼란이나 폐해를 시정하기 위해「가시자시키 및 창기 단속규칙 표준貸座敷及娼妓取締規則標準」,「창기검진 및 치료규칙 표준娼妓検診及治療規則規則標準」[민경民警]을 정해 전 지역으로 통일하고 창기의 허가연령은 16세로 정했다.

1907년까지는 업자와 창기 모두 일본인이었지만 1907년에는 타이난현에 유일한 타이완인 가시자시키 구역이 성립된다.[71] 타이완과 비교하더라도 조선의 공창제는 명칭 문제를 포함하여 상이한 과정을 거친다. 이는 일본의 입장에서 타이완과 조선의 군사상 중요도에 따른

<hr />

70 辛珠柏,「朝鮮軍概史」, 宋連玉·金栄 共編著, 2010年.

71 張曉旻,「植民地台湾における集娼制の確立過程」,「現代台湾研究」第38号.

차이 때문일 것이다.

조선 공창제의 실태를 파악하기 위해서 각각의 단속규칙의 내용을 비교해 보고자 한다. 일본 '내지'에서는 1900년에 제정된 「창기 단속규칙娼妓取締規則」내무성령과 「가시자시키 단속규칙貸座敷取締規則」경시청·각부현경찰이 각각의 성청省庁에서 정해졌다. 즉 내무성령의 「창기 단속규칙」은 일본 '내지'에서 공통이었지만 창기 단속규칙의 세칙이나 영업자를 대상으로 한 단속규칙은 지역마다 내용이 달랐다.

이에 비해 조선에서는 조선총독부 경무총감부령警務総監部令에 의해 「가시자시키 창기 단속규칙貸座敷娼妓取締規則」으로 통합되어 있었다. 식민지의 공창제는 성병검진만이 아니라 식민지 지배를 위한 치안, 풍속 단속, 재원 확보 등의 의도 또한 있었기 때문에 총독부 경찰 권력이 일괄적으로 공창제를 감시·관리했다.

조선에서의 창기 허가연령은 17세 이상으로 정해졌다. 이러한 연령 규정은 일본인 창기에게도 적용되었다. 1916년 이전의 법규에서 보이는 민족 차별이 아니라 조선에 있는 모든 창기를 '내지'와 차별화하는 식민지주의로 전환한 것이다.

공창제와 '위안부' 제도의 차이는 폐업 규정의 유무에 있다는 주장도 있다. 그러나 조선에서 폐업 규정이 현실적으로 존재할 수 있었을까? 폐업 규정이 일본 '내지'에서는 「창기 단속규칙」 12조에 "어느 누구도 창기의 통신, 면접, 문서의 열독閱讀, 물건의 소지, 구매, 기타 자유를 방해해서는 안 된다"라고 되어 있는데, 조선에서는 제7조 "가시자시키 영업자는 왼쪽의 각호를 준수해야 한다"의 17항에 "지나치게 창기의 계약, 폐업, 통신, 면접을 방해 또는 타인에게 방해하게 하는 것"이라고 되어 있다. 즉 일본에서는 창기의 권리가 창기 단속규칙에 명기되어 있는 반면, 조선에서는 업자의 재량에 맡겨졌다.

또한 내무성 동규칙 제5조의 "창기명부 삭제 신청은 서면 또는 구두로 해야 한다"라거나 각 부현령의 「가시자시키 단속규칙」에서 업자에게 지시한 "가시자시키는 창기 단속규칙에 한자를 읽을 수 있도록 가나仮名를 붙여 창기가 잘 볼 수 있는 장소에 게시할 것"이라는 조항을 조선의 규칙에서는 찾아볼 수 없다.

일본인 창기에게도 법령문의 해독은 어려웠기 때문에 내무성이나 일본의 경찰은 창기를 위해 규칙을 개정할 때마다 한자에 가나를 붙여 통지하도록 지시해 왔지만 조선에서는 그러한 기회나 배려가 주어지지 않았다.

일본에서는 1905년에 학동여아學童女兒의 93%가 취학한 것에 비해, 조선에서는 1942년이 되어도 26.8%에 머물렀다.[72] 게다가 조선인 여성이 모국어가 아닌 다른 언어로 된 법문을 이해하기란 불가능했다. 설사 폐업 규정이 눈앞에 게시되어 있어도 아무런 의미가 없었다. 게다가 조선에서의 창기 단속규칙은 조선인뿐만 아니라 일본인에게도 적용되었기 때문에 조선에 있는 모든 창기는 자신들과 관련된 중요한 문언文言을 알 도리가 없었다.

가시자시키 단속규칙의 손님 명부 작성은 일본 '내지'에서도 의무화되어 있었다. '내지'에서는 이름, 연령, 유흥비를 기입하여 그것을 경찰관리가 요구하면 보여줘야 한다고 정해져 있는 것에 비해, 조선에서는 이름, 연령, 유흥비는 같지만 인상착의의 특징, 지명한 창기의 이름, 주소, 직업을 기입하고 명부 사용 전에 경찰서장의 검인을 받아야 했다. 이러한 예에서도 알 수 있듯이 조선에서는 업자에 대한 당국의 개입과 압력이 더욱 강하게 작용했다고 할 수 있다.

72　金富子,『植民地期朝鮮の教育とジェンダー』世織書房, 2005年(김부자 저, 조경희·김우자 역,『학교 밖의 조선 여성들: 젠더사로 고쳐 쓴 식민지 교육』일조각, 2009).

가시자시키 업자의 출원願出 제1조, 의심스러운 호객행위, 창기의 사
망·상해·도망 때 신고제13조, 가시자시키 임시검사 혹은 영업용 장부
의 검사제30조는 일본 '내지'에서는 관할 경찰서의 권한이지만 조선에
서는 경찰관과 헌병이 실시했다. 이는 식민지에서 공창제가 민간인과
병사를 고객으로 삼았을 뿐만 아니라, 군대도 이에 깊게 관여하고 있
었다는 것을 말해준다. 경찰이나 헌병은 유곽업자에 대한 강력한 생
살여탈권을 쥐게 되는데, 이것이 식민지에서는 지배에 조력하는 친일
파 형성에 일정의 역할을 수행했다.

일본은 「부인 및 아동의 매매금지에 관한 국제조약」1921년의 연령
규정, 20세 또는 21세를 유보하고 조약에 가입1927년에 연령 유보는 철폐하
는데, 타이완, 조선, 관동조차지, 사할린, 위임통치령 남양군도南洋群島
에는 그 국제조약을 적용하지 않았다.

이상으로 법령상의 식민지 차별·민족 차별을 살펴봤는데, 차별은
전차금의 액면이나 대우 등에도 나타났다. 1929년 평양 창기의 수입
을 비교하면 평균적으로 조선인 여성은 일본인 여성의 1/3에 지나지
않았고, 전차금은 1/3에서 1/4인 것으로 보고되었다.[73] 1926년에 실
시된 서울 신촌과 인천의 유곽을 조사한 결과, 조선인 여성에게는 창
기 허가연령이 지켜지지 않는 경우도 보고되었다.[74] 조선인 업자의 경
영 규모 또한 일본인보다 훨씬 영세했다.[75]

---

73 朝鮮総督府,『平壤府』,1932年.

74 奥村龍三,「朝鮮の公娼に就いて」『廓清』1926年 8月.

75 朝鮮商工研究会,『朝鮮商工大鑑』,1929年.

Ⅲ. 병참기지·조선의 식민지 공창제와 '위안부' 제도

총독부 경무국의 조사『조선경찰개요朝鮮警察の概要』, 1927년에 의하면, 1926년 말에 조선인이 경영하는 가시자시키의 총수는 579개소, 조선인 창기는 3172명인데, 변경인 함경북도가 가시자시키, 창기의 수 모두 경기도, 경상남도, 평안남도에 이어 4위이다. 경기도, 평안남도, 함경북도에는 조선군사령부가 소재하고 경상남도에는 일본으로 이어지는 현관인 부산이 위치하고 있었다.

중일전쟁이 시작되는 즈음이 되면 조선 내 공창제에도 변화가 보인다. 그때까지 가시자시키 안의 창기는 특별한 이유가 없는 한 외출이 허가되지 않았으나, 1934년 말에 일본 '내지'에서는 1933년 법령이 일부 개정되어 창기의 외출 제한이 삭제되었다. 동시에 조선의 「가시자시키 창기 단속규칙」 제1조, 제13조에서 '헌병'이라는 단어가 삭제된다.[76]

조선 내 조선인 창기의 수는 1916년 이후 꾸준히 증가하여 1939년에는 그 수가 조선 내 일본인 창기의 수를 넘어선다.[77] 이 수치는 식민지 하 조선인의 빈곤을 대변하는 동시에[78] 조선 사회 전체가 병참기지로써 전쟁경제에 편입된 상황을 보여주고 있다. 또한 예기·창기·작부를 업자에게 연결하는 소개업자의 수도 1920년부터 1940년 사이에 두 배

---

76 제1조, 제13조의 '헌병'은 1934년에 삭제된다(『朝鮮総督府令』第114号).

77 1916년 창기의 수는 일본인 2,077명, 조선인 774명으로 1916년의 수치를 지수 100으로 하면 1942년에는 조선인은 268, 일본인은 85가 된다(宋連玉,「日本の植民地支配と国家的管理売春―朝鮮の公娼を中心にして」,『朝鮮史研究会論文集』32, 緑陰書房).

78 1930년대 조선인의 평균 임금은 일본인의 절반에도 미치지 못했고, 전 인구의 3%도 되지 않았던 일본인이 총소득의 20% 이상을 점했다(李憲昶,『韓国経済通史』, 法政大学出版局, 2004年).

로 늘어났다.[79] 이 수치에서 성풍속업으로 가는 인신매매 경로의 확대를 볼 수 있다.

중일 양국 사이에 전면 전쟁이 확대됨에 따라 1937년에서 1941년 사이에 일본군의 총 사단수는 24개에서 51개로 급격히 늘었다. '내지' 사단이 전장에 파견되자 일본 '내지'에 주둔하는 장병의 수는 감소한다. 공창제는 카페 등 새로운 유흥문화에 밀려 쇠퇴하는 경향을 보이기도 했지만 전시 하의 강기숙정綱紀肅正[80]을 도모하는 의미에서도 일본 '내지'의 폐창은 일본 정부의 전쟁 수행 상황과 잘 맞아떨어졌다.

또한 병참기지로 더욱 중요해진 조선에서의 성풍속업은 전시에 예기나 기생의 매상이 떨어진 반면, 서울 신촌, 용산, 인천의 유곽은 군인의 출입으로 오히려 매상이 올라갔다.[81]

타이완에서는 1920년대 초부터 조선인 창기의 타이완 도항이 늘기 시작하여 1930년에는 타이완인 창기의 수를 상회하고 1940년 전후로는 타이완 전체 창기 수의 약 1/4을 점하게 된다.[82]

조선보다 낮은 창기 허가연령이나 그 외 영업규칙이 영세한 조선인 업자를 타이완으로 향하게 하는 원인이었는데, 중일전쟁 중 타이완수비대가 상하이 파견군의 지휘 아래로 편입되어 제48사단으로 개편되자, 이들 조선인 업자와 창기는 모두 타이완에서 화난華南 지방의 전쟁터로 이동한다.[83]

---

79 「警察-警察上取締営業」, 『朝鮮総督府統計年報』의 각 년도 판에 따랐다.

80 (역자주) 나라를 다스리는 규율을 바로잡음.

81 「支那事変関係一事変下での経済界の諸情勢」, 『治安状況』, 京畿道, 1938年 9月.

82 藤永壮, 「15年戦争期·台湾の接客業」, 『戦争責任研究』 66号, 2009年 冬号.

83 女性のためのアジア平和国民基金 編, 『政府調査「従軍慰安婦」関係資料集成』 第1巻, 龍渓書舎, 1997年., 「南方派遣渡航者に関する件」, 『陸軍省一陸亜密大日記―S17―58―170』 防衛省防衛研究所. 헌병조사 결과 선정된 세 명의 경영자 중 한 명은 제주도

전쟁에 의해 확대된 성풍속 시장으로 흡수되는 조선인 여성은 그 수도 늘고 행선지도 확대된다. 이여성李如星은 1930년대에 진입하면서 '밀매춘부'로 해외에 인신매매되는 여성의 수가 급증한다고 보고한다.[84] 여기서 말하는 해외는 중국, 타이완, 사할린, 동남아시아와 일본의 전선이 겹치는 지역으로 확대되었다.

중일전쟁이 발발한 이후에 중국으로 이주하는 조선인의 수가 증가하는데, 베이징北京에서는 재류조선인의 수가 열 배 가까이 증가했다고 한다.[85] 1940년 상하이 주재 조선인 여성의 직업별 통계를 보면 707명 중 658명이 여급, 작부, 창기, 예기 등 성풍속업에 종사하고 있었다.[86]

군대가 급격히 팽창하고 병사의 수가 증대하자 군은 군대 주변의 성풍속업을 관리하면서 병사의 수에 맞는 여성을 다수 조달할 필요에 직면했다. 그 결과 서둘러 만든 대책이 '위안부'제도라고 할 수 있다.

서울에 살고 있던 신재순申在順이라는 여성은 조선인 중개업자에게 속아서 1938년 봄에 난징의 위안소에 보내졌다. 그녀는 1939년 8월에 서울로 돌아와 중개업자에게 항의했다가 유언비어죄로 체포되었다.[87] 이 사건은 빙산의 일각이었는데, '위안부'제도가 어느 정도로 기밀로서 취급되었는지, 또 조선인 사회에서 입소문을 통해 얼마나 경계되었는지 추측할 수 있는 사료 중 하나이다.

이상에서 살펴본 것처럼 조선의 공창제는 처음부터 조선에 대한 침략과 전쟁 수행을 지탱하는 필수 제도로서 일본 정부, 식민지 권력, 혹

출신의 조선인이었다.

84 『新家庭』1934年 7月号.

85 朝鮮銀行京城総裁席調査課, 『[極秘] 内地, 支那各地在住の半島人の活動状況に関する調書』

86 孫科志, 『上海韓人社会史―1910~1945』 ハヌル, 2001年.

87 『思想に関する情報綴(4)京高秘第2303号』 1939年 9月 13日.

은 군대에 의해 관리되었다. 폐창규정 등은 법문상의 형식으로도 존재하지 않았을 뿐만 아니라, 공창제가 진행된 조선에서는 주차지휘권駐箚指揮權을 가진 육군대장이 총독이 되었다. 이러한 체제 하에서 시민법이 있을 리 없고 식민지 통치 기간을 평시平時라고 평가할 수도 없을 것이다. 이러한 의미에서 조선의 공창제는 일본의 '내지'와 달랐다.

창기 허가연령을 타이완에서는 16세, 조선에서는 17세로 하여 일본 '내지'의 18세와 격차를 두는 것으로 빈곤이나 기타 사정으로 궁지에 몰린 여성들이 일본 '내지'에서 조선으로, 조선에서 타이완으로, 나아가 전쟁터로 이동하게 하는 경로가 형성되었다.

공창제를 축으로 만들어진 광범위한 인신매매 루트의 형성 없이 폭력적인 '위안부' 제도의 실현은 어려웠을 것이다.

참고문헌

早川紀代, 『植民地と戦争責任』, 吉川弘分館, 2005年.

宋連玉・金栄, 『軍隊を性暴力―20世紀の朝鮮半島』, 現代資料出版, 2010年.

송연옥・김영 저, 박해순 역, 『군대와 성폭력―한반도의 20세기』, 선인, 2012년.

일본군 위안소 정책에 대해

나가이 가즈永井和

I. 문제의 소재

소위 '종군위안부 논쟁'은 1997년도부터 사용된 중학교용 문부성 검정교과서의 '종군위안부' 기술에 관한 시비를 둘러싸고 본격적으로 시작되었다. 그 배경을 거슬러 올라가면 1991년 이후 연이은 커밍아웃과 일본 정부를 고발한 한국, 필리핀, 타이완, 중국, 네덜란드 등 전前 '위안부'의 활동, 특히 사죄와 배상을 요구하는 법정 투쟁과 그것에 촉발되어 시작된 일본 정부와 유엔인권위원회의 조사활동, 그리고 정부 조사 결과를 근거로 실행된 일본 정부의 사죄와 반성의 의지 표명이라는 일련의 움직임에 대한 반발 혹은 반동이라고 인식할 수 있다.

이 글에서는 1996년 말에 새롭게 발굴된 경찰 자료를 통해 '종군위안부 논쟁'에서 해석 때문에 문제가 됐던 육군문서, 즉 육군성 부관발 북지나방면군 및 중지파견군陸軍省副官発北支那方面軍及中支派遣軍 참모장

앞으로 보낸 의명통첩依命通牒, 육지밀陸支密 제745호「군위안소 종업부 등 모집에 관한 건軍慰安所從業婦等募集ニ関スル件」[88] 1938년 3월 4일 자 - 이하 부관통첩의 의미를 재검토한다.

먼저 문제의 문서 전문을 아래에 인용한다.

> 지나사변지支那事変地에 위안소 설치를 위해 내지에서 종업부 등을 모집함에 있어 군부 양해諒解 등의 명의를 이용하고, 그로 인해 군의 위신을 떨어트리고, 그에 더해 일반민의 오해를 살 우려가 있는 자, 혹은 종군기자, 위문자 등을 매개로 통제 없이 모집하고 사회문제를 야기할 우려가 있는 자, 혹은 모집에 임하는 자의 인선人選에 적절함이 결여되어 모집방법이 유괴와 유사하여 경찰 당국에 검거 취조를 받는 자가 있는 등 주의를 요하는 자가 적지 않은 것에 대해서는 앞으로 이런 모집 등에 있어서 파견군이 통제하고 그것을 맡길 인물의 선정을 주도 적절히 하며 그 지역에 대한 관계 지방의 헌병 및 경찰 당국과의 연결을 긴밀히 함으로써 군의 위신 보지保持와 함께 사회문제상 실수가 없도록 고려해 주실 것을 의명통첩함.[89]

요시미 요시아키가 발견한 이 문서는 군이 여성의 모집을 포함해 위안소를 통제하고 감독했다는 것을 보여주는 결정적인 증거로써 1992년『아사히신문』에 크게 보도되었다. 요시미는 이 사료를 "육군성은 파견군이 선정한 업자가 유괴와 흡사한 방법으로 일본 내지에서

---

88 アジア歴史資料センター, レファレンスコード, JACAR: C04120263400.

89 吉見義明 編集·解説,『従軍慰安婦資料集』, 大月書店, 1992年, 105~106頁, 女性のためのアジア平和国民基金編,『政府調査「従軍慰安婦」関係資料集成』第2巻, 龍渓書舍, 1997年, 5~7頁 (이하『資料集成②』).

군 '위안부'의 징집을 실행하고 있다는 것을 알고 있었으"며, 이런 일이 계속되면 군에 대한 국민의 신뢰가 떨어질 우려가 있으므로 "이러한 불상사를 막기 위해서 각 파견군이 징집 업무를 통제하고 업자의 선정을 더욱 엄격히 하도록 지시하고 있는 것이다"라고 해석하고, '위안부'의 모집 업무가 군의 지시와 통제 아래에서 실시되었다는 것을 뒷받침하는 것이라고 했다.[90]

한편 이에 대립하는 고바야시 요시노리小林よしのり는 이 통첩을 "내지에서 유괴와 흡사한 모집을 하는 업자가 있으니 주의하라는〔좋은〕'관여'를 보여주는 것이다", "이것은 위법적인 징모徵募를 그만두게 하려는 것이다"[91], "'내지에서 군의 이름으로 사기를 치면서 무리하게 모집하는 자가 있으니 이를 단속하라'는 취지로 쓴 것이다"[92]라고 이른바 '좋은 관여론'을 외쳤는데, 후지오카 노부카쓰藤岡信勝도 이와 비슷한 주장을 펼쳤다.

후지오카는 "'위안부'를 모집할 때 일본인 업자 중에는 유괴와 흡사한 방법으로 모으는 자가 있어 현지 경찰이 출동하는 사례도 있었는데, 이 같은 사태는 군의 위신을 떨어트린다. 그런 일이 절대로 일어나지 않도록 업자의 선정을 엄격히 하여 악질적인 업자를 선정하는 일이 없도록 지시한 통달문서였던 것이다. 따라서 강제연행을 명령하는 문서가 아니라 업자가 강제연행하는 것을 금지하는 문서"[93]라고 말한다.

---

90 吉見義明, 『從軍慰安婦』, 岩波新書, 1995年, 35頁(요시미 요시아키 저, 이규태 역, 『일본군 군대위안부』, 소화, 2006년).

91 小林よしのり, 『新ゴーマニズム宣言 第三卷』, 小学館, 1997年, 165頁.

92 小林よしのり, 「人権真理教に毒される日本のマスコミ」, 西尾幹二·小林よしのり·藤岡信勝·高橋史朗, 『歷史敎科書との15年戰爭』, PHP研究所, 1997年, 77頁.

93 藤岡信勝, 「歷史敎科書の犯罪」, 앞의 책, 『歷史敎科書との15年戰爭』, 58頁.

하타 이쿠히코秦郁彦 또한 이와 매우 비슷한 해석을 하고 있다[94].

한편 고바야시 요시노리를 비판하는 우에스기 사토시上杉聡는 반대로 이 문서를 '강제연행'의 사실을 드러내는 사료라고 하면서, 그러한 악질적인 "업자의 배후에 군부가 있다는 것을 '굳이 말하지 말라'고 공문서가 기록하고 있는 것이며 강제연행만이 아니라 그 책임자도 여기에 확실히 쓰여 있다[95]"고 반론했다.

어느 쪽이든 일본 국내에서 악질적인 모집업자에 의해 유괴와 흡사한 행위가 현실적으로 발생하고 있었으며, 그러한 업자에 의한 '강제연행'이나 '강제징집'이 실행되기 쉬웠고 혹은 실제로 실행되었다는 가능성을 보여주는 문서라고 해석하는 점에서는 공통적이다.

다른 점이라면 우선 요시미 및 우에스기 쪽은 군이 모집업자의 선정과 모집·징집 활동을 통제하고 있었다는 것을 중요시하며, 그것이 바로 '군의 관여'를 보여주는 결정적 증거라고 파악했다는 것이다. 또한 군에는 당연한 의무로서 '위안부'에 대한 적절한 보호와 학대나 불법행위를 방지하는 감독책임이 발생하며, 그것을 지키지 못한 경우에는 그 책임을 물어야 한다고 주장했다. 이와는 대조적으로 이른바 자유주의사관 쪽은 위안소에 대한 군의 관여를 인정하면서도 그 관여는 업자에 의한 '강제연행', '강제징집' 등 불법행위에 대한 단속이며, 이 통첩은 군이 실제로 그러한 단속을 실시하고 있었다는 것을 보여주는 증거이고, 이 문서가 존재하는 한 설사 수많은 불법행위나 학대, 성폭력 사건이 일어났다고 해도 그것은 그러한 행위를 저지른 개개의 업자나 군의 하부기관, 일반 장병의 잘못이기 때문에 군 및 정부의 책임을 물을 수 없다고 주장했다.

---

94 秦郁彦, 「歪められた私の論理」 「文藝春秋」, 1996年, 5月号.

95 上杉聡, 「脱ゴーマニズム宣言」 東方出版, 1997年, 77頁.

근본적으로 양자는 위안소와 군 및 정부와의 관계를 어떻게 파악하는지, 거기에서 여성에게 가해진 학대행위에 대한 군 및 정부의 책임 유무를 어떻게 판단할 것인지에 대해 입장 차이가 있다. 말할 것도 없이 요시미나 우에스기는 위안소란 국가가 군사상의 필요로 설치한 군 시설이며, 그곳에서 이뤄진 조직적인 '위안부' 학대행위의 궁극적인 책임은 군 및 정부에 귀속된다는 입장이다.

　반면, 자유주의사관론자는 위안소에 대한 군과 정부의 관계를 부정하거나 혹은 부정하지는 않지만, 그것은 오로지 업자나 이용 장병의 불법행위·성적 학대를 단속하는 '좋은 관여'였다고 주장한다. 위안소는 전장에서도 오로지 병사를 대상으로 영업한 민간 매춘시설이며 공창제도가 존재하던 전전戰前에도 딱히 위법이 아니었기 때문에 그곳에서 이뤄진 학대행위에 대해 군이나 정부에 책임을 물을 이유는 없다. 강제적으로 '위안부'를 징집·연행했을 경우에 한해서는 군이나 정부에 책임을 물어야 하지만 군이나 정부가 그렇게 명령한 사실은 없다는 것이 '위안부' 문제에 대한 그들의 기본적 이해이다. 이러한 관점에서 부관통첩을 해석하고 오직 '강제연행'의 유무를 따지는 문맥에서 논쟁의 도마 위에 오른 것이다. 그 점이 위와 같은 해석의 차이를 불러왔다.

　먼저 위안소와 군의 관계에 대해서 나는 위안소를 장병의 성욕을 처리하기 위해 군이 설치한 병참 부속시설이라고 이해하고 있다. 그 점에서는 요시미와 생각이 같으며 이를 민간업자가 경영하는 일반 공창 시설과 같은 것으로 보고 군이나 정부의 관여와 책임을 부정하는 자유주의사관론자와는 생각이 다르다. 오직 '강제연행'의 유무로만 위안소 문제에 대한 군이나 정부의 책임을 부정하려는 그들의 언설은 그 이외의 형태라면 군과 정부의 관여는 아무런 문제도 되지 않으며 문제

제1장 일본인 '위안부'는 어떻게 모집되었나?　**85**

시해서도 안 된다는 주장을 암묵적으로 포함하는 것이다. 이러한 논조는 위안소와 군 혹은 정부의 관계를 은폐하고 위안소의 존재를 정당화하는 것일 뿐이다.

이야기를 부관통첩으로 되돌리면 1996년에 경찰관계의 공문서가 발굴되었다. 그 문서 중에 문제의 부관통첩과 밀접하게 관련된 1938년 2월 23일 자의 내무성 경보국장警保局長 통첩[내무성발경 제5호內務省発警第5号]「지나도항부녀의 취급에 관한 건支那渡航婦女ノ取扱ニ関スル件」이하 경보국장통첩의 기안·결재문서 그리고 그에 부수하는 현県 경찰부장이 내무성 앞으로 보낸 몇 건의 보고서가 발견되었다.

이 경찰 자료를 분석함으로써 두 개의 통첩이 세상에 나오게 된 경위와 배경을 어느 정도까지 밝힐 수 있다. 이 분석을 통해 앞서 말한 해석 논쟁이 상정한 것과는 상당히 다른 사정이 있다는 것을 알게 되었다. 예를 들어 경찰보고에는 분명 부녀유괴 용의사건이 한 건 보고되었다. 그러나 그 이외에는 '강제연행'이나 '강제징집'을 떠올리게 하는 사건 보고를 찾아볼 수 없다. 물론 발견된 경찰 자료는 야마가타, 미야기, 군마, 이바라키, 와카야마, 고치 각 현県 경찰부 보고와 고베나 오사카大阪에서의 '위안부' 모집에 대한 내정内偵 보고에 지나지 않기 때문에 일본 전역은 물론 조선, 타이완 등 모집이 실시된 모든 지역을 망라하지는 않는다. 따라서 그 지역들에서 '강제연행'이나 '강제징집'이 실행된 가능성을 전면적으로 부정하는 것은 아니다.

그러나 부관통첩에 언급된 "모집방법이 유괴와 유사하여 경찰 당국에 검거 취조를 받는 자가 있다"라는 사건은 분명 와카야마현 경찰부로부터 한 건이 보고되었으며 그러한 사건이 실제로 일어났다는 것이 이 경찰보고에 의해 증명되었다. 즉 경찰보고와 부관통첩 사이에는 상당한 연관성이 있다.

앞으로 새로운 경찰 자료가 발견되어 그에 따른 변경이 요구될 때까지는 오직 이하에 서술하는 작업가설을 채용하고 그에 기반하여 고찰해 나가기로 한다. 즉 내무성은 주로 현재 알려진 경찰 자료에 포함된 여러 건의 보고를 바탕으로 앞서 서술한 경보국장통첩을 작성·발령하고, 더 나아가 육군성이 그것을 받아 문제의 부관통첩을 출장出先 군사령부에 내린 것이다.

이 작업가설을 전제로 할 경우, 와카야마의 부녀유괴 용의사건 한 건을 제외하면 '강제연행'이나 '강제징집'의 사례는 한 건도 없었다는 결론을 낼 수밖에 없다. 그렇다면 부관통첩을 근거로 '강제연행'이나 '강제징집'의 사실이 있었다고 단정 혹은 추측하는 해석은 성립되지 않는다. 또한 이를 두고 '업자가 강제연행 하는 것을 금지한 문서'라고 하는 자유주의사관론자의 주장도 틀렸다고 할 수밖에 없다. 왜냐하면 존재하지 않는 것을 단속할 수는 없기 때문이다. 그러면 부관통첩이나 경보국장통첩은 도대체 무엇을 단속하려 했던 것인가? 애초에 이 통달은 무엇을 목적으로 제출된 것일까? 이것을 다시 한번 문제 삼아야 한다.

결론을 먼저 말하면 문제의 경보국장통첩은 군의 의뢰를 받은 업자의 '위안부' 모집 활동에 대해 의심을 표하는 지방경찰에게 위안소 개설이 국가의 방침이라는 내무성의 의향을 철저히 전달하여 경찰의 의사통일을 도모할 목적으로 제출된 것이다. 이는 '위안부' 모집과 도항을 합법화하는 동시에 군과 위안소의 관계를 은폐하면서 모집 행위를 규제하도록 지시한 문서에 다름 아니라는 것이 나의 해석이다. 또한 부관통첩은 경찰의 조치에 응하기 위해 내무성의 규제방침에 그러한 '위안부' 모집을 하는 업자의 선정에 주의를 기울이며 지방경찰·헌병대와 긴밀히 연락을 취할 것을 출장 군사령부에 명한 지시문서이지,

애초에 '업자가 강제연행을 하는 것을 금지한' 단속문서 따위가 아니다.

1. 경찰자료에 대해

이 글에서 고찰의 재료로 삼는 것은 여성을위한아시아평화국민기금 편, 『정부조사 '종군위안부' 관계 자료집성』제1권^{이하『자료집성①』}에 수록되어 있는 내무성 문서의 일부이다.

  가장 먼저 이 글에서 다루는 경찰자료의 제목 전체를 소개한다. 이 중에 一과 八-二는 외무성 외교사료관이 소장하고 있는 외무성 기록에 같은 내용이 포함되어 있고, 이전부터 그 존재는 잘 알려져 있었다.

    一 외무차관이 경시총감·각 지방장관 기타 앞으로 보낸 「불량분자의 도지渡支에 관한 건」^{1938년 8월 31일 자}

    二 군마현 지사知事가 내무대신·육군대신 앞으로 보낸 「상하이 파견군 내 육군위안소 작부 모집에 관한 건」^{1938년 1월 19일 자}

    三 야마가타현 지사가 내무대신·육군대신 앞으로 보낸 「북지北支파견군 위안 작부 모집에 관한 건」^{1938년 1월 25일 자}

    四 고치현 지사가 내무대신 앞으로 보낸 「지나 도항 부녀 모집 단속에 관한 건」^{1938년 1월 25일 자}

    五 와카야마현 지사가 내무성 경보국장 앞으로 보낸 「시국 이용 부녀 유괴 피의사건에 관한 건」^{1938년 2월 7일 자}

    六 이바라키현 지사가 내무대신·육군대신 앞으로 보낸 「상하이 파견군 내 육군위안소 작부 모집에 관한 건」^{1938년 2월 14일 자}

    七 미야기현 지사가 내무대신 앞으로 보낸 「상하이 파견군 내 육군위안소 작부 모집에 관한 건」^{1938년 2월 15일 자}

    八-一 내무성 경보국장 통첩안 「지나 도항 부녀의 취급에 관한 건」

1938년 2월 18일 자

八-二 내무성 경보국장이 각 지방장관 앞으로 보낸 「지나 도항 부녀
의 취급에 관한 건」 1938년 2월 23일 자

九 '추업부醜業婦 도지에 관한 경위' [내무성의 내정內偵 메모, 날짜 불명]

二~七 및 九는 1937년 말에 위안소 개설을 결정한 중지나방면군의
요청에 기초해 일본 국내에서 이뤄진 '위안부' 모집 활동에 관한 일련
의 경찰보고이며, 八은 군의 요청에 응하기 위해 중국으로의 도항 제
한을 완화하고 모집 활동의 용인과 그 통제를 지시한 경보국장 통첩의
기안 문서八一 및 발령된 통첩 본체八二이다.

이 일련의 문서에 대해서는 이미 요시카와 하루코,[96] 야기 기누가 그[97]
내용을 개략적으로 소개하였고 와다 하루키도 자세히 소개하고 있[98]
다. 이 자료는 전前 내무성 직원 다네무라 가즈오種村一男가 기증한 것
으로 경찰대학교에 보존되어 있다. 1992년과 1993년의 정부 조사 보
고 때는 그 소재를 알 수 없었으나 1996년 12월 19일에 참의원 의원
요시카와 하루코공산당의 요구에 응해 경찰청이 이 자료를 제출했기
때문에 일련의 문서가 알려지게 되었다.[99] 현재는 도쿄의 국립공문서관
에 이관되어 그 일부를 아시아역사자료센터에서 공개하고 있다.

96 吉川春子, 『従軍慰安婦—新資料による国会論戦』, あゆみ出版, 1997年.

97 八木絹, 「旧内務省資料でわかった『従軍慰安婦』の実態」, 『赤旗評論特集版』, 1997
年 2月 3日.

98 性和田春樹, 「政府発表文書にみる『慰安所』と『慰安婦』—政府調査『従軍慰安婦関
係資料集成』を読む」 女性のためのアジア平和国民基金, 「慰安婦」 関係資料委員会編,
『『慰安婦』問題調査報告・1999』 女のためのアジア平和国民基金, 1999年.

99 이 사이의 경위에 대해서는 『赤旗』 1996年 12月 20日에 자세히 나와 있다.

II. 육군위안소의 창설

앞에서도 언급된 것처럼 와카야마현 지사가 내무성 경무국장에게 보낸 「시국 이용 부녀유괴 피의사건에 관한 건」 1938년 2월 7일 자 문서에는 1938년 1월 20일에 나가사키현 외사 경찰과장이 와카야마현 형사과에 회답한 문서의 사진이 참고자료로 첨부되어 있다. 또한 이 문서에는 상하이 일본총영사관 경찰서장 다지마 슈헤이田島周平가 나가사키현 수상경찰서장 가도카와 시게루角川茂 앞으로 보낸 의뢰장 1937년 12월 21일자의 사진도 수록되어 있다.

이 의뢰장은 상하이의 군과 영사관이 육군위안소의 설치에 깊이 관여했음을 보여주는 공문서임에 틀림없다. 이하에 인용하는 것은 그 전문이다.

> 황군장병 위안부녀 도래에 있어 편의 제공 의뢰의 건
>
> 본 건에 관해 전선 각지에 황군의 진전에 따라, 장병의 위안 방법에 관해 관계 제기관에서 고찰하던 중 근일 당관에 온 육군무관실陸軍武官室 헌병대 합의의 결과, 시설의 일단으로 전선 각지에 군 위안소사실상의가시자시키를 아래에 기기한 요령에 따라 설치하기로 한다.
>
> 기기   以上
>
>
> 영사관
> 1 영업 출원자에 대해 허/불허의 결정
> 2 위안부녀의 신분 허許 및 그 업에 대한 일반계약 수속
> 3 도항에 관한 편의 제공
> 4 영업주 및 부녀의 신분 및 기타에 관해 관계 제관서 간의 조회 및 회답
> 5 상하이 도착과 동시에 당지에 체재시킬 것인지 원칙적으로 허/불

허 결정 후에 즉각 헌병대에 인계

헌병대
1 영사관에서 인계받은 영업주 및 부녀의 취업지 운송 수속
2 영업자 및 가업稼業부녀에 대한 보호 단속

무관실
1 취업 장소 및 가옥 등의 준비
2 일반보험 및 매독 검사에 관한 건

　위의 요령에 따라 시설을 급히 처리. 이미 가업부녀작부 모집을 위해 본국 내지內地 및 조선 방면으로 여행 중인 자가 있음. 앞으로도 위와 같은 중요한 업무로 여행하는 자가 있을 것이므로 이와 같은 자에 대해서 당관 발급의 신분증명서 중에 사유를 기입하여 본인에게 휴대시킬 것이며 승선 기타 편의 제공을 가급적 재량껏 할 것. 또한 상하이 도착 후 곧장 취업지로 이동하는 관계상 모집자 포주 및 그 대리자 등에게는 그 업에 필요한 서류원쪽에 표기한 서식를 교부하고 미리 서류의 완비를 지시해 두지만 정비가 누락된 자가 많을 것으로 예상되므로 상하이 도착 후 번잡한 수속을 반복하지 않도록...

〔중략〕

　쇼와 12년1937년 12월 21일
　상하이 일본 총영사관 경찰서[100]

---

[100] 앞에 게재된 『資料集成①』, 36～38頁.

글의 앞머리에 "장병의 위안 방법에 관해 관계 제기관에서 고찰하던 중 근일 당관에 온 육군무관실 헌병대 합의의 결과, 시설의 일단으로 전선 각지에 군위안소사실상의 가시자시키를 아래에 기記한 요령에 따라 설치하기로 한다"라고 한 것처럼 이 문서에서 1937년 12월 중순에 상하이 총영사관〔총영사는 오카모토 다카마사岡本季正〕, 육군무관실, 헌병대 삼자 간 협의가 이뤄졌고, 그 결과 전선에 육군위안소 설치가 결정되었을 뿐만 아니라 그 운용에 관해 삼자 간에 임무 분담의 협정이 맺어졌다는 것을 명백히 알 수 있다.

여기에서 언급되는 육군무관실이란 재중화민국 대사관부 육군무관在中華民國 大使館付陸軍武官과 그 직원들을 의미한다. 책임자는 하라다 구마요시原田熊吉 소장少將으로, 1938년 2월에는 중지특무부中支特務部로 개칭되었다. 군사 면에서 섭외 사항이나 특수한 정치공작을 담당하는 육군의 출장기관이며, 상하이전上海戰이 시작되고 나서는 상하이 파견군이나 중지나방면군의 관할하에 있는 육군특수기관으로서 제3국의 출장기관이나 군부와의 교섭, 친일파 중국인에 대한 정치공작, 상하이에서 활동하는 일본의 정부기관이나 민간단체와의 교섭·조정 창구 역할을 했다.

군 위안소가 군의 지시와 명령에 의해 설치되었다는 것은 지금까지의 위안소 연구에 의해 밝혀져 현재는 사실로 널리 받아들여지고 있다. 그런 의미에서는 정설定說을 재확인하는 데 그치지만 상하이 총영사관 경찰서의 이 의뢰장은 위안소 설치를 명한 군의 지령문서 그 자체는 아닐지라도 정부기관과 군, 즉 상하이 육군무관실, 총영사관, 헌병대에 의해 위안소의 설치와 운영법이 결정되었다는 것을 직접적으로 보여주는 공문서로서 다른 선례가 없다는 점에서 중요한 의의를 갖는다.

무엇보다도 이 문서의 기술에도 불구하고 육군위안소 개설은 육군 무관실이나 헌병대, 영사관의 권한만으로 결정될 수 있는 것이 아니다. 군조직의 생리로 보면 육군무관실과 헌병대 쌍방에 대해 지휘권을 갖는, 보다 상급의 단위, 이 경우는 중지나방면군 사령부에서 먼저 설치가 결정되고 그것을 받아 이 삼자 간에 위안소 운용을 위한 자세한 항목이 협의·결정된 것이라고 이해해야 할 것이다.

요시미 및 후지이 다다토시藤井忠俊의 연구에 의하면,[101] 상하이·난징 방면의 육군위안소 설치에 관한 기존 사료에는 다음과 같은 것이 있다. 이외에도 위안소를 이용한 병사의 일기·회상이 있으나 생략함

一 이이누마 마모루飯沼守 상하이 파견군 참모장의 일기[102]
　· 1937년 12월 11일 '위안시설의 건 방면군으로부터 서류가 왔음. 실시를 조처할 것'
　· 1937년 12월 19일 '조속히 기방女郞屋을 설치하는 건에 관해 나가長 중좌에게 의뢰함'
二 우에무라 도시미치上村利通 상하이 파견군 참모부장의 일기[103]
　· 1937년 12월 28일 '난징위안소 개설에 있어 제2과 안案을 심의함'
三 야마자키 마사오山崎正男 제10군 참모의 일기[104]

---

101 앞에 게재된 吉見編, 『從軍慰安婦資料集』, 28~30頁, 吉見義明·林博史 編著, 『共同研究 日本軍慰安婦』, 大月書店, 1995年, 第2章, 第4章.

102 南京戰史編集委員会編, 『南京戰史資料集I』, 偕行社, 1993年, 153, 162頁.

103 同編, 『南京戰史資料集II』, 偕行社, 1993年, 271頁.

104 상동, 305頁. 또한 후저우의 위안소에 대해서는 제10군 법무부장이었던 오가와 세키지로(小川関治郎)의 진중일기 1937년 12월 21일 조에도 "상당 회보에 듣기를 후저우에는 군의 위안시설도 생겼고, 개설 당시 매우 번성했다. 지나 여자 십수 명이 있는데 점점 늘어날 것이라서 헌병이 그 준비로 바쁘다"라는 기술이 보인다. 小川関治郎, 『ある法務官の日記』, みすず書房, 2000年, 124頁.

· 1937년 12월 18일 '먼저 보낸 데라다寺田 중좌는 헌병을 지도해 후저우湖州에 오락기관을 설치함'

四 상하이 총영사관 경찰의 보고서[105]

· 1937년 12월 말의 직업통계에 '육군위안소' 항목

五 창저우常州 주둔의 독립공성중포병 제2대대장의 상황보고[106]

· 1938년 1월 20일 '위안시설은 병참이 경영하는 것 및 군직軍直부 대가 경영하는 2개소가 있다'

六 전前육군 군의관 아소 데쓰오의 수기에 의하면 1938년 2월에는 상하이 교외의 양자자이楊家宅에 병참사령부가 관할하는 군 운영의 육군위안소가 개설되었다[107]. 또한 1938년 1월에 군의 명령을 받아 오지로 진출하는 여성약 조선인 80명, 일본인 20명의 매독 검사를 상하이에서 실시했다[108].

여기에 다음 항목이 새롭게 더해졌다.

七 상하이 총영사관 경찰서가 나가사키현 수상경찰서 앞으로 보낸 '황군장병 위안부녀 도래에 있어 편의 제공 의뢰의 건' 1937년 12월 21일 자

이것을 종합하면 늦어도 1937년 12월 중순에는 화중華中의 일본육

---

105 앞에 게재된 吉見義昭 編, 『從軍慰安婦資料集』 175頁.

106 상동, 195頁.

107 高崎隆治編, 『軍医官の戦場報告意見集』 不二出版, 1990年, 115, 120頁.

108 麻生徹男軍医少尉, 「花柳病の積極的予防法」 1939年 6月 26日, 高崎編, 앞의 책, 55頁.

군을 총괄하는 중지나방면군 사령부 차원에서 육군위안소 설치가 결정되어, 그 지휘 아래 있는 각 군 상하이 파견군과 제10군에 위안소 개설의 지시가 내려졌다고 생각해도 무방하다.

지시를 받은 각 군에서 위안소 개설 준비가 진행되는 동시에 여러 관계기관이 협의해서 임무를 분담했다. 총영사관은 위안소의 영업주 육군의 위탁에 의해 위안소를 경영하는 업자 및 위안소에서 일하는 여성 위안소 종업원 즉 '위안부'의 신분 확인과 영업 허가, 도항상 편의 조처, 또 업무를 원활히 수행하기 위한 내지·식민지의 여러 관계기관과의 교섭을 맡았다. 그리고 헌병대가 영업주와 종업여성을 전선 위안소까지 운송하고 보호 단속을 담당했으며 특무기관이 위안소용 시설의 확보·제공과 위안소의 위생 검사 및 종업여성의 성병검사를 담당하도록 정했다.

더욱이 이 의뢰장에서 읽어낼 수 있는 것은 위안소에서 일하는 여성의 조달을 위해 군과 총영사관의 지시를 받은 업자가 일본 및 조선으로 모집하러 나가는 것, 그리고 그들의 모집 활동과 모집된 여성들의 도항에 편의를 제공하도록 내지의 아마 조선도 같았을 거라고 생각됨 경찰에게 의뢰가 있었다는 사실이다.

실제로 이 모집 활동으로 인해 일본 내지 및 조선에서 다수의 여성이 상하이로 옮겨진 것은 六에 제시된 아소 군의관의 회상에 의해 뒷받침되고 있다. 아소 군의관에게 여성 100명의 성병검사를 명령한 것은 '군특무부'이며 그 명령은 1938년 1월 1일부였다.[109] 이 기록은 상기 의뢰장에서 보이는 군·헌병대·영사관의 임무분담 협정이 현실적으로 기능하고 있었다는 방증이 될 것이다.

---

109 藤永壯,「上海の日本軍一慰安所と朝鮮人」, 上海研究プロジェクト編,『国際都市上海』大阪産業大学産業研究所, 1995年, 169頁. 또한 藤永는 麻生徹男,『上海から上海へ』, 石風社, 1993年에 의거하고 있다.

그런데 의뢰장에 적혀있는 임무분담 협정은 육군위안소에 대한 풍속경찰권이 영사관 경찰이 아니라 군사경찰헌병대에 속해 있다는 것을 보여준다. 정해진 협정에 의하면 영사관 경찰은 중국으로 건너온 위안소 영업주와 여성의 단순한 수용 창구에 불과하고, 수속이 끝나면 그들의 신병은 군에게 인도되며 그 단속권도 영사관 경찰에서 헌병대로 넘어간다. 이관과 함께 그들은 영사관 경찰의 풍속 경찰권 권한 밖에 놓이게 되며, 관할 경찰권의 소재에 있어 육군위안소는 통상 일반 공창시설과는 성격을 달리한다. 이는 위안소가 군의 병참 부속시설이라는 것을 의미하는데, 육군위안소를 일반 공창시설과 같다고 간주하는 논의는 이 점을 무시 혹은 경시하고 있다고 말할 수밖에 없다.

통상 일반 공창시설은 그것을 이용하는 군인·군속의 단속을 위해 헌병이 출입하는 일은 있어도, 업자나 창기에 대한 풍속 경찰권은 내무성경찰·식민지경찰·외무성경찰 등의 문민경찰에 속하며 군경찰 즉 헌병이 관지關知하는 곳은 아니다. 그런데 육군위안소의 종업원은 군적을 가지지 않은 민간인이지만 그곳에서 일하고 있는 이상 헌병의 관할에 속하는 것이다. 이는 위안소가 군매점과 같은, 전선 가까이에 설치한 군의 병참 부속시설이며 군인·군속 전용의 성욕 처리시설이었다는 데서 유래한다.[110] 이 점은 보론에서 상세히 논하고자 한다.

---

110 1937년 12월에 육군과 총영사관 사이에 맺어진 풍속경찰권의 분계협정은 상하이·난징전이 종료되고 일본군의 주둔과 점령지 지배의 장기화가 명확해진 1938년 봄이 되어, 일부 수정되고 재확인되었다. 그 해 3월에는 상하이에서 4월 16일에 난징총영사관에서 육해외 3성관계자의 협의회가 개최되어, 점령지의 경찰권에 관한 협정을 맺었다(앞에 게재된 吉見義昭 編, 『從軍慰安婦資料集』, 178~182頁). 또한 일반 공창시설과 군위안소 사이에 명확히 경찰의 관할이 구분되어 있었다는 점에서 군사경찰이 점령지의 풍속영업 단속을 전반적으로 담당하고 있었던 러일전쟁 중의 만주군정이나 제1차대전 기간의 칭다오(靑島) 점령과도 성격을 달리한다는 점을 덧붙여둔다.

의뢰장에 "이와 같은 자에 대해서 당관 발급의 신분증명서 중에 사유를 기입하여 본인에게 휴대시킬 것이며"라고 되어있듯이 군과 총영사관에서 의뢰받은 업자는 상하이 총영사관이 발행하는 신분증명서를 소지하고 일본 내지 및 조선으로 건너가, 위안소에서 일할 여성의 모집활동에 종사했다〔"가업부녀작부 모집을 위해 본국 내지 및 조선 방면으로 여행 중인 자가 있음. 앞으로도 위와 같은 중요한 업무로 여행하는 자가 있을 것이므로"〕. 그들이 어떠한 방법으로 모집활동을 했는지는 사료 二~七의 경찰보고에 실례가 나오기 때문에 다음 절에서 검토할 것이다. 일본 내지 또는 식민지에서 여성을 모은 업자는 그녀들을 데리고 상하이로 돌아오거나 상하이까지 보내야만 했다. 그러나 중일전쟁이 시작되면서 일본 국내에서 중국으로의 도항은 엄격하게 제한되었고, 원칙적으로 일본 내지 또는 식민지의 경찰서가 발급하는 신분증명서를 소지하지 않으면 승선·출국이 불가능해졌다.

심지어 1937년 8월 31일 자 외무차관 통달 「불량분자의 도지 단속에 관한 건」사료一은 각지의 경찰에게 '혼란을 틈타 이익을 보려는' 불량분자의 중국 도항을 '엄격히 단속하기' 위해 '출신, 경력, 평소의 언동불량으로 도지 후 부정행위를 할 우려가 있는 자'에게는 신분증명서의 발행을 금지하도록 지시하고 있으며, 이에 더해 '업무상 또는 가정상 그 외 정당한 목적을 위해 중국으로의 급도항을 필요로 하는 자 이외에 자발적 중국 도항은 삼갈 것'을 지도하라고 명하고 있다.[111]

사실대로 신청하면 '추업'이라고 멸시받던 매춘업자나 창기·작부에게 신분증명서의 발급이 허락될 리 없다. 그렇기 때문에 더더욱 상하이 영사관 경찰이 육군위안소의 설치는 분명 군과 총영사관의 협

111 앞에 게재된 『資料集成①』, 3, 7頁. 앞에 게재된 吉見 編, 『從軍慰安婦資料集』, 96~97頁.

의·결정에 기반한 것이며 결코 돈벌이를 꾀하는 민간업자의 자의적 사업은 아니라는 것을 나가사키 수상경찰서에 통지하고, 업자와 종업 여성의 중국 도항에 상응하는 편의를 제공했으면 한다고 요청^{승선에 따}른 편의 제공을 조처할 것</sup>했던 것이다. 따라서 이 의뢰장의 성격은 군의 방침을 전함과 동시에 앞서 서술한 외무차관 통달이 정한 도항 제한에 완화조치를 요구한 것이라고 판단하는 것이 이치에 맞다.

III. 일본 국내의 '위안부' 모집활동

1. 와카야마 유괴용의사건

여기에서는 군과 총영사관의 의뢰를 받아 일본 국내로 향한 모집업자가 어떠한 활동을 했는지 경찰보고를 토대로 소개한다. 최초로 언급된 사례는 와카야마현에서 일어난 부녀유괴 용의사건이다. 내무성 경보국장 앞으로 보낸 보고앞 사료 五의 1938년 2월 7일 자「시국 이용 부녀유괴 피의사건에 관한 건」에 의하면 사건 개요는 아래와 같다.

　1938년 1월 6일 와카야마현 다나베경찰서는 관하의 음식점 거리를 배회하는 거동이 수상한 남성 세 명에게 부녀유괴 용의로 임의동행을 요구했다. 세 명 중 두 명은 오사카시의 가시세키업자이고 다른 한 명은 와카야마 가이난의 소개업자였다.

　그들은 자기들이 "의심스러운 사람이 아니라 군부의 명령으로 상하이 황군위안소에 보낼 작부를 모집하러 온 사람이며, 3,000명의 요구에 대해 70명은 쇼와13년^{1938년} 1월 3일 육군 어용선으로 나가사키항에서 헌병 호위를 받고 송치되었다"라고 주장하며 어떤 요리점의 작부에게 상하이행을 권유했다. 세 명이 "무지한 부녀자에게 돈벌이가 좋고, 군대만을 상대로 위문하고, 식료는 군에서 지급된다"는 등 상식적이지 않은 이야기를 하며 권유했다는 정보를 입수한 다나베경찰서는 부녀유괴 혐의가 농후하다고 판단하여 세 사람의 신병을 구속했다.[112]

취조에서 오사카의 가시세키 업주 가나자와는 다음과 같이 진술했다. 1937년 가을, 오사카시의 회사 중역 고니시, 가시세키업자 후지무라, 고베시의 가시세키업자 나카노 세 명이 육군 어용상인인 성명 불명의 인물과 함께 상경, 도쿠히사 소좌라는 인물의 중개로 아라키 사다오 육군대장과 우익 거물 도야마 미쓰루와 만나 연내에 본토에서 상하이로 3,000명의 창부를 보내기로 정했다는 이야기를 두 명의 가시세키 업주가나자와와 사가가 후지무라에게 들었다. 그래서 도항 창부를 모집하기 위해 와카야마를 방문했고, 지역 소개업자의 협력을 얻어 모집 활동을 하던 중이었다. 이미 후지무라와 고니시는 여성 70명을 상하이로 보냈고, 그때 오사카 구조경찰서와 나가사키현 경찰 외사과에서 편의를 제공받았다고 진술했다.

위 진술에 의하면 위안소 작부의 계약조건은 "상하이에서는 정교금 情交金이 장교 5엔, 하사 2엔, 그리고 2년 후 군과 함께 귀환하는 자에게는 전차금 800엔을 지급"한다는 것인데, 이미 전차금 470엔, 362엔을 지불해 두 명의 여성 26세와 28세이 상하이행을 결정했다고 한다.

이를 수상히 여긴 다나베경찰서는 진술의 진위를 확인하기 위해 나가사키현 경찰 외사과와 오사카 구조경찰서에서 조회를 했다. 나가사키에서는 조회한 작부 도항 건이 상하이 총영사관 경찰의 의뢰에 의한 것으로, 나가사키현의 경찰은 총영사관이 지정한 필요 서류를 소지하고 합법적 고용계약으로 인정받은 건에 대해서는 모두 상하이행을 허

---

112 앞에 게재된 『資料集成①』, 28, 31頁.

가하고 있다는 회답이 왔다.[113] 이 시점에는 1937년 8월 외무차관 통달이 아직 유효했기 때문에 군 및 총영사관으로부터 사전 의뢰가 없었다면 나가사키현 수상경찰서가 여성의 도항을 허가했을지 대단히 의문스럽다. 반대로 말하면 최초로 도항을 인정한 그 시점에 나가사키현 경찰서는 위안소 요원의 도항은 '업무상 정당한 목적'을 가졌다고 인정한 것이 된다. 물론 그 근거는 위안소가 군의 결정에 의한 것이며, 총영사관에서 '위안부'의 모집과 도항에 있어 편의를 봐주었으면 한다는 요청이 사전에 있었다는 데에 있다.

또한 오사카 구조경찰서는 내무본성에서도 도항을 인정하라는 은밀한 지시가 있었다고 여겨지는 회답을 다나베경찰서에 보냈다. 그 개요는 아래와 같다.

상하이 파견군 위안소의 종업작부 모집에 대해서는 내무성에서 비공식적으로 오사카부 경찰부장아라키 요시오, 荒木義夫에게 보낸 의뢰가 있었기 때문에, 오사카부로서는 상당한 편의를 제공하고 이미 1월 3일에 첫 도항을 시켰다. 다나베경찰서에서 취조 중인 가시세키 업자는 모두 구조경찰서 관내 거주자로 신원이 불명한 자는 아니다. 그것은 구조경찰서장야마자키 이시오, 山崎石雄이 보증하기 때문에 그에 걸맞은 조처를 부탁한다는 것이었다.[114]

구조경찰서의 이 회답서를 통해 1월 3일에 나가사키에서 70명의 여성이 상하이로 보내졌다는 가나자와의 진술이 근거 없는 거짓말이 아니라는 것을 알 수 있다. 일부는 오사카에서 모집된 듯하고 경찰은 내무성의 비공식적인 지도를 토대로 '위안부'의 도항에 편의를 제공했던 것이다.

---

113 상동, 35, 36頁.
114 상동, 45頁.

가나자와의 진술을 뒷받침하는 동시에 편의 제공을 시사한 내무본성으로부터의 비공식적인 접촉이 있었다는 구조경찰서장의 말이 거짓이 아니라는 것을 보여주는 것이 사료 九「추업부 도지에 관한 경위」라는 제목이 붙은 손으로 쓴 메모이다. 중요한 자료이므로 아래에 전문을 인용한다.[■는 공간公刊 때 말소된 부분을 가리킨다. □은 말소 누락으로 보이기 때문에 필자의 판단으로 삭제했다]

一, 12월 26일 내무성 경무과장이 효고兵庫현 경찰부장에게 '상하이 도쿠히사 ■■■, 고베시 나카노 ■■■, 두 명은 상하이 총영사관 경찰서장의 증명서 및 야마시타山下 내무대신 비서관의 소개 명함을 지참하고 출두할 것이니 사정 청취 후 다소간 편의를 조처해 주길 바람' 이라는 전보 있음.

一, 동월 27일 위의 두 명이 출두해 내무대신 비서관의 명함을 제출하고 도쿠히사는 자신의 명함을 제출하지 않고 신분을 밝히지 않았다. 나카노는 고베시 후쿠하라초福原町 458 나카노□□ 라는 명함을 제출했는데 이 사람의 직업은 가시자시키업자이다.

一, 동 두 사람의 신청에 의하면 오사카여단旅團에 근무하는 오키沖 중좌와 나가타永田 대위가 인솔해 간다고 하는데 최소한 500명의 추업부를 모집한다고 하여, 주선업 허가가 없는 데다 연말연시 휴가 중이지만 부디 중국 도항 수속을 해달라는 부탁이 있었다.

一, 효고현에서는 일반 중국 도항자와 마찬가지로 신분증명서를 관할경찰서에서 발급했다.

一, 고베에서 승선하는 중국 도항자는 없으나 육로로 나가사키에서 온 자는 200명으로 예상된다.

一, 1월 8일 고베발 임시 선박 아토마루後丸로 도지하는 40~50명 중

에 미나토가와湊川경찰서에서 신분증명서를 발급한 자가 20명
있다.

一, 주선업 영업허가가 없다는 사실은 효고현에서는 묵인된 상태이다.[115]

정리하면, 1937년 12월 26일에 내무성 경무과장 스도 가네오미數藤鉄臣가 효고현 경찰부장 고케쓰 야조纐纈弥三 앞으로 상하이의 도쿠히사와 고베시의 나카노가 협력을 요청하러 가니 다소 편의를 부탁한다는 전보가 도착했고, 다음 날 27일에는 도쿠히사와 나카노 두 사람이 야마시타 내무대신 비서관의 명함을 지참하고 군에 협력하여 지금 최소한 500명의 '위안부'를 모집 중이니 주선업 면허가 없다는 점은 묵인하고 도항 허가를 내주길 바란다고 부탁했던 것이다.

효고현 경찰은 위법행위에 눈을 감고, 두 사람의 요청을 수용해 모집된 여성에게 신분증명서를 발급했다. 나가사키, 오사카에 이어서 효고현경찰도 모집업자에게 협력하고 '위안부'의 조달을 지원해 준 것이다. 그뿐만이 아니다. 비공식적이지만 내무성의 고관비서관이나 경무과장도 그들에게 편의를 제공했다. 와카야마 다나베 사건에서는 오사카 구조경찰서장이 "내무성에서 비공식이지만 오사카부 경찰부장에게 의뢰"가 있었다고 회답했는데, 아마도 이 내무성 메모와 같은 효과가 오사카부 경찰부장에게도 미쳤을 것이다.

살펴본 바와 같이 도쿠히사와 나카노 두 사람은 다나베 사건에도 이

---

115 상동, 105~109頁. 이 수기메모는 여백에 '내무성'이라고 인쇄된 사무용지에 기록되어 있고, 내용으로 미루어 보면 1938년 1월 '위안부' 제1회 송출 뒤에 내무성이 효고현경찰서에 사정을 청취했을 때 만들어진 메모라고 여겨진다. 또한 야마시타 내무대신 비서관이라고 되어있는 자는 야마시타 도모히코(山下知彦)이다. 그는 해군대장 야마시타 겐타로(山下源太郎)의 호주 승계 양자이며 남작 신분의 해군대좌이다. 1936년 3월에 예비역이 되어 스에쓰구 노부마사(末次信正)가 내무대신으로 취임할 때 그의 비서관으로 기용되었다.

름이 나온다. 상하이 총영사관 경찰서장의 증명서를 소지한 그들은 상하이에서 군·총영사관으로부터 직접 의뢰받은 업자로 봐도 무방하다. 도쿠히사와 나카노가 실제로 존재했다는 사실이 다른 자료에서 증명된 이상, 후지무라를 경유해서 나카노의 이야기를 들었다고 생각되는 가나자와의 진술도 세세한 부분은 별개로 하더라도 대부분은 믿어도 좋을 것이다.

이상을 정리하면 다음과 같다. 상하이에서 육군이 위안소의 설치를 계획하고 총영사관과 협력하여 그곳에서 일할 여성을 조달하기 위해 업자를 일본 본토와 조선에 파견했다. 그중에 신분이 불명확한 인물인 도쿠히사와 고베의 가시세키업자인 나카노는 상하이 총영사관 경찰서가 발행한 신분증명서를 지참하고 일본에 돌아와, 친분이 있는 매춘업자나 주선업자에게 3,000명의 창부를 모집하는 것이 군의 계획이라 전달하고 수배를 의뢰했다. 또한 경찰에 '위안부' 모집 및 도항에 편의를 제공을 해달라고 부탁했다. 이때 무언가 손을 써서 내무성 고관의 양해를 얻는 것에 성공해 내무성에서 오사카, 효고의 두 경찰에게 그들의 활동에 편의를 제공하라는 은밀한 지시가 내려진 것이다.

오사카부와 효고현 두 경찰부는 매춘 강요를 목적으로 하는 모집활동 및 도항 신청이라는 것을 알면서도 영업허가를 받지 않은 업자에 의한 주선·중개 행위를 눈감아 주고 모집된 여성의 도항을 허가했다. 이때 상하이로 보내진 여성의 수는 정확히 알 수 없지만 간사이에서는 최소 500명을 모으려는 계획이었고, 1938년 1월 초의 시점에서 오사카에서 70명, 고베에서는 220명 정도가 보내졌다고 추측할 수 있다.

마지막으로 나가사키현 및 오사카 구조경찰서로부터 회답을 받은 다나베경찰서가 이를 어떻게 처리했는지 서술해둔다. 다나베경찰서는 황군위안소 이야기의 진위가 여전히 명확하지 않지만, 용의자의 신분도 판명되고 구조경찰서가 '작부공모증명'을 해줬기 때문에 용의자의 도주와 증거인멸의 우려는 없다고 인정하여 1월 10일에 세 사람을 석방했다.[116]

자유주의사관론자는 위안소라는 것이 군과 직접적인 관계가 없는 민간업자가 경영하는 통상의 매춘시설이었다고 주장한다. 그렇다면 '군부의 명령으로 상하이 황군위안소에 보낼 작부를 모집하러 온 자'라고 사전에 말을 퍼트리며 '무지한 부녀자에게 쉬운 돈벌이, 군대만 상대하는 위문, 식료는 군에서 지급 등'이라고 권유한 가나자와 일행의 행위는 군의 이름으로 사기를 친 것이며, 있지도 않은 황군위안소를 꾸며내 여성을 속여 중국으로 보내려 하거나 실제로 보낸 부녀자 유괴에 해당한다. 그렇다면 가나자와 일행은 석방되는 일 없이 부녀자 유괴 혹은 국외이송 괴취로 체포·송검되어야 했다. 경찰로서는 당연히 그래야 했다.

그런데 황군위안소가 틀림없는 사실이라면, 다시 말해 육군위안소가 군이 설치한 병참 부속시설이었다면 어떻게 달라질까? 국외에서 매춘에 종사시키려는 목적으로 여성을 매매하고^{전차금으로 구속해서}, 외국^{상하이}으로 이송한다는 행위의 본질에 있어서는 조금도 다르지 않지만, 있지도 않은 군과의 관계를 거론하며 여성을 속인 것이 아니기 때문에 이 경우에는 유괴로 인정되지 않고 오히려 '작부공모公募'로 경찰에게 공인받는 행위로 역전하는 것이다. 가나자와 일행이 벌인 브로커女衒 행위의 원점으로 거슬러 올라가면 확실히 군과 총영사관의 요청으로 이어져 있고 내무성도 은밀히 '위안부' 모집에 협력했다는 것이 판명된 시점에서 와카야마현 경찰은 이를 범죄 용의로 취급하는

---

116 앞에 게재된 『資料集成①』, 32頁.

것을 방기했다. 즉 육군위안소가 군이 설치한 공인된 성욕 처리시설이며 통상의 민간 매춘시설과는 달랐다는 것이 확인된 시점에 경찰은 '위안부'의 모집과 도항을 합법적이라고 인정한 것이다. 국가와 군의 관여가 없었다면 당연히 범죄행위로 다뤄져야 했을 일이 범죄행위가 아니게 되었다.

2. 기타칸토北関東·미나미도호쿠南東北 지역에서의 모집활동

다음으로 와카야마의 다나베 사건과는 달리, 유괴용의로 경찰에 검거되지는 않았지만 군마, 이바라키, 야마가타에서 적극적으로 모집활동을 전개했고, 그 때문에 경찰에게 '황군의 위신을 심각하게 떨어트리는 짓을 하는 자'[117]라고 지목된 고베시의 가시자시키업자 오우치의 활동을 소개한다. 앞서 언급한 부관통첩에도 나오는 '군부 양해 등의 명의를 이용하고, 그로 인해 군의 위신을 떨어트리며 그에 더해 일반민의 오해를 살 우려가 있는 자'라고 생각되는 실례는 아래와 같다.

　군마현 경찰이 얻은 정보에 의하면, 오우치는 1938년 1월 5일 마에바시市前橋市의 주선업자에게 다음과 같이 말하면서 위안소에서 일할 작부의 모집을 의뢰했다. 앞의 사료 二「상하이 파견군 내 육군위안소의 작부모집에 관한 건」1938년 1월 19일 자

　一 출정하고 이미 수개월이 지나, 전투도 일단락되어 주둔駐屯 체제
　　　가 되었다. 그 때문에 장병들이 중국인 매춘부와 노는 일이 많아져
　　　성병이 만연하고 있다.
　二 "군 의무국에서는 전쟁보다 오히려 이 화류병花柳病이 더 무섭다

---

117 상동, 43頁.

고 말하는 정황. 여기에서 또 시설 문제가 제기됐다."

三 "재在상하이 특무기관이 우리 업자들에게 의뢰했으며 동료"이자
현재 상하이에서 가시자시키를 운영하는 고베시의 나카노를 통해
"약 3,000명의 작부를 모집해 보내게 되었다."

四 "이미 이 문제는 작년 12월 중순부터 실행되어 현재 200~300명은
가업 중이며 효고현이나 간사이 방면에서는 현県 당국도 양해하고
응원하고 있다."

五 "영업은 우리 업자들이 출장을 가서 하는 것이기 때문에 군이 직접
하는 건 아니지만, 우선 별지와 동일한 화권花券 병사용 2엔 장교용 5엔
을 영업자 측이 군에 납품하고, 그것을 사용할 경우에는 우리 업자
에게 각 장병이 화권을 주면, 그것을 취합하여 군 경리부에서 그 사
용요금을 수취하는 구조이다. 장병에게 직접 현금을 받는 일은 없
다. 군은 자신들의 위안비에서 지출하는 것 같다."

六 "이번 달 26일에는 제2차로 작부를 군용선으로 고베 출발 보낼 심산
으로 현재 모집 중이다."[118]

또한 앞의 사료 三「북지나 파견군 위안작부 모집에 관한 건」1938년 1
월 25일 자에 의하면 다음의 사실을 알 수 있다.

七 오우치는 야마가타현 최상부 신조초新庄町의 예창기 작부 소개업
자에게 나타나 "이번 북지파견군*상하이 파견군을 착각한 것으로 보인다
나가이에서 장병 위문을 위해 전국에서 2,500명의 작부를 모집할
것. 이러한 취지로 500명의 모집을 의뢰했는데 해당 작부는 연령

---

118 상동, 11~13頁.

16세에서 30세까지이며 전차금은 500엔에서 1,000엔까지이고 가업 기간은 2년이다. 소개수수료는 전차금의 1할을 군부에서 지급하게 된다"[119]라고 말하며 권유했다.

이에 더해 앞의 사료 六「상하이 파견군 내 육군위안소의 작부모집에 관한 건」1938년 2월 14일 자에서는 다음과 같은 사실을 알 수 있다.

八 오우치는 이바라키현 출신이며 1938년 1월 4일 무렵, 이바라키현에 재주在住하는 먼 친척에게 상하이 파견군 작부모집을 이야기하며 협력을 구했고, 그 인물을 통해 현의 주선업자에게 알선을 의뢰했다.

九 그 업자의 중개로 오우치는 미토水戸 시의 요릿집에서 가업 중인 작부 두 명24세와 25세과 각각 전차금 642엔, 691엔으로 계약을 맺고 상하이로 보내기 위해 1월 19일 고베를 향해 출발했다.[120]

상기 一에서 六 가운데 다음의 여러 사항에 대해서는 다른 사료와도 부합하여 오우치가 말한 것이 대부분 사실로 밝혀졌다.

먼저 三에서 '상하이 특무기관'이란 처음에 소개했던 상하이 총영사관 경찰서장의 의뢰장에 언급된 '육군무관실'일 것이다. 오우치에게 '상하이 특무기관'의 '위안부' 모집의 건을 전했다고 여겨지는 고베의 나카노는 와카야마의 부녀유괴 용의사건이나 앞서 언급한 내무성 메모에 나오는 나카노와 동일 인물임에 틀림없다. 또한 '작부 3,000명 모집 계획'이야기는 다나베 사건의 피의자 진술에도 나온다. 단, 야마가타

---

119 상동, 23~24頁.
120 상동, 48~49頁.

현 경찰보고에는 '2500명 계획'으로 축소되었다.

　이러한 사실을 통해 군의 의뢰를 받은 나카노가 지인인 매춘업자나 주선자에게 군의 '작부 3,000명 모집 계획'을 말하고 협력을 구했다는 오우치의 말은 충분히 믿을 만하다. 또한 四의 "이미 본 문제는 작년 12월 중순부터 실행되어"나 "효고현이나 간사이 쪽에서는 〔당국도〕양해하고 응원하고 있다"는 이야기도 이미 소개한 여러 사료와 비교해 보면 틀림없는 사실이라고 할 수 있다. 오히려 오우치의 말을 통해 고베의 나카노가 왜 상하이 특무기관과 총영사관에서 의뢰를 받았는지 의문이 풀린다. 나카노는 고베에서 가시세키업을 경영하는 한편 상하이에도 진출해 있었던 것이다.

　경찰보고에 나타나는 오우치의 언동 중에 적어도 三, 四는 사실에 입각해 있으며 혹시 과장이나 허위가 있다고 해도 그 정도가 크지 않을 것이라 여겨진다. 그렇다면 그가 말했다고 하는 위안소의 경영방침상기五도 근거 없는 거짓이라고 치부할 수는 없다. 적어도 오우치가 그것을 군의 방침이라고 나카노에게 들었다는 이야기는 틀림없는 사실일 것이다.

　오우치가 권유하면서 제시한 서류취지서, 계약서, 승낙서, 차용증서, 계약조건, 위안소에서 사용되는 화권 견본 중에 "육군위안소에서 작부 가업창기와 마찬가지할 것을 승낙"한다는 취지를 기록하고 위안소에서 일하는 여성과 그 호주 혹은 친권자가 서명·날인하는 '승낙서' 양식이 상하이 총영사관이 정한 것과 완전히 동일하다는 점, 파견군위안소라고 쓰인 '화권'[121]액면 5엔과 2엔 두 종류. 다나베 사건의 가나자와는 "상하이에서는 정교금이 장교 5엔, 하사 2엔"이라고 진술하고 있다을 소지하고 있었다는 점이 이를 결정적으로 증명한다.

121 상동, 16, 43頁.

五의 서술이 위안소 경영방침이라고 하면, 위안소는 군이 각 병참에 설치하는 장병용 성욕 처리시설이지만 일상적인 경영·운영은 업자에게 위탁했다. 그러나 이용 요금 지불은 개개의 이용자가 직접 현금으로 하는 것이 아니라 군의 경비=위안비에서 충당하는 구조였다. 이것이 사실이라면 군의 당초 계획으로는 장병에게 무료로 매춘권을 교부할 예정이었다는 것이 된다. 이 시스템에서 '위안부'의 성을 사는 것은 개개의 장병이 아니라 군=국가 그 자체이다. 물론 군=국가의 체면을 고려한 것일 테지만, 실제 위안소에서는 이러한 지불방법은 채용되지 않았다. 그래서 이를 두고 군의 당초 계획이었다고 바로 단정하는 것은 피해야 할 것이다. 그러나 오히려 이 계획이야말로 위안소라는 장소의 본질을 잘 드러낸다.

마지막으로 오우치가 주선업자나 응모 여성에게 권유할 때 제시했던 계약조건을 소개해 둔다.

조건
一, 전차금 500엔에서 1,000엔까지
　　단, 전차금 중 2할을 공제하여 신부금身付金 및 승선비로 충당함
一, 연령 만 16세에서 30세까지
一, 신체 건강하고 친권자의 승낙을 요함. 다만 양녀 적籍인 자는 친가
　　의 승낙 없이도 차질 없음
一, 전차금 변제 방법은 연한年限 완료와 동시에 소멸함
　　다만, 연기年期 중 가령 질병 휴양하게 되면 연기 만료와 동시에 전
　　차금은 완제함
一, 이자는 연기 중 없음. 도중 폐기의 경우는 잔금에 대해 월 1보步
一, 위약금은 1년 내 전차금의 1할

一, 연기 도중 폐기의 경우는 일할日割 계산함

一, 연기 만료 귀국 시 귀환 여비는 포주가 부담함

一, 정산은 매상稼高의 1할을 본인 소득으로 매월 지급함

一, 연기 무사 만료의 경우 본인의 매상에 해당하는 응분의 위로금 지급

一, 의류, 침구, 식료, 입욕, 의약비는 포주가 부담함[122]

이러한 조건에서 맺어지는 창기 가업계약은 '미우리身売り'라고 불리며, 이것이 인신매매로 인정된다면 오우치의 행위는 "제국 밖으로 이송할 목적으로 사람을 매매"하는 것이며 형법 제226조의 국외이송 목적 인신매매죄에 해당한다. 그러나 당시의 법 해석으로 이러한 조건의 창기계약이 '공서양속公序良俗'에 위반되는 민법상 무효한 계약이라고 해도 적어도 일본 제국 내에 머무르는 한 형법상의 범죄를 구성하는 것으로 취급되지는 않았다.

이 계약을 맺으면 전차금금액은 500엔에서 1,000엔이지만 그중에 2할은 주선업자나 포주가 가져가기 때문에 실제 손에 쥐는 돈은 400엔에서 800엔이다을 받는 대신, 2년 동안 군 위안소에서 매춘에 종사해야 한다. 의류, 침구, 식료, 의약비는 포주의 부담으로 되어있지만, 소득은 매월 매상의 1할이니 만약 매일 병사 다섯 명일본 국내의 창기 가업의 평균 인수을 상대한다고 치고, 실제로 일하는 날을 25일로 계산하더라도 월 25엔밖에 되지 않는다. 50엔을 벌려면 매일 열 명의 병사를 상대해야만 한다. 게다가 계약서에는 소득의 절반을 강제적으로 저금하도록 되어 있다.[123] 한편 포주는 '위안부' 한 사람의 벌이에서 평균 월 225엔의 수입을 얻을 수 있어 하루 다섯 명의 병사

---

122 상동, 19~21頁.

123 계약서에는 '一, 상하이 파견군 내 육군위안소에서 작부 가업을 할 것. 一, 상여금은 매상의 1할로 한다(단, 반액을 저축한다)'고 적혀 있다. 상동, 14頁.

를 상대로 해서, 2년 동안 총 5,400엔까지 수입을 올린다.

　문제는 연령 조항이다. 16세에서 30세라는 조건은 "18세 미만은 창기가 될 수 없다"라고 정해진 창기단속규칙에 완전히 위반되며, 만 17세 미만의 창기 가업을 금한 조선이나 타이완의 「가시자시키 창기단속규칙」에도 저촉된다. 게다가 만 21세 미만의 여성에게 매춘을 시키는 것을 금한 「부인 및 아동의 매매 금지에 관한 국제조약」1925년 비준에도 완전히 위배된다. 오우치의 활동은 명백히 위법적인 모집활동이라고 할 수밖에 없다. 그 점은 경찰도 잘 인식하고 있었다고 보인다. 군마현 경찰이 입수한, 내무성에 송부한 상기 계약조건의 연령 조항에는 경찰 측이 그은 것으로 보이는 밑줄이 있다. 이 계약조건이 상하이에서의 군·총영사관 협의로 승인된 것인지의 여부는 논의의 초점 중 하나가 될 것이다. 나는 이 계약조건이 완전히 오우치 단독으로 작성된 것이라고 생각하지 않는다. 어떠한 형태로든 군 또는 총영사관 사이에서 계약조건에 대해 협의가 이루어졌다고 생각된다. 설사 그것이 계약조건을 업자에게 맡긴다는 양해였다고 해도 말이다.

　그러나 오해를 무릅쓰고 말하면, 연령 조건을 제외한 취지서의 내용과 계약조건 모두 공창제도의 현실을 전제로 육군위안소가 실재하고 군과 총영사관이 이를 공인하고 있다는 조건 하에, 오우치의 이러한 활동을 취업지가 국외라는 점을 제외하면 당시 감각에서 '위법' 혹은 '비도非道'라고 말하기는 어렵다. 더욱이 이를 '강제연행'이나 '강제징집'으로 보는 것에는 상당히 무리가 있다. 경찰은 오우치를 요주의 인물로 여겨 감시를 소홀히 하지 않았고, 그의 권유를 받은 주선업자를 설득하여 '위안부' 모집을 단념시켰지만야마가타현의 사례, 와카야마의 사례처럼 부녀유괴 용의로 검거하지는 않았다.

　다만, 자유주의사관론자가 말하는 것처럼 위안소가 군과 관계없는 민간업자의 매춘시설이었다면 다나베 사건의 사례와 마찬가지로, 오우치의 모집활동도 군의 이름을 사칭해 여성에게 매춘을 권유하는 행위로, 부녀유괴 혹은 국외이송 유괴·약취의 용의가 농후하기 때문에 경찰이 방치해서는 안되는 일이다.

경찰보고에 나타난 모집업자의 활동은 이 외에도 두 건이 더 있다. 하나는 사료 四의 고치현 지사의 보고에 "최근 지나 도항 부녀모집자의 족출簇出 경향이 있음. 주로 지나 도항 후 추업에 종사시킬 것을 목적으로 하는 한편 군과 연락 하에 모집하는 자, 이와 같은 언사를 일삼는 무례한 자가 있음"[124]이라고 밝히고 있을 뿐, 구체적인 사실까지는 알 수 없다.

다른 한 건은 미야자키현 나토리名取군에 사는 주선업자 앞으로 후쿠시마福島현 다이라平시의 동업자가 "상하이 파견군 내 육군위안소에서 작부로 일할 연령 20세에서 35세까지의 여자를 전차금 600엔으로 약 30명 정도 주선"을 의뢰하는 엽서가 도착해, 경찰은 주선업자의 의향을 염탐하고 본인에게 주선의 의지가 없음을 확인시켰다.[125] 위 사례의 연령 조건은 오우치 사례의 연령 조건과는 다르다. 경찰이 주선업자를 설득하여 모집을 그만두게 한 것은 위의 서술에서 보듯이 당연한 조치였다고 할 수 있을 것이다. 또한 사료 一의 외무차관통첩에서 정한 도항 제한의 취지에서 보더라도 그래야만 했다. 앞에서 언급한 야마가타현 경찰이 취한 조치와 함께 생각하면 당시의 경찰 방침은 외무차관통첩에 준거해 매춘에 종사할 목적으로 여성이 중국으로 도항하는 것은 원칙적으로 금지하고 있었다고 생각해도 좋다.

이상이 경찰보고에 나타난 업자의 모집활동에 관한 모든 기록이다.

124 상동, 25頁.
125 상동, 54頁.

이야기를 다시 앞의 부관통첩으로 되돌려보자. 경찰자료에 한해서 통첩에 언급된 세 개의 바람직하지 않은 사례 중에 "군부 양해 등의 명의를 이용하고, 그로 인해 군의 위신을 떨어트리고, 더 나아가 일반민의 오해를 살 우려가 있는 자"는 오우치의 활동 및 이와 유사한 것을 가리킨다. "모집방법이 유괴와 유사하여 경찰 당국에 검거 취조를 받는 자가 있다는 것"이 다나베의 부녀유괴 용의사건을 염두에 두고 있음은 일단 틀림이 없다. 남겨진 "종군기자, 위문자 등을 매개로 하여 통제 없이 모집하고 사회문제를 야기할 우려가 있는 자"에 해당하는 사례는 경찰보고에 보이지 않는다. 이는 아직 발굴되지 않은 경찰자료의 존재를 시사하는 것으로도 보인다. 그러나 '종군기자, 위문자'라고 되어 있기 때문에 어쩌면 경찰이 아니라 헌병대의 보고였을 가능성도 충분히 있다. 이 경우라면 경찰보고에서는 찾을 수 없을 것이다.

이 통첩이 언급하고 있는 바람직하지 않은 사례가 여기에서 소개한 것과 같다면, 특히 "모집방법이 유괴와 유사하여 경찰 당국에 검거 취조를 받는 자가 있다는 것"이 다나베 사건을 가리킨다면, 이 통첩의 해석에 대해 종래의 설이 당연시해왔던 전제 그 자체를 재검토해야만 한다.

즉, 이 사건에서 육군위안소가 군과 관계없는 민간 시설이었다면 업자의 행위를 완전히 사기·유괴로 단정할 수 있다. 그러나 육군위안소가 군의 공인시설이었다는 사실이 확실하다면 그렇게 쉽게 유괴라고 단정 지을 수 없다. 설령 본인의 자유의지에 의한 동의가 있었다고 해도 매춘에 종사시킬 목적으로 전차금 계약을 맺고 국외로 여성을 데리고 나가는 것 그 자체가 이미 위법이라면 이야기가 달라지겠지만, 그렇지 않다면 업자의 이러한 행위는 군의 요청에 응하여 그 제시조건을 기반으로 작부 경험이 있는 성인 여성에게 목적지에 도착하면 무엇을 하게 될지 먼저 제대로 설명한 다음에 상하이행을 권한 것에 지나지 않으며 결코 사기를 친 것이 아니게 된다. 더욱이 이는 납치, 약취 등에 미치지 않는다. '위안부' 권유 방법으로 이 외에 달리 어떤 방법이 있었을까? 단, 경찰이 유괴 행위로 간주한 것은 군이 그러한 시설을 만들고 업자에게 의뢰해 여성을 모집했다는 이야기 자체가 있을 수 없는 일, 선뜻 믿기 어려운 황당무계한 일로 여겼기 때문일 것이다.

경찰자료에 등장하는 '위안부' 모집활동은 모두 이 다나베 사건과 대동소이하며 사기나 납치·괴취의 사례는 한 건도 없다. 명백한 위법에 해당하는 것은 오우치가 제시한 계약조건의 연령 조항뿐이다. 물론 이는 '공서양속'에 반하는 계약이다. 그러나 경찰보고에서는 미성년 여성에게 실제로 권유한 사실은 나오지 않는다.

현존하는 경찰자료가 밝히고 있는 사실관계에서 보자면, 이 유명한 부관통첩이 나왔을 때 현실적으로 문제가 되었던 유괴행위는 실은 위안소 그 자체가 군의 시설이라고 한다면 당시 기준으로는 범죄로 간주되지 않는 종류의 것이었다. 실제로는 "내지에서 군의 이름을 사칭해 매우 무리한 모집을 하고 있는 자" 또는 '강제연행', '강제징집'을 행하는 악질적인 업자 등이 어디에도 존재하지 않았다면, 이 통첩도 직접적으로는 그러한 종류의 행위를 금지하기 위해 보내진 것이 아니라고 해석할 수밖에 없다. 그럼 도대체 무엇을 단속해야 한다고 여겼을까. 애초에 이 통첩은 무엇을 단속할 목적이었을까. 이를 검토하기 위해서는 이러한 활동에 지방경찰이 어떻게 반응했는지 살펴볼 필요가 있다.

Ⅳ. 지방경찰의 반응과 내무성의 대책

오우치의 모집활동을 탐지한 군마현 경찰은 이에 대해 어떠한 반응을 보였을까. 사료 二의 경찰보고는 다음과 같은 말로 마무리되어 있다.

> 본 건은 군의 의뢰가 있었는지 없었는지 불분명하거나 혹은 공서양
> 속에 반하지만, 이와 같은 사업을 공공연하게 선전하는 것은 황군의
> 위신을 실추시키는 심각한 짓이라고 인정되며 엄중 단속의 지휘를 관
> 할인 마에바시 경찰서장에 둔다.[126]

이 사료에서 군에 의한 육군위안소의 설치와 그 요청을 받은 '위안부' 모집은 경찰이 선뜻 믿기 어려운 일이었다는 것을 잘 알 수 있다. 상하이 총영사관경찰의 정식 통지를 받은 나가사키현과 내무성의 비공식적 지시가 있었던 효고현·오사카부에는 군의 요청에 의한 '위안부' 모집활동이라는 사실이 사전에 통지되었기 때문에 내밀히 그 활동에 편의를 봐주었지만, 어떤 연락도 받지 않은 관동지역이나 동북지역에서는 오우치의 이야기가 완전히 황당무계한 일로 들렸던 것이다.

군이 매춘시설과 유사한 위안소를 개설하고 그곳에서 일할 여성을 모집하고 있다는 이야기는 애초에 공서양속에 반하며, 상식적으로 생각해보면 믿을 수 있는 이야기가 아니다. 게다가 그것을 공공연하게 선전하고 다니는 것은 황군의 명예를 현저히 떨어뜨리는 것이라고 군마현 경찰은 간주했다. 오우치는 거짓으로 여성을 속이려고 한 것이 아니다. 진실을 말하고 모집활동을 했기 때문에 경찰이 '황군의 위신

---

126 상동, 19頁.

을 심각하게 실추시킨 자'라고 여긴 것이다.

다른 두 현야마가타, 이바라키에서도 경찰의 반응은 마찬가지다. 야마가타현 경찰의 보고에서는 다음과 같이 기록되어 있다.

이리하여 우리는 군부의 방침이라고 믿기 어려우며, 그 사안이 공공연히 유포되는 것에 대해서는 총후銃後의 일반 민심, 특히 응소應召 가정을 지키는 부녀자의 정신에 미치는 악영향이 적지 않다. 이에 더해 일반 부녀의 인신매매 방지의 정신에도 반한다.[127]

아바라키현에서도 군마현과 거의 마찬가지로 아래의 판단과 지시가 내려졌다.

본 건은 군의 의뢰를 받은 자인지 전혀 알 수 없는 데다 작부의 가업, 필경 추업을 목적으로 하는 것이 명백하며 공서양속에 반하지만, 본 건 사안을 공공연하게 선전 모집하는 것은 황군의 위신을 실추시키는 짓이라고 인정되며 엄중 단속의 지휘를 관할 경찰서장에 둔다.[128]

즉 경찰이 "황군의 위신을 실추시키는 자가 있음"이라고 비난하고 엄중히 단속해야 한다고 판단한 것은 '유괴와 흡사한 방법'이 아니라면 '위법한 징모', '악질적인 업자에 의한 통제 없는 모집', '강제연행', '군의 이름을 사칭한 매우 무리한 모집', '강제징집'의 어느 것에도 해당하지 않는 오우치의 활동이었다. 더 나아가 중국에 군 위안소를 설치하고 그곳에서 일할 여성을 내지나 식민지에서 공공연히 모집하는

127 상동, 24頁.
128 상동, 49頁.

것 자체가 즉 군의 설계 그 자체가 '공서양속'에 반하며 '황군의 위신을 실추' 시킬 수밖에 없는 행위였다.

이상으로 당시 경찰의 생각과 대응은 다음과 같이 정리될 수 있다.

一, 일부 지방을 제외하고 군의 위안소 설치에 대해 그 어떤 정보도 없었고 위안소 설치는 선뜻 믿기 힘든 이야기였다. 국가기관인 군이 군이 그러한 공서양속에 반하는 사업을 하리라고는 예상조차 하지 않았다.

二, 만약 군 위안소의 존재가 부득이한 것이라고 해도 그것을 명백히 밝히며 공공연하게 '위안부' 모집을 실시하는 것은 황군의 위신에 흠집을 내는 일이며 일반 민심, 특히 병사를 전장에 보낸 가정에 매우 큰 악영향을 끼칠 우려가 있기 때문에 엄중 단속할 필요가 있다고 생각하고 있었다. 그리고 실제로 그러한 모집행위를 하지 않도록 업자를 지도하고 관할 경찰서에 엄중 단속의 지령을 내렸다.

이러한 경찰의 자세가 가장 명확하게 드러난 것은 고치현이었다. 오우치는 고치현에 가지 않았지만 이미 서술했듯이 "지나 도항 후 추업에 종사시킬 것을 목적"으로 중국 도항 부녀를 모집하는 자가 속출하고 "한편으로 군과 연락 하에 모집하는 자, 이와 같은 언사를 일삼는 자"가 있다고 했다. 이에 대해 고치현 경찰은 다음과 같은 단속방침을 현 내 각 경찰서에 지시했다.

지나 각지에 치안의 회복恢復과 함께 동 지역에서 기업자企業者가 족출하고 이와 더불어 예기, 급사부給仕婦 등의 진출 또한 매우 많아서 그중에는 군 당국과 연락한다는 언사를 일삼으며 도항 부녀자의 모집을 행하는 자 등의 점증漸增의 경향이 있던바, 군의 위신에 관한 언사를 일삼는 모집자에게 이를 절대로 금지하며 또한 추업 종사를 목적으로 도항하려는 자에게는 신분증명서를 발급하지 않을 것.[129]

이는 경찰로서 마땅히 따라야 할 방침이었다. 그러나 "군의 위신에 관한 언사를 일삼는 모집자에게 이를 절대로 금지하며 또한 추업 종사를 목적으로 도항하려는 자에게는 신분증명서를 발급하지 않"는다면 '위안부' 모집은 불가능해지며 위안소 그 자체가 성립되지 않는다. 그렇게 되면 군의 계획은 실패할 수밖에 없다. 이러한 지방경찰의 반응을 경찰보고로 알게 된 내무성이나 육군성으로서는 조속히 무언가 손을 써야만 한다고 느꼈을 것이다.

군의 위안소 정책国家기관이 성욕 처리시설을 설치·운영하고 그곳에서 일할 여성을 모집하는은 당시의 사회통념과는 현저하게 동떨어진 것이며, 그것이 부현府県의 지방경찰 차원까지 철저히 주지周知되지 않은 사이에 업자의 네트워크를 통해 정보가 퍼져, '위안부' 모집활동이 공공연하게 개시되었기 때문에 이러한 사태를 초래했다. 이 혼란을 수습하고 군의 요청에 응해 '위안부' 조달에 지장이 생기지 않도록 하는 동시에 지방경찰이 염려하는 '황군의 위신을 실추'시키고 후방의 민심을 동요시킬 만한 사태를 방지하기 위해 취해진 조치가 바로 경보국장통첩내무성발경 제5호이며, 이와 관련해서 육군성이 출장군사령부에 보낸 문건이 문제의 부관통첩육지밀 제745호이었다.

경보국장통첩[130]은 모두冒頭에서 최근 매춘에 종사할 목적으로 중국

---

129 상동, 26頁.

130 이 통첩은 경보국경무과(警報局警務課) 과장 마치무라 긴고(町村金五)가 1938년 2월 18일 자로 기안하여 도미타 겐지(富田健治) 경보국장, 하뉴 마사노리(羽生雅則) 내무차

에 도항하는 부녀자가 증가하고 있으며 또한 "군당국의 양해가 있다는 언사를 일삼"으며 내지 각지에서 도항 부녀자의 모집 주선을 하는 자가 빈출하고 있다고 현상을 파악한 뒤에 이들 "부녀의 도항은 현지 실정을 감안하여 생각건대 부득이하게 필요한 것. 경찰 당국의 특수한 고려로 실정에 맞는 조치를 강구할 필요가 인정된다"[131]라고 '위안부'의 중국 도항을 부득이한 일로 용인하는 판단을 내렸다. 역시 경보국장의 통첩문서이기 때문에 군이 위안소를 설치하고 업자를 써서 '위안부'를 모으고 있다는 사실을 명확히 밝히고 있지는 않지만, 일련의 경찰 보고를 읽어보면 '현지의 실정'이란 육군의 위안소 설치를 가리키고 있음이 분명하다.

'실정'에 비추어 '추업을 목적으로 하는 부녀자의 도항'을 '부득이하게 필요한 것'으로 인정한 경보국장통첩은 그때까지의 경찰 방침을 버리고 '위안부'의 모집과 도항을 용인하여 그것을 합법화하는 조치를 경찰이 취한 것을 가리키는 문서나 다름없다. 앞서 언급한 고치현 경찰의 금지 지령과 같은 지방경찰의 단속 및 방지 조치를 취소하고 군의 위안소 정책에 대해 각 부현에 전면적인 협력을 명하는 조치였다. 마찬가지로 사료 一의 외무차관통첩 「불량분자의 도지에 관한 건」[1937년 8월 31일 자]이 규정하고 있던 도항제한 방침을 변경하고 그것을 완화하는 조치였다.[132]

관, 스에쓰구 노부마사 내무대신의 결재를 받아 2월 23일 자로 각 지방 장관에게 통달되었다. 외사과와 방범과가 이에 연대하고 있다. 앞에 게재된 자료집, 55頁.

131 상동, 69~70頁.

132 경보국장통첩이 외무차관통첩에서 정한 도항제한의 완화조치였다는 것은 이 통첩이 나온 뒤에 아와야(粟屋) 오이타현 지사와 외무성의 요시자와 세이지로(吉沢清次郎) 아메리카국장 사이에서 다음과 같은 거래가 있었다는 것에서 알 수 있다. 우선 아와야 지사는 외무성의 기존 지령에 따르면 산둥 방면으로 향하는 첫 도항자에게는 경찰의 신분증명서를 발행

이와 동시에 경보국은 '위안부' 모집과 도항의 용인·합법화에 즈음하여 "제국의 위신을 훼손하고 황군의 명예를 해하는" 일이 없도록 "총후의 국민 특히 출정 병사 유가족에게 바람직하지 않은 영향을 줄" 우려가 없도록, 또한 "부녀매매에 관한 국제조약의 취지에 어긋나지 않"도록 모집활동의 적정화와 통제를 병행해 실시하도록 지령을 내렸다. 여기에서 바람직하지 않은 것으로 염두에 두었던 것이 오우치의 사례라는 건 말할 필요가 없을 것이다. 통첩이 국제조약을 언급하고 있는 이유는 오우치가 소지한 계약조건의 연령 조항을 의식하고 있었기 때문이라고 추측할 수 있다.

요약하면, 이 통첩은 '위안부' 모집과 도항을 용인·합법화하고 이에 맞춰 모집활동에 대한 규제를 시행하는 데 목적이 있으며 일곱 개 항목에 걸친 준거기준이 정해졌다. 제1~5항은 '추업을 목적으로 도항하려는 부녀자'에게 도항허가를 내주기 위해 전기前記의 외무차관통첩에서 인정한 신분증명서를 경찰이 발행할 때의 준수사항을 정한 것이다. 구체적으로는 현재 내지에서 매춘에 종사하는 만 21세 이상의 여성으로 성병에 걸리지 않은 자가 화베이華北, 화중華中 방면으로 가는 경우에 한해 이것을 묵인하고 그때 계약기간이 끝나면 반드시 귀국할 것을 약속하게 하며, 신분증명서의 발급은 본인이 직접 경찰서에 출두해서 신청할 것, 동일 호적 내의 부모나 가장 가까운 존속 혹은 호주의 동의서를 제시할 것, 또한 발급에 있어서 가업계약 기타 사항을 조

해서는 안 된다고 설명하지만, 같은 산동 방면으로 가는 "황군위안소의 작부 등 모집을 하는 자, 재지나공관 혹은 군부의 증명을 가진 자가 모집하는 작부 등에 대해서는 신분증명서 발부를 되도록 차질 없이" 하라고 아메리카국 앞으로 조회를 실시했으며, 그것에 대해 요시자와 국장은 내무성발경(內務省発警) 제5호 「지나도항부녀의 취급에 관한 의명통첩」에 따라 "도지에 지장 없는 자에 한해 신분증명서를 발급하는 데 차질 없이"라고 회답했다. 즉 경보국장 통첩에 따라 '위안부'의 도항을 인정해도 좋다고 지시한 것이다. 상동, 117~120頁.

사하고 부녀매매 혹은 약취·유괴 등의 사실이 없다는 것을 확인하고 나서 신분증명을 부여할 것이라고 되어 있다. 당시의 형법, 국제조약, 공창규제에 비추어 간신히 합법적인 선을 지키고자 한다면 대부분 이 정도로 정리될 것이다.

단, 이러한 준수사항이 제대로 지켜졌는지의 여부는 또 다른 문제이다. 왜냐하면 이 통첩이 발령되고 2개월 뒤에 홋카이도北海道 아사히카와旭川 경찰서가 '추업을 목적으로' 중국으로 도항하는 만 21세 미만의 예기에게 신분증명서를 발급했다는 사실이 알려져 있기 때문이다.[133]

---

133 재산해관부영사발(在山海関副領事発) 외무대신 앞 기밀 제213호(1938년 5월 12일자)는 앞에 게재된 吉見 編, 『從軍慰安婦資料集』, 111頁.

내무성경보국장통첩이 정한 도항허가의 기준은 실질적으로는 사문화되어 있었다고 여겨진다. 왜냐하면 실제로 위안소에 보내진 예를 검토해보면 그 기준이 지켜지고 있었다고는 전혀 생각할 수 없기 때문이다. 이하에서 보는 바와 같이 秦郁彦, 『慰安婦と戦場の性』, 新潮社, 1999年에 소개되어 있는 전 병사의 증언(382~383頁)이 그 증거가 된다. 이것은 빙산의 일각이라고 여겨도 좋을 것이다.

그중 하나, 화난난닝(華南南寧) 헌병대의 전 헌병 조장(曹長)의 회상에 따르면 1940년 여름, 중국 화난의 난닝을 점령한 직후에 그 병사는 북강향(北江鄉)이라는 이름의 육군위안소를 매일 순찰했다고 한다. 그 위안소의 경영자는 십수 명의 젊은 조선인 '위안부'를 데리고 있었는데, 그는 지주의 아들로, 소작인의 딸들을 데리고 왔다는 것이다. 조선을 나올 때의 계약은 육군 직할의 찻집, 식당이라고 했지만 젊은 여성들에게 매춘을 강요하고 있다는 것에 경영자인 조선인도 깊이 책임감을 느끼는 것 같았다고 한다.

이 위안소의 경영자가 여성을 속인 것인지 아니면 경영자 자신이 다른 누군가에게 사기를 당한 것인지 이 증언만으로는 모호하지만 끌려온 여성들은 명백히 취로사기의 피해자이다. 내무성경보국장통첩의 취지로 보면 있어서는 안 되는 일이다.

1932년 상하이사변 때에는 "설치 계획 중의 해군 지정 위안소에서 일을 시키기 위해서 나가사키 지방의 여성 15명을 사정을 감추고 여급·여종업원(女中)을 고용하는 것처럼 속여 나가사키에서 승선시켜(유괴), 상하이에 상륙시킨(이송)" 사건이 발생해 피의자가 기소되었다. 나가사키 공소원(控訴院)은 형법 구(旧) 제226조 제1항의 국외유괴죄와 동조 제2항 국외이송죄가 성립한다고 유죄를 선고하고 대심원(大審院)도 이를 확정했다. 대심원 판결이 나온 것은 1937년 3월이다(戸塚悦郎, 「確認された日本軍性奴隷募集の犯罪性」, 『法学セミナー』, 1997年 1月号).

제6항과 7항은 모집업자에 대한 규제이다. 여기에는 '추업을 목적

이 판례로 보면 난닝 육군위안소의 여성도 국외유괴죄, 국외이송죄의 피해자임에 틀림없지만 위안소의 단속을 담당하고 있던 헌병 조장은 피해 사실을 알고 있으면서 여성을 귀국시키지 않고 그대로 방치했으며 어떤 구제 조치도 취하지 않았다. 또한 사기를 친 범인의 추급(追及)도 하지 않았다. 이 헌병 조장은 위안소의 경영자 및 '위안부'에게 동정심을 가졌던 것으로 보아, 그 자신도 그곳에서 행해지고 있는 일이 좋은 일이 아니라는 것을 알고 있었다고 생각된다. 양심적인 병사였다고 여겨지지만 범죄행위의 적발이라는 헌병으로서 당연히 해야 할 일을 하지 않았을 뿐 아니라, 그것에 대해 꺼림칙한 마음을 갖지도 않았다. 이는 이 헌병이 악덕 헌병이었기 때문이 아니라, 군 위안소가 군에 있어서 불가결한 시설이기 때문에 설사 위법적인 방법으로 '위안부'의 모집이 이뤄졌다고 해도 군사상의 필요를 위해서는 어쩔 수 없다고 생각하는 자세, 다시 말해 '보고도 못 본 척하는' 체제가 이미 육군 내에 만들어져 있었기 때문이라고 생각된다.

이 사례는 조선에서의 모집이라서 내무성경보국장통첩이 식민지에는 적용되지 않았기 때문에 사례로서 적당하지 않다는 해석이 있을지도 모른다. 그래서 앞서 참고한 하타의 저서에 언급된 일본 내지의 사례를 들겠다. 다만 형법 구(舊) 제226조는 조선·타이완에도 적용되기 때문에 앞서 든 사례의 여성이 범죄 사건의 피해자라는 사실은 변하지 않는다.

두 번째 사례는 산둥의 지난(濟南)에 주둔하고 있던 제59사단의 전(舊) 오장(伍長)의 증언이다. 1941년 어느 날, 국방부인회의 '대륙위문단'이라는 일본인 여성 200명이 왔다. 그녀들은 부대의 취사 도우미 등을 할 예정이었지만 강제로 황군 상대의 매춘부가 되고 말았다. 장교 클럽에서도 규슈(九州)의 여학교를 막 졸업하고 사무원 모집에 응모했다가 '위안부'가 되었다고 우는 여성이 있었다. 이 사례도 사실이라면 마찬가지로 국외유괴죄, 국외이송죄의 피해자이다. 내무성경보국장통첩의 기준이 엄격히 지켜지고 있었다면 이러한 사례는 미연에 방지되었을 터이다. 그러나 미연에 방지되기는커녕 사후에도 피해자가 구제된다거나 범죄 사건이 고발된 흔적이 없다. 여성을 보내는 지역의 경찰도, 받아들인 쪽에서도, 군 위안소를 관리하던 군도 모두 이러한 범죄행위에 아무런 손도 쓰지 않았다. 군 위안소의 유지를 위해서는 어쩔 수 없는 필요악으로서 조직적으로 '보고도 못 본 척'하지 않았다면 이런 일은 일어날수 없다. 1937년 말부터 1938년 초에 걸쳐 군 위안소가 군의 후방 조직으로 인지되면서 사실상 형법 구 제226조는 허점투성이의 법이 되는 길이 열렸다고 봐도 좋다. 이는 경보국장통첩이 사문화되었다는 것을 의미한다.

이와 관련해서 더 이야기하면 "군 위안소에서 성적 노동에 종사하는 여성을 그 본인의 의지에 반해 취로사기나 유괴, 협박, 납치, 약취 또는 인신매매 등의 방법으로 모집하는 것 및 그런식으로 모집한 여성을 본인의 의지에 반하게 군 위안소에서 성적 노동에 종사시키는 것"을 들어 '위안부의 강제연행'이라고 정의해도 좋다면 설사 군이 직접적으로 실행하거나 명령을 내리지 않았다고 해도 위의 사례와 같이 조직적으로 '보고도 못 본 척'했을 경우, 즉 군에서 위으로 도항하려는 부녀'의 모집 주선에 "군의 양해 또는 군과 연락한다는 등의 언사, 기타 군에 영향을 끼치는 등의 언사를 일삼자는 자는 엄중히 단속할 것", "광고 선전 등으로 사실을 허위 혹은 과장되게 전달하는 자는 모두 엄중히 단속할 것", "모집 주선 등에 종사하는 자는 엄중히 조사를 실시, 정규의 허가 또는 재외공관이 발행하는 증명서 등을 소지하지 않아 신분 허가가 확실하지 않은 자는 인정하지 않을 것"이라는 세 가지가 규정되어 있다.

즉 '위안부' 모집의 주선에서 업자가 군과의 관계를 공언 혹은 선전하는 것을 금하고 있었다. 통첩이 단속의 대상으로 삼았던 것은 업자의 위법적인 모집 활동이 아니라 업자가 진실을 말하는 것, 다시 말해 군이 위안소를 설치하고 '위안부'를 모집하고 있다고 선전하고 알리는 것이었다. '위안부' 모집은 은밀하게 이뤄져야만 했고 군과의 관계를 언급해서는 안 된다는 것이다.[134]

이 통첩은 한편으로는 '위안부' 모집과 도항을 용인하면서도 군, 즉 국가와 위안소의 관계에 대해서는 은폐할 것을 업자에게 의무화했다. 이 공인과 은폐의 이중잣대가 경보국의 방침이자 일본 정부의 방침이었다. 왜냐하면 스스로 '추업'이라고 부르며 꺼리는 일에 군=국가이 직접 관여하는 것은 아무리 군사상의 필요라고 해도 군=국가의 체면이 걸린 '부끄러운' 일이지, 공공연하게 할 수 있는 일은 아니었기

안소의 경영을 위탁받은 민간업자나 그에 의뢰받은 모집업자가 사기나 유괴에 의해 여성을 군 위안소에 데리고 와서 일을 시키고 심지어 군 위안소의 관리자인 군이 그것을 적발하지 않으며 사정을 알면서도 그대로 일하게 하는 경우에는 일본군이 강제연행을 했다는 말을 듣더라도 어쩔 수 없을 것이다.

134 부관통첩이나 경보국장통첩이 '강제연행'의 사실이 있었다는 것을 보여주는 사료라고 하는 우에스기 사토시의 견해에 나는 동의할 수 없으나, "업자의 배후에 군부가 있다는 것을 '고의로 말하지 말라'고 공문서가 기록하고 있다"라고 생각하는 점에서는 의견이 같다.

때문이다. 이러한 은폐 방침이 취해졌기 때문에 군=국가과 위안소의 관계는 현재에 이르기까지 모호한 상태이며, 그것을 드러내는 공적인 자료를 찾기 어렵다기보다는 취해진 방침 때문에 애초에 자료가 적다고 말할 수 있을 것이다. 그런 의미에서 위안소와 군=국가의 관계에 눈을 감고 가능한 한 부인하려는 자유주의사관론자의 정신 구조는 이 통첩으로 파악되는 당시 군과 정부의 입장을 거의 그대로 이어받은 것이라고 해도 좋다.

　부관통첩은 이러한 내무성 경보국의 방침을 이첩받은 육군성이 경[135]찰의 우려를 출장 군사령부에 전달하는 동시에 경찰이 발령한 모집업자의 규제방침, 즉 위안소와 군=국가의 관계 은폐 방침을 '위안부' 모집의 책임자라고 할 만한 사령부에 철저히 주지시키기 위해 발령한 지시문서이다. 군의 의뢰를 받은 업자는 반드시 가까운 경찰, 헌병대와 은밀히 연락을 취한 후에 모집 활동을 하라는 것에 이 통첩의 목적이 있기 때문이다. 이것으로 업자의 활동을 경찰의 규제 하에 두려고 했던 것이다.[136] 이에 더해 이 통첩을 "업자가 강제연행하는 것을 금한 문서"라고 하는 것은 문서의 성격을 오인한, 그것도 아주 심각하게 오인한 해석이라고 할 수밖에 없다.

---

135 내무성 경보국장통첩은 각 지방 장관만이 아니라 척무성(구 내각 각 성의 하나. 척무대신의 총괄 아래 조선, 타이완, 사할린, 관동주(関東州), 남양(南洋) 등에 관한 사무, 남만주철도, 동양척식주식회사의 감독, 개척 및 식민에 관한 사무 및 해외 척식 사업의 진흥 등을 담당하던 중앙관청-역자주) 관리국장 무네스에 슌이치(棟居俊一), 육군성 군무국장 마치지리 가즈모토(町尻量基), 외무성 조약국장 미타니 다카노부(三谷隆信), 같은 아메리카국장(요시자와 세이지로)에게도 참고를 위해 이첩되었다. 아메리카국에 이첩된 것은 여권 사무가 아메리카국의 관할이었기 때문이다. 앞에 게재된 『資料集成①』 67頁.

136 1938년 11월 제21군 대상 '위안부'의 '조달'과 이송은 전면적인 경찰의 규제와 지원 아래에서 은밀하게 이뤄졌다. 이는 정부, 내무성 방침의 본질을 잘 보여주는 것이다. 상동, 77~100頁.

나가며

1937년 말부터 이듬해 2월까지 취해진 일련의 군·경찰의 조치로 국가와 성性의 관계에 하나의 전환이 발생했다. 군이 군대에 성욕 처리 시설을 제도화함으로써 정부 스스로가 '추업'이라 부르기를 서슴지 않았던, 공서양속에 반하고 인륜에 어긋나는 행위에 직접 관여하게 되었기 때문이다. 공창제도 하에서 국가는 매춘을 공인하고는 있었지만 이는 어디까지나 명분상으로 구습에 얽매인 무지한 인민을 불쌍히 여긴 것이고 매춘은 도덕적으로 부끄럽게 여겨야 할 행위, 즉 '추업'이며 창부는 '추업부'에 지나지 않았다. 국가는 영업을 용인하는 대신에 풍기가 문란해지지 않도록 엄중히 규제하면서 그들의 생업으로부터 세금을 거둬들였다.

그러나 중국과의 전쟁이 본격화되면서 관계는 일변한다. 이제는 출정 장병의 성욕 처리 노동에 종사하는 여성이 군기와 위생 유지를 위해 필수적인 존재로 여겨지고, 성적 노동력은 넓은 의미에서 군요원혹은 당시 군의 의식에 입각해 말하자면 '군수품'이라고 하는 편이 나을지도 모른다이 되었고, 이를 군에 공급하는 매춘업자는 바야흐로 군의 어용상인이 되었다. 민간에서 행해지고 있던 성산업·풍속영업을 국가가 공인하고 이를 경찰이 규제하는 것과 국가 스스로가 정부 구성원을 위해 성욕 처리시설을 설치하여 그것을 업자에게 위탁 경영시킨 것은 국가와 성산업과의 관계에 있어서 그 내용이 전혀 다르다.

그렇게 생각하면 군의 병참에서 일하고 군이 필요로 하는 서비스를 공급하는 여성노동력이었다는 점에서 종군간호사와 종군 '위안부'는 종사하는 직무의 내용은 다르지만 본질적인 차이를 찾을 수 없다. '위안부' 또한 성적 노동에 의해 국가에 '봉사'하도록 강요당한 것이었다.

일련의 조치에 따라 '위안부' 모집과 도항이 합법화된 것은 성적 노동력이 군수 동원의 대상이 되었으며 전시 동원이 시작되었다는 것을 의미한다. 이는 또한 성적 서비스를 목적으로 하는 풍속산업의 군수산업화에 지나지 않으며, 내지·식민지에서 전지戰地·점령지를 향해 풍속산업의 이출移出과 그에 동반하는 다수의 성적노동력=여성의 유출 및 이동을 만들어냈다. '위안부'는 전시체제가 필연적으로 낳은 국가와 성의 관계 변용을 상징하는 존재이며 전시 여성총동원의 선구라 할 만한 존재가 되었다. 그녀들에 이어 인간의 재생산에 연관된 가정부인은 '낳아라, 번식하라'는 전시총동원 정책 아래 후방의 어머니·출정병사의 부인으로서 병력·노동력의 재생산과 소비 억제의 거대한 임무를 짊어졌고, 미혼여성은 군수공장의 노동력 혹은 간호사에서 '위안부'에 이르기까지 다양한 형태의 군요원으로서 동원되었다.

그러나 동일한 전시총동원이라고 해도 거기에는 민족과 젠더에 따른 '역할분담'[137]이 엄연히 존재했다. 징병 중에서 내지 일본인 남성만을 대상으로 한 징병혹은 군수공장의 숙련공을 정점으로 각 노동력 사이에는 칼로 자른 듯 분명한 계층 구분이 있었다. 노무동원에 의해 탄갱이나 광산에서 육체노동에 종사했던 조선인·중국인 노동자를 위해 사업장 위안소가 설립된 것을 생각하면, 전시총동원의 피라미드 구조 최하층에[138] 놓인 것이 위안소에서 성적 노동에 종사했던 여성, 그중에서도 식민지·점령지 출신 여성이었던 것은 틀림없다. 그녀들은 전시총동원 체제 하의 대일본제국을 문자 그대로 가장 밑바닥에서 떠받치고 있었다.

이러한 전시총동원의 피라미드 구조가 만들어진 요인은 다양하지만 '위안부'와 관련해서 말하려면, 군·경찰에 의한 일련의 조치가 내

---

137 駒込武, 「帝国史研究の射程」, 「日本史研究会」 452, 2000年, 228頁.
138 앞의 책, 「共同研究 日本軍慰安婦」 第5章, 142~144頁.

포하던 이중잣대의 역할을 언급해야만 한다. 전술했듯이 군·경찰은 위안소를 군기와 위생의 유지保持를 위한 필수적 장치로 간주하고 '위안부' 모집과 도항을 공인했지만, 동시에 군·국가가 도덕적으로 '부끄럽게 여겨야 할 행위'에 직접 관여했다는 사실에 대해서는 가능한 한 은폐하려는 방침이었다. 군의 위신을 유지하고 출정 병사 가족의 동요를 방지하기 위해, 즉 전시총동원 체제를 유지하기 위해 위안소와 군·국가의 관계나 '위안부'가 전쟁 중에 담당했던 중요한 역할은 공적으로 언급해서는 안 되는 것, 있어서는 안 될 일이었다.

국가와 성의 관계는 현실적으로 크게 전환했지만 매춘=성노동을 '공서양속'에 반하는 행위, 도덕적으로 '부끄럽게 여겨야 할 행위'로 여기는 의식, 이에 더해 '위안부'를 '추업부'로 보는 의식이 그대로 유지保持되어 거기에서 생긴 괴리가 위와 같은 은폐정책을 만들어 내기에 이르렀다. '위안부'는 군·국가에게 성적 '봉사'를 요구받음과 동시에 그 관계를 군·국가에 의해 끊임없이 부인당한 여성들이었다.

그 자체가 이미 상징적인 의미에서 강간이라고 해도 좋을 것이다. 종군'위안부'가 종군간호사와 마찬가지로 군의 병참에서 장병에게 서비스를 행하는 직무에 종사하면서 종군간호사와는 다른 위치에 자리매김되었고, 드러나서는 안 되는 존재로서 전시총동원 피라미드 구조의 가장 밑바닥에 놓였던 것은 이러한 이론과 정책의 결과라고도 할 수 있을 것이다. 위안소의 현실이 그곳에서 노동을 강요받은 많은 여성, 그중에서도 식민지·점령지의 여성에 있어 성노예 제도였던 것은 이러한 자리매김과 그것을 초래한 군·경찰의 방침이 커다란 요인이 되었기 때문이다.

제2장

일본인 '위안부'는 어떤 취급을 받았는가?

일본인 '위안부'의 처우와 특징:
성노예를 정당화한 전시 내셔널리즘과 '성의 방파제'론

니시노 루미코 西野瑠美子

I. 일본인 '위안부'란 누구인가?

일본인 '위안부'의 처우는 같은 일본인이라고 해도 하나로 묶어 얘기할 수 없다. 일본인 '위안부'는 어느새 성매매로 여겨져 온 공창제 하의 여성들예창기이라는 이미지가 형성되어 왔는데, 그 개념이 불러일으키는 '위안부' 상像에서 자유롭지 못한 이상, 일본인 '위안부'의 실태와 문제는 보이지 않을 것이다.

위안소의 형태나 설치시기, 위안소가 있던 지역과도 관계가 있지만, 일본인 여성이 '위안부'가 된 경위왜, 위안소에 가게 되었는가?는 다양하고 '본인의 의지에 반해'서 '위안부'가 된 경우도 적지 않다. 위안소에서의 처우는 '위안부'가 된 경위와 복잡하게 얽혀 있음이 분명하다.

1. 유곽에서 전차금을 받고 전신鞍替え[1]

'위안부'가 된 동기 또는 경위는 외형적으로 보면 크게 네 가지로 정리할 수 있다. 첫번째는 유곽에 있던 여성예창기이 위안소로 옮겨간 경우이다. 후쿠오카 탄광 마을의 "명주옥"에 팔려 "식비, 옷값, 이불값 명목으로 돈을 떼여서" 늘어만 가는 빚에 괴로워하던 시마다 요시코나 병에 걸린 동생의 치료를 위해 돈이 더 필요하게 된 다마노이 유곽의 다카시마 준코高島順子와 마찬가지로, 고액의 전차금을 마련해준다는 말에 현혹되어 위안소로 갔다는[3] 것이 공창제도 하에 있던 여성의 전형적인 동기였다. 당시 트럭섬의 우체국 직원이었던 M 씨에 따르면, 나쓰시마夏島에 있던 일본인 '위안부'는 "일본 내지에서 영업이 곤란해진 사람 중, 고수입이라는 브로커의 미끼에 넘어간 경우가 태반이었다"[4]고 한다. 가와사키의 유곽이 폐지되어 팔라우Palau의 위안소로 간 미즈노 이쿠水野イク가 이 사례에 해당한다. 이처럼 유곽에서 위안소로 '전신'하는 것은 늘어만 가는 빚을 변제해서 자유의 몸이 되고 싶거나 다시 돈이 필요해져 고액의 전차금에 솔깃하여 이뤄진 경우가 많다.

한편, 전차금에 의한 전신이 아니라 다나카 다미田中タミ처럼 몸종으로 팔려가 일하던 유곽다이키치로, 大吉楼이 군의 요청으로 군 위안소로 출점하게 되면서 끌려간 사례도 있다. 또한 내지에 있던 요정料亭이 군의 요청으로 전지戰地에 장교용 지점을 개설하기 위해 가게에 있던 게이샤 등을 데려간 일도 있다. 전지에 개설된 요정으로는 버마의 랑군Rangoon이나 메이묘Maymyo, 바고Bago에 있던 스이코엔萃香園이 잘 알

---

1   (역자주) 유녀나 예기가 일하는 가게를 옮기는 것.

2   「いまも続く "慰安婦戦友会" の悲しみの秘録」, 『現代』, 1973年 4月.

3   「連載 玉の井娼婦伝」 第6回, 第4話, 『現代』, 1974年 4月.

4   「夏島哀歌」, 『珊瑚礁』, 20号.

려져 있는데, 전기戰記 등에는 중국 지난濟南의 요정 쓰루つる나 쑤이펀허綏芬河의 시키시마敷島, 난징의 아카쓰키曉 등의 이름도 보인다.

2. 인신매매

두 번째는 앞의 경우와 마찬가지로 빈곤 때문에 인신매매로 팔려간 여성이 위안소로 보내진 경우다. 위안소 설치 명령이 내려진 1937년 말부터 1938년에 걸쳐, 군의 요청으로 '위안부' 모집을 지시받은 업자는 목표 인원을 채우기 위해 가난한 농촌 마을에서 딸들을 '사서 그 수를 채웠'다. 상하이 파견군으로부터 육군위안소를 설치하기 위한 '위안부' 모집을 지시받은 업자가 국내에서 여성을 모집하려다 검거되었다고 기록된 경찰 자료는 군의 지시를 받은 업자의 '위안부' 모집이 얼마나 횡행했는지 상기시킨다.

3. 사기에 의한 모집

세 번째는 취업 사기이다. 조선인 여성의 경우에 감언이나 사기에 의한 연행 사례형법에서는 유괴죄에 해당한다가 많다고 하는데, 실은 일본인 중에서도 사기에 의한 모집이 있었다. 예를 들면, 도쿄시 이다초飯田町 직업안정소에 붙은 하얼빈哈尔濱의 아시아호텔 종업원 모집은 '위안부'라는 사실을 숨기고 '여성 사무원'이라고 거짓으로 모집했다. 채용조건이 "여고 졸업 또는 여전女專 출신자로, 여성 사무원으로 근무. 때에 따라서 '접객'도 함. 이것이 가능한 자. 보수는 최고 60엔. 최저 40엔"이라고 적혀 있었기 때문에 응모자는 1,200여 명을 넘었고, "320명의 '인텔리' 여성이 선발되었다"고 한다.[5]

---

5   「性の奴隷として生きた戦場の女たち」『週刊大衆』1970年 8月 20日.

오사카시 덴노지天王寺구 보국백국회報国白菊会가 낸 신문광고는 '종군간호부 모집'이었다. 이외에 '특수간호부'라는 명목으로 모집된 경우도 있다. '여종업원女中・여급'이라고 속여 위안소로 보내려고 한 업자가 체포되어 유죄판결이 난 경우는 마에다 아키라前田朗의 논문제1장에 상세히 나와 있다.

1992년에 일조협회日朝協会가 시행한 '위안부 110번'에 전화를 걸어온 일본인 여성은 열다섯 살 때 '여관 식모' 일이라고 사기를 당해 타이완의 위안소로 들어갔고, 그 뒤 필리핀의 위안소로 보내졌다고 한다. 또한 트럭섬 위안소에 있던 일본인 '위안부'는 '군속 모집'에 응모해서 갔는데, 도착한 뒤 1개월 정도 지나 '위안부'를 하라는 얘기를 들었다고 한다. 그 때문에 스스로 목을 매 죽은 여성도 있다. 이 같은 취업사기의 대상이 된 피해 여성은 완강히 입을 닫고 있어 그녀들이 위안소에서 당한 상황은 알기 어렵다.

4. 전지에서 군속 여성이 '위안부'를 강요받다

네 번째는 전지에서 타자수 등으로 일하던 여성이 전황이 악화하면서 '위안부'가 된 경우이다. 예를 들면 1944년 7월, 제8차 자바Java 파견 여자 군속 대원 200여 명이 고베에서 다마タマ 26선단9 편성의 제1번 선단 미즈호마루瑞穂丸로 출항했는데 사흘 후에 어뢰를 맞아 침몰했

---

6   富沢繁, 『女たちの戦場よもやま物語』, 光人社.

7   「性の奴隷として生きた戦場の女たち」, 『週刊大衆』, 1970年 8月 20日.

8   『大審院刑事判例集』, 16巻 上, 法曹会, 1938年.

9   (역자주) 1992년 미야자와(宮澤) 일본총리의 방한을 계기로 일본의 여성 4개 단체가 '위안부' 피해자의 정보를 모으기 위해 1992년 1월 14일부터 3일 동안 개설했던 신고 전화.

10   『証言・日本軍「慰安婦」—ダイヤル110番の記録』, 日朝協会, 2005年.

11   「従軍慰安婦についての想い出」, 『珊瑚礁』, 31号.

다. 그 배에 타고 있던 야마모토 다카코山本隆子 등 30명의 여자 군속은 일본 해군의 소해정[12]에 구조되어 루손Luzon섬 서북부의 방기Bangui에 상륙했다. 같은 해 9월, 필리핀 북부 산페르난도San Fernando의 일본육군 병참부에서 야마모토 일행은 부관으로부터 "군에는 더는 당신들을 자바로 보낼 수송선이 없다" 하지만 "당신들이 '가이코샤偕行社[13]의 여자'가 된다면 먹여는 준다"라는 말을 듣고 '위안부'가 되었다[14].

이처럼 일본인 '위안부'가 된 경위는 다양하며 그에 따라 여성들에 대한 위안소에서의 처우도 필시 달라졌을 것이다. 하지만 공적으로 이름을 밝히고 얼굴을 드러낸 피해 여성은 시로타 스즈코城田すずこ가 유일하고 인신매매나 속아서 위안소에 보내진 경우일수록 당사자는 굳게 침묵한다.

여기에서는 닫힌 기억의 주름에 미세하게 남겨진 흔적記錄에 의지해 드러난 일본인 '위안부'의 처우와 특징을 살펴보려고 한다.

5. 처우가 좋았던 장교 전용 '위안부'

위안소 이용은 하사관과 병사의 경우 휴일 낮, 장교[15]는 밤숙박가능과 같이 계급에 따라 이용 시간이 정해진 곳이 많았다. 특히 일본 여성은 용모가 단정하거나 게이샤 출신이거나 장교의 마음에 들어 장교전속이 된 일도 있었다. 전황이나 시기, 위안소가 있던 지역 등의 조건에 따라

---

12 (역자주) 수중에 부설된 지뢰를 발견하고 제거·파괴하여 함선이 안전하게 항해할 수 있도록 하는 해군 군함.

13 (역자주) 구 일본 육군 장교의 친목 및 상호부조 단체.

14 「撃沈された女子軍属たちが集団慰安婦に堕ちるまでの戦争体験」, 『週刊新潮』, 1974年 8月 22日.

15 장교는 소위 이상의 군인. 하사관은 장교(사관) 아래 계급으로 병사를 통솔한다.

다르지만 트럭섬^{해군}의 사관 전용 '위안부'는 "게이샤 출신이 많았다"[16]
는 증언도 있다.

게이샤집의 차금 4,000엔을 군이 갚아준다는 말에 트럭섬 위안소
로 간 야마우치 게이코^{山内馨子, 게이샤}도 장교 전용 '위안부'였다. 야마
우치는 "대단한 장교님들을 상대한다고 해서, 병사용 여성이나 민간
'위안부'와는 달리 하루에 한 명으로 정해져 있었는데, 그마저도 섬에
소위 이상 장교는 적어서 배가 기항할 때만 바빠지는 정도였다", "장
교와 동등하게 식사했다", "찰밥 통조림, 고기, 채소 뭐든 있었다", "섬
에서의 생활은 상상 이상으로 쾌적한 날들이었다"[17]고 말하고 있어, 일
반 병사용 '위안부'와 비교해서 처우가 좋았다는 것을 알 수 있다.

물론 일본인이라서, 게이샤 출신이라서 장교 전용이 되고 좋은 대우
를 받았다는 것은 아니다. 같은 시기에 트럭섬의 위안소에 보내진 스
즈모토 아야^{鈴本文}도 '게이샤 출신'이었지만 일반병사를 상대하는 '위
안부'였다. "한 사람이 끝나면 황급히 화장실에 뛰어 들어가 깨끗이 씻
었어요. 그리고 다시 방으로 돌아오면, 또 병사. 남자, 남자, 남자의 반
복"[18]이라고 해도 좋을, 조선인 '위안부'가 겪은 상황을[19] 상기시킨다. 다
마노이의 유곽에서 상하이의 위안소로 간 다카시마 준코^{창부}도 "하루
평균 30명"을 상대하고, "유카타^{浴衣} 한 장에 띠도 묶지 않고 이불 위
에 누워 그들을 기다렸어요"라고 한다.

16 広田和子,「トラック島の従軍慰安婦 芸者『菊丸』」,『別冊歴史読本特別増刊』,
1994年 2月 24日.

17 상동.

18 広田和子,『証言記録 従軍慰安婦・看護婦一戦場に生きた女の慟哭』新人物往来
社, 1975年.

19 西野瑠美子・金富子責任編集, 女たちの戦争と平和資料館編,『未来への記憶一ア
ジア「慰安婦」証言集 I』明石書店, 2006年, 同 II, 2010年.

다카시마가 있던 위안소는 장교와 병사가 같은 위안소를 이용했는데, 장교는 밤에 가도록 하여 일반병사와 시간대를 구분했다. 다마노이 명주옥 조합장 구니이 시게루國井茂는 그곳 '위안부'의 모습을 다음과 같이 회상하고 있다. "장교는 가끔만 오기 때문에 보통은 오후 5시에 끝난다. 그 뒤에는 식당에 모여 수다를 떨거나, 방에서 잡지를 읽으면서 각자 하고 싶은 일을 한다", "여자들은 열흘에 한 번 정도 쉬는 날을 받아서 상하이 조계租界에 놀러 다니곤 했다. 혼자서는 위험해서 두세 명이 모여 외출했다. 번화가에 가서 물건을 사고, 맛있는 것을 사 먹고, 시간이 있으면 영화를 보고 돌아왔다."

업자의 회상이기 때문에 업자에게 불리한 점은 얘기하지 않았을 테니 실태와는 차이가 있다는 사실을 염두에 두고 읽을 필요가 있다. 해석이 실태를 정반대로 비춘 예를 보자. '위안부'들이 소풍을 갔다는 일본인 포로 심문 보고의 기술에 대해 "'위안부'는 자유로웠고 그 일을[20] 즐겼다"라고 주장하는 사람도 종종 있지만 이것은 정확한 해석이라 할 수 없다. 술자리에 '위안부'가 함께한 것과 마찬가지로 '위안부'가 좋아서 마음대로 소풍을 간 것이 아니라 장병이 즐기기 위해 '위안부'와 동행했다고 보는 것이 자연스럽기 때문이다.

'위안부'가 번화가에 가거나 영화를 봤다는 증언은 시기나 지역에 따라 다르지만, 이는 군의 지정으로 위탁받은 업자가 경영하는 위안소에서 종종 들을 수 있는 얘기다. 군 직할의 위안소는 위안소 규정에 '위안부 외출 엄중 단속'[21] 등이 분명히 기록되어 있기도 해서 그와 같은 자유가 있었다고는 생각하기 어렵다.

---

20 心理作戦班日本人捕虜尋問報告 49号, 1944年 10月 1日.
21 慰安所(亜細亜会館, 第一慰安所)規定送付の件(1942年 11月 22日付, 比軍政監部ビザヤ支部イロイロ出張所).

6. 수입과 체류 기간

앞서 다뤘던 바와 같이 유곽에 있던 여성이 '위안부'로 전신한 이유에는 빚을 갚고 싶다는 동기가 있었다. 오바야시 기요시大林清는 "한 사람이 하루 평균 15명으로, 50명에 1,500엔. 그중 절반인 750엔이 주인의 수입이 된다. 협력자에게 이익을 분배해도 한 달에 1만 4, 5천 엔이 이익. 투자액 5만 엔은 금세 회수한다. 여성들은 한 달에서 석 달이면 빚을 갚았고 그 뒤에는 버는 대로 가져갈 수 있었다"고 말하고 있다. 이처럼 다카시마가 있던 위안소에서는 업자와 절반씩, 야마우치 게이코의 경우에는 해군성과 4대 6⁴가본인의 비율로 나누었다. 전全 시기에 걸쳐 어느 위안소에서나 이와 같은 조건이 충족되었다고는 할 수 없지만, 이러한 특징은 조선인 '위안부'에게는 찾아볼 수 없는 것으로 초기에 이러한 위안소가 있었다는 사실만은 지적해두고 싶다.

전신한 여성의 증언에서 볼 수 있는 또 하나의 특징은 일 년이나 일 년 반 등, 비교적 단기간에 귀국했다는 점이다. 다카시마는 1938년에 상하이 근처 난스南市의 위안소로 갔고 다음 해 봄에 업자와 함께 귀국했기 때문에 위안소에는 대략 1년 밖에 있지 않았다. 트럭섬에 간 야마우치 게이코도 1년 반, 스즈모토 아야도 1년 계약으로 대부분의 조선인 여성이 패전으로 겨우 해방放処된 상황과 결정적으로 다르다.

초기에 한정되지만 전차금을 받고 계약하여 위안소로 간 일본인 여성은 기간이나 수입 등 응모 시의 '계약'이 지켜졌다고도 할 수 있다. 그렇다고 해서 전차금을 받고 간 여성이 모두 '계약' 범위에서 일했다는 것은 아니다. 오하마大浜 유곽에서 1,000엔의 전차금으로 모집에 응해 상하이의 육군위안소로 간 사사구리 후지笹栗フジ는 124연대의 이동에 따라 중국·베트남·보르네오·필리핀·사모아 제도·라바울 Rabaul·타이·버마 등을 전전하며 결국 8년이라는 세월을 위안소에서

보냈다. 포로가 되어 귀국했을 때에는 무임승차권 한 장을 지녔을 뿐이었다.

7. 계약

계약을 주고받은 것은 아마도 시기적으로 한정적이지 않았을까 생각되는데 어느 한 시기라고 하지만 일본인 여성을 모집하는 경우의 특징으로 거론할 수 있다.

1937년 말, 상하이 파견군은 위안소 설치를 결정하고 '위안부' 모집을 업자에게 요청하여, 업자는 내지나 조선에서 여성을 모았다. 그러나 내지에서는 군이 위안소를 설치하는 방침이 철저하지 않았기 때문에 국내 각지에서 여성을 모으고 있던 업자가 경찰 조사를 받는 사태가 벌어졌다. 그중 하나인 이바라키현 미토시에서 여성을 모으던 고베시의 가시자시키 업자 오우치가 가지고 있던 '계약증'에는 가업기간稼業年限을 정하고, 계약금을 지불하고, 위안소에서의 수입, 즉 '상흥금賞興金'은 '매상의 1할'로, 그중 절반은 저금할 것, 식비·의복·소모품은 포주가 부담하고, 계약기간 중 해약할 경우에는 원금 잔액 위약금 및 들어올 때 소요된 모든 비용을 즉각 지불할 것 등으로 되어있다. 또한 계약에 다음과 같은 '조건'을 명시하는 경우도 있었던 것 같다.

　一, 계약기간 만 2년간

　一, 전차금 500엔에서 1,000엔

　　단, 전차금 중 2할을 공제하여 신부금身付金 및 승선비乘込費에 충당한다.

　一, 연령 만 16세에서 30세

　一, 신체 건강한 자로 친권자의 승낙을 요함. 단 양녀적籍에 들어있는

자는 친가의 승낙 없이도 지장 없음

一, 전차금의 반제返濟 방법은 기간 완료와 동시에 소멸한다. 즉 연기 중 가령 병으로 휴업해도 기간 만료와 동시에 전차금은 완제한다.

(중략)

一, 정산은 매상의 1할을 본인 소득으로 하여 매월 지급한다.

一, 연기 무사완료의 경우에는 본인 매상에 해당하는 응분의 위로금을 지급한다.

一, 의류, 침구, 식비, 입욕료, 의료비는 포주가 부담한다

이를 보면 미성년도 모집대상으로 하고 있어 위법행위라는 사실을 무시한 모집이 당당하게 이루어졌다는 것을 알 수 있다. 여기에 적힌 대로 실행되었는지는 확실하지 않다. 하지만 예를 들어 계약기간 도중에 병으로 휴업을 해도 전차금은 계약기간 종료와 함께 소멸한다고 되어 있어, 1,000엔의 전차금이 있더라도 계약기간인 2년이 지나면 차금이 남아있어도 반제의무가 끝나 자유의 몸이 될 수 있다. 그렇다면 차금으로 고통받았던 유곽의 여성이나 가난한 집안의 딸이 '2년만 참으면'이라는 생각으로 응모했다 해도 이상할 것은 없다.

1년 계약으로 트럭섬에 간 스즈모토 아야는 "한 달에서 석 달 만에 차금을 갚고 그 뒤에는 버는 대로 가져갈 수 있었다", "5, 6천 엔, 1만 엔은 허다하고 3만 엔이나 저축한 사람도 있었다", "귀국할 때는 차금을 갚고도 1만 엔 정도 남았다"고 말하고 있어 한정된 시기에 '계약'이 있던 것은 일본인 '위안부'의 특징이라고 할 수 있다. 하지만 계약 자체가 이행되지 않았다면 사기에 의한 연행일 뿐이다. 게다가 이를 일반적인 상황이라고 볼 수는 없다.

치치하얼齊齊哈爾의 위안소에 있던 일본인 '위안부'에 대해서 한 일

본군 병사는 "그녀들은 일본에서 100엔 정도에 팔려왔는데, …차금은 전혀 줄지 않는다. 골수까지 빨아 먹히는 구조였다"고 회상하고 있어,[22] 내지의 유곽과 비슷한 비참한 상황을 떠올릴 수 있다. 100엔에 팔린 여성은 유곽에서 전신한 것이 아니라 가난한 가정에서 희생되어 팔린 딸이 아닌가 하는 생각이 들며, 위에서 언급한 것과 같은 계약서가 있었다고는 생각하기 어렵다. 애초에 100엔이라는 금액 자체가 전신하는 여성과 비교해 너무 적다시마다 요시코·사사구리 후지=1,000엔, 스즈모토 아야=2,300엔, 야마우치 게이코=4,000엔, 미즈노 이쿠=2,000엔. 타이완의 마궁에 있는 '해군어용海軍御用'이라는 팻말을 건 위안소에 있던 시로타 스즈코는 "반년 정도 일했는데도 차금은 전혀 줄어들지 않았다"고 한다. 가령 일본인 '위안부'였더라도 바로 차금을 다 갚고, 저금한 큰돈을 가지고 귀국한 야마우치·스즈모토는 한정된 시기의 한정된 사례가 아니었나 싶다.

Ⅱ. 민족 격차와 일본인 '위안부'의 정신지배

일본인 '위안부'와 조선인 '위안부', 중국인 '위안부'가 함께 있는 위안소에서는 '위안부' 사이에 등급이 매겨져 있었다민족 격차. 예를 들면 이용요금에 차이가 있다. 독립공성중포병獨立攻城重砲兵 제2대대의 창저우常州 주둔 간 내무규정1938년 3월에는 내지인일본인 2엔, 반도인조선인 1엔 50전, 지나인중국인 1엔으로 되어 있다. 덧붙여 장교는 이 두 배의 액수였다. 라바울 위안소 이용요금은 하사관·장교는 일본인 '위안부'

---

22 朝日新聞山形支局, 『聞き書き ある憲兵の記録』, 朝日新聞社, 1985年.

가 2엔 50전, 조선인 '위안부'가 2엔이었고, 병사는 일본인 '위안부'가 2엔, 조선인 '위안부'가 1엔 50전으로 되어 있어 일본인 '위안부'가 제일 위에, 조선인과 중국인이 그 아래로 서열이 매겨져 있었다.

일본인과 조선인의 격차는 처우 면에서도 보인다. 치안이 안정된 지역의 위안소에는 일본인 '위안부'와 조선인 '위안부'가 모두 배치되었지만, 위험한 전선에 보내지는 것은 주로 조선인 '위안부'였다.[23] 팔라우의 위안소에 있던 미즈노 이쿠는 "많은 손님을 상대해야 하는 것은 조선인이나 피부가 검은 여자였다"고 말한다. 가혹한 환경에 던져진 것은 현지인과 조선인 '위안부'였다.

'위안부'에게 매겨진 서열은 일본인 '위안부'에 대한 우대이기도 했는데 그것은 일본인 '위안부'에게 어떤 '효과'를 가져왔을까? 단순히 동포이기 때문에 "잘해줬다"는 것만은 아니다. 조선·타이완을 식민지배하고 있던 당시에는 일본인을 일등 국민으로, 조선인을 이등 국민, 타이완인을 삼등 국민으로 여겼다. 같은 위안소에 있더라도 일본인 '위안부'를 조선인 '위안부'보다 우대했던 것은 일본인 여성에게 제국의식을 갖게 만든 것이라고 바꿔 말할 수 있다. 아래에 또 아래가 있는 계급 질서는 차별을 이용해 지배하는 통치의 상투적인 수단이다. '특권의 부여'는 일본인 '위안부'로 하여금 자신이 받는 피차별·피해자성·여성차별을 보기 어렵게 하는=피차별의 눈속임 불가시화의 역할을 하는 것 아닐까? 이른바 일본인 '위안부'에게 주어진 우월의식은 조선인 '위안부'를 향한 차별·멸시와 표리일체이며, 민족 격차라는 형태의 특권을 부여한 것은 일본인 '위안부' 자신을 향한 피차별을 보지 못하도록 기능했다고 여겨진다.

---

23   金子安次, 「元日本兵の証言」, 「慰安婦」問題 webサイト "Fight for Justice" http://
fightforjustice.info/

여기에서 하나의 일화를 소개한다. 라바울의 위안소에서 두 명의 '위안부'가 임신을 했다. 그중 한 명은 군의가 그 사실을 알았을 때 이미 임신 5개월이었다. "그녀들은 중절이 예정되어 있었는데, 바로 직전에 공습으로 병원이 무너져 두 사람은 수송선에 실려 내지로 송환되었다"고 한다.[24] 미즈노 이쿠도 위안소에서 임신한 것을 알고 귀국했다.[25] 조선인 '위안부'나 점령지의 여성이 위안소에서 임신한 경우, 무리하게 낙태를 시키거나 출산할 때까지 '위안부' 일을 강요당했다. 출산하더라도 아이를 어딘가로 데려가서, 귀국은커녕 '위안부'를 그만둘 수조차 없었다는 증언이 대부분이어서 임신을 이유로 귀국시켰다는 것은 드문 일이라고 할 수 있다.

일본인 '위안부'의 경우에는 '처녀'라는 이유로 귀국시킨 사례가 있다. 속아서 트럭섬의 위안소로 보내진 여성이 성병검진으로 '처녀'라는 사실이 밝혀졌다. 거기서 "어떻게든 돕고 싶다고 모두가 돈을 모아 '위안부'가 아니었다는 문서를 만들어 내지로 돌려보냈다"제4해군 시설부 제4함대 시설부 타자원 T 씨는 것이다.

선뜻 믿기 어려운 이야기지만 비슷한 이야기를 트럭섬에 있던 전 갑판사관 남성이 증언하고 있다. "우리 위안소에 처녀가 두 명 있었다. 두 사람 다 특수간호부라는 이름에 끌려 응모해서 왔는데 '위안부' 일이라고 알게 된 것은 트럭섬에 도착해서였다. 이 아가씨가 너무 심하게 울어서 그 대단하다는 갑판사관도 가엾게 여겨 손님을 받지 않게 했다. 이는 대대로 갑판사관의 전달사항이 되어 처녀를 지키게 했다."[26] 만일 조선인 여성이었다면 어떻게 되었을까? 위안소에 끌려온 조선인 '위

24 　주 6과 동일.

25 　宮下忠子, 『赤いコートの女』, 明石書店, 2008年.

26 　주 23과 동일.

안부'는 대부분이 미혼의 미성년·소녀여서 '처녀'라는 이유로 구제하려고 했다면 대부분 귀국시켰어야 했다. 오히려 조선인 여성은 미성년자를 모집하는 경우가 많았고, 성병 감염의 우려가 없는 '처녀'가 표적이 되었기에 조선인 여성에 관해서 이와 같은 이야기를 들은 적은 없다. 이 사례는 일본인이기 때문에 받은 '처우'라 할 수 있을 것이다.

III. 일본인 '위안부'와 가부장제 이데올로기

조선에서는 '젊고 성병이 없는 처녀'가 징집의 대상이었던 데 반해, 일본인 '위안부'는 처음부터 공창제도 하의 여성을 대상으로 했다는 사실을 어떻게 생각하면 좋을까?

일반 여성을 '위안부'로 보내 전지의 위안소에서 누이동생이나 연인을 만나면 병사들의 사기가 떨어진다. 전 일본 병사 가네코 야스지金子安次는 위안소에 일본인 여성이 있는 것을 보고 "야마토大和 여성이 이런 곳에 와서 이런 일을 하고 있다니, 너는 일본인의 수치[27]"라며 격노했다고 말한다. 전기에도 "일본인에게 최소한의 위안은 일본 부인이 한 명도 섞여 있지 않았다는 것이다[28]"라는 회상이 있는데, 위안소에 가는 병사에게 일본인 여성이 '위안부'라는 사실은 절대 용납할 수 없는 일이었다. 이는 가부장제 정조 이데올로기에 지배받던 남성들의 '분노'와 '안도'이기도 하지만 단지 그것만은 아니었다. 일본의 일반 여성이 위안소에 동원되었다는 사실은 '성전聖戰'이라 믿고 후방을 지키던 병사들의 가족과 유가족 등에게 헤아릴 수 없이 큰 영향을 미칠 것이

---

27 주 16과 동일.
28 竹森一男, 『兵士の現代史』, 時事通信社, 1973年.

다. '황군 장병'의 신뢰는 실추되고, 사회문제가 야기될 우려도 다분하며, 전황에도 영향을 미칠지 모른다는 것을 당시의 군도 고려했을 것이다. 그래서 공창제 하의 여성들에게 눈을 돌리게 되었다.

공창제도 하의 여성이라면 문제가 없을 것이라는 사고방식은 여성의 가치를 정숙·정조·처녀성을 기준으로 출산하는 성性의 여성과 쾌락의 성의 여성으로 가르는 것을 '옳다'고 여긴다. 강간 방지를 위해서라면 '성의 방파제'가 필요하다는 발상이 '성의 방파제'가 되어도 좋을 여성을 일반 여성으로부터 분리해 위안소로 보냈던 것이다.

Ⅳ. 일본인 '위안부'와 내셔널리즘

일본인 '위안부'의 수기 등에서 '위안부'가 된 것을 '나라를 위해'라고 자랑스럽게 생각했다는 내용이 눈에 띈다. 모집할 때 "남성은 병사로서 애쓰고 있으니, 야마토의 딸인 귀하들은 총후에서 나라에 도움이 되어야 한다"라는 말이 그녀들의 등을 떠밀었다. 부대부관은 오키나와沖縄의 쓰지辻 유곽에 가서 '위안부'가 되라며 여성들에게 "나라를 위해 봉공의 정성을 다하지 않으면 안 된다", "위안소에서 병사들을 고무해 주길 바란다. 그것이 나라를 위하는 것"이라며 연설했다고 한다.[29]

야마우치 게이코는 위안소에 있던 때에도 "죽으면 군인과 마찬가지로 야스쿠니신사靖国神社에 들어갈 수 있다"고 믿었고, 스즈모토 아야도 "전사하면 군속으로서 야스쿠니에 모셔진다"고 믿고 있었다. '나라를 위해'라는 말은 '애국심'을 고무했고 '야스쿠니 신사에 모셔진다'는

---

29 野里洋,『汚名—第二十六代沖縄県知事泉守紀』, 講談社, 1993年.

말은 강렬한 일본인 의식과 명예의식을 부추겼다. 말하자면 그것은 지배원리로서 '나라를 위한' 것이었고, 이러한 전쟁 내셔널리즘은 일본 사회에서 소외되어 온 여성의 강렬한 콤플렉스를 이용한 것이었다.

그러나 한편, 그것은 위협장치로 기능하게 된다. 앞서 전지에서 군속 여성이 '위안부'가 된 경우로 산페르난도의 사례를 소개했다. 23명의 타자수 여성이 모두 가이코샤의 '위안부'가 된 것은 부관에게 "모든 가이코샤는 영예로운 제국육군 장교 클럽이고, 그곳에서 일하는 것은 자바섬에서 일하는 것처럼 나라를 위한 일이 된다. 그 점을 생각해야 한다"고 강요받았기 때문이다. 전지의 조난으로부터 구조된 상황에서 '나라를 위해'라는 말을 들은 여성들에게 거부라는 선택지는 없었다. 약자인 여성들에게 들이민 '나라를 위해'라는 말은 일본인 여성을 '위안부'로 삼을 때 자주 사용된 '권력'이었다.

공창제 하의 여성들이 위안소에 간 이유가 차금을 갚기 위해서라고 소개했는데 그뿐만이 아니었다. 그녀들의 등을 떠민 것은 '나라를 위해', '죽으면 야스쿠니에 모셔진다'라는 말이었다. 야마우치 게이코는 "남성은 병사로서 애쓰고 있으니, 야마토의 딸인 귀하들은 총후에서 나라에 도움이 되어야 한다"는 말을 들었고, 스즈모토 아야는 "죽으면 군인들과 마찬가지로 야스쿠니신사에 들어갈 수 있다"는 말을 들었다. "나도 일본 여성입니다. 포로가 되어야 한다면 지금 여기에서 죽여주세요. 나는 야스쿠니에 가고 싶습니다[30]", "'위안부' 어느 누구에게 물어도 '우리는 나라를 위해 일한 것이다. 진심으로 조금이나마 병사들에게 도움이 된다면…'이라고 말했습니다[31]" 등의 증언에서도 볼 수 있듯이 '나라를 위해'라는 내셔널리즘으로 자존감을 지닌 '위안부'가 되

---

30   吉田重紀, 『グアム島玉砕の記録: 慟哭の孤島』, 廣済堂出版, 1981年.

31   「性の奴隷として生きた戦場の女たち」, 『週刊大衆』, 1970年 8月 20日.

도록 만드는 것, 이것이 일본인 '위안부'의 큰 특징이다.

'나라를 위해'가 '위안부' 동원을 위한 억압 장치로서 기능한 산페르난도의 사례는 특수하다고 할 수 없다. 제26대 오키나와현 지사 이즈미 슈키泉宗紀는 오키나와의 쓰지 유곽으로 '위안부'를 모집하러 온 부관이 "위안소에서 병사들을 고무시켜주길 바란다. 나라를 위해"[32]라고 연설했다고 회상한다. 쥬리尾類[33]가 거부했는데도, 결국 500명이 위안소로 보내졌다.

V. '성의 방파제'론에 내재하는 공적론功績論과 희생양론

종종 일본인 '위안부'를 미화하거나 칭송하는 말을 듣곤 한다. 라모우拉孟 수비대에서 병사와 함께 일본인 '위안부'가 옥쇄玉碎한 것에 대해 센다 가코千田夏光는 "죽음을 선택한 데에서 그녀들 나름의 애국심과 충의심을 봤다"[34]고 말한다. 장병과 함께 '옥쇄'하는 것을 선택한 '위안부'를 '군국미담軍國美談'으로 여기고 있는데, 일본인 '위안부'에 대한 '감사'나 '애국심', '충의심'을 찬미하는 것은 현재의 '위안부' 정책의 평가와 관계가 있다.

2013년 오키나와 위령의 날에 하시모토 도루 오사카 시장은 "〔전후〕 오키나와의 여성이 방파제가 되어 진주군의 강간을 저지해 주었다"6월 23일고 말하고 "오키나와의 여성이 열심히 노력했다", "그런 여성들에게 감사의 마음을 전하며…"7월 5일라며 공공연히 '성의 방파

---

32 野里洋, 『汚名: 第二十六代沖縄県知事泉守紀』, 講談社, 1993年.

33 (역자주) 오키나와의 유녀

34 千田夏光, 『従軍慰安婦』, 三一書房, 1978年.

제'에 대한 감사의 말을 하여 반발을 샀다. 이것 또한 '위안부 미화'와 동일한 성격을 띤다.

이러한 사고방식은 일본인 '위안부'에 대한 '공적'론과도 합류한다. "일본인 '위안부'를 은급恩給[35] 대상으로 해야 한다"는 말이나 "이송 중에 총격으로 사망한 '위안부'를 준準 군속 신분으로 하여 공적을 부여하자는 문건을 만들었다", "전쟁이 끝나기 직전, 많은 '위안부'는 병원에서 간호부가 되거나 준 군속으로 얼마간 혜택을 받을 수 있도록 수속절차가 생겼다고 들었다"[36]는 회상에도 '위안부'가 전쟁 수행에 공로가 있는 여성이라는 '평가'가 엿보인다.

'위안부' 찬미는 '위안부' 공적론=전쟁 수행에 도움이 되었다으로 수용되어 '위안부' 필요론을 지탱하는 사상적·체험적 버팀목이 된다. 이와 같은 '필요론'은 틀림없이 권력자의 발상이며 '누군가는 위안부가 된다'는 것을 전제로 한, 이른바 여성의 양분화를 필수조건으로 한 '성의 방파제'를 시인한 논리이다. 다시 말해 여성들 사이에 차별과 분리를 조장하고 이를 발판으로 삼은 '희생양론'이다.

패전 직전, 만주에서는 소련군이 참전하여 재류 일본인은 대혼란을 겪었다. 난폭한 소련 군이 오면 일본인 여성은 강간당한다는 불안이 커져 일본 사람들은 일본인 '위안부'에게 일본인 여성을 소련군의 강간으로부터 지키는 방파제가 되라고 요구했다. 예를 들면, 안동安東[37]에서는 소련군에게서 일본인 부녀를 지키기 위해 '희생해 줄 여성들'='여자특공대'를 편성하자는 의견을 일본인 '위안부'에게 제안했

---

35 (역자주) 은급법에 규정된 은급이란, 관리였던 자가 퇴직 혹은 사망한 후에 본인 또는 그 유족이 안정된 생활을 확보할 수 있도록 지급된 금전을 말한다.

36 佐藤基, 『椰子の実: 私の従軍回想録』, けやきの街出版, 1985年.

37 (역자주) 만주국이 설치한 안동성.

다. 일본인 '위안부'는 "패전으로 세상이 변해 드디어 빚에서 벗어나 자유의 몸이 되어 꿈에 그리던 여염집 여자로 돌아가면 좋겠다고 생각하고 있었"는데 "또 한번 흙탕물을 뒤집어쓰라는 것인가?"라며 한탄했지만 결국 열세 명이 자진할 수밖에 없었다.[38] 이것을 '자신의 의지'라고 부르며 훗날 '값진 희생'이라고 칭송할 수 있을까?

VI. 전후의 일본인 '위안부'와 일본 병사의 관계

전후, 일본 병사와 일본인 '위안부'의 '관계'가 단절되지 않았다는 것도 일본인 '위안부'에게서 보이는 큰 특징일 것이다. 시마다 요시코는 1939년부터 1944년 여름까지 5년간, 중국 동북의 소만 국경 부대의 위안소에 있었다. 같은 부대의 병사와 5년간 함께 한 시마다는 그 관계를 "부부 이상으로 부부였을지도 모릅니다"[39]라고 회상한다. 조선인 여성에게는 전혀 들을 수 없는 말이다.

그 후 부대는 남방으로 이동했는데, 패전 후 1949년에 지쿠호筑豊 지역에 있는 전우 30여 명이 모여 개최한 전우회에 시마다도 초대받았다. 그 후 시마다는 매년 전우회에 출석했고 59세였던 증언 당시에도 전우회에 참가하고 있었다.

시마다는 1934년 21세 탄광촌의 명주옥에 팔린 뒤로 고향에 한 번도 돌아간 적이 없는 이유를 "몸을 판 여자는 두 번 다시 고향집에 돌아갈 수 없습니다. 아니, 돌아가지 않습니다. 쇼와 9년 이래, 어머니도 오빠도 소식을 듣지 못했습니다"라고 했다. 그렇기 때문에 "이 모임은 우

38　長瀬正枝, 『お町さん』, かのう書房, 1986年.

39　「いまも続く"慰安婦戦友会"の悲しみの秘録」, 『現代』, 1974年 4月.

리의 위안"이었다고 말한다.

시마다는 주변 사람들에게 자신이 '위안부'였다는 사실을 숨기고 살아왔다. 제멋대로인 사회의 성 규범에 희롱당한 많은 여성이 '위안부'였다는 사실을 숨기고 살아왔다. 자기를 술집에 판 아버지도, 형제도 만난 적이 없었던 시마다가 전 일본 병사와의 만남을 '위안'이라고 말하는 것에서 국가와 사회로부터 방치된 고독한 여성이 자신의 존재를 인정해주는 사람에게만 마음을 허락하는 '삶의 자리'를 본다. 그녀 안에, 전 일본 병사 안에, 그 전쟁을 함께 한 '유대감'이 있는 것일까? 이 관계야말로 일본인 '위안부'의 가장 큰 특징일지도 모른다.

나가며: 전후의 침묵

1990년대가 되어 아시아 각지에서 '위안부' 피해 여성들이 모습을 드러내고, 이름을 밝혀 과거의 체험을 이야기하기 시작했지만 일본인 여성 중 '위안부'였다고 커밍아웃하는 사람은 드물다. 전술한 바와 같이 이제까지 얼굴을 드러내고 공개적으로 이름을 밝힌 것은 시로타 스즈코[40] 정도다. 이 책에서 소개한 여성들의 사례도 기록으로 남아있는 증언이지, 모습을 드러내고 공적인 장소에서 말한 것은 아니다. 그것은 "몸을 판 여자는 두 번 다시 고향집에 돌아갈 수 없다"라는 시마다의 말에서 알 수 있듯이, 일본 사회에 충만한 '불특정 다수의 남자와 관계를 맺은 여자'를 향한 차별·편견·멸시의 시선과 관계가 없지 않다. 패전 직전, 소련 참전으로 중국 동북지방에 있던 일본인 여성들이 소

---

40 城田すず子,「マリアの賛歌」, かにた出版部, 1971年.

련군에게 강간당하는 피해가 속출했다. 그러한 피해 여성의 침묵에 대해서 고바야시 요시노리는 예전부터 이렇게 말했다.

〔소련군에게 강간 당해〕임신한 〔일본인〕 여성은 자결하거나 하카타의 인양자 수용소에서 중절한 것으로 보인다. 그러나 이들 일본인 여성은 그 후 입을 굳게 다물어 가슴에 품고, 그 사실조차 없었던 것처럼 되어 있다. 일본 여자는 대단하다. 나는 이런 일본의 여성을 자랑스럽게 생각한다.

… 나라를 위해, 가족을 위해 싸운 이 남자들을 강간마로 삼을 것인가?(『新ゴーマニズム宣言』)

피해 여성들이 끝내 침묵을 깨지 않는 것은 이러한 사회적 멸시라는 억압이 지금까지 뿌리 깊게 이어지고 있기 때문일 것이다.

스즈모토 아야는 "우리가 '위안부'였던 것은 감출 수 없으니까요. 지난 일이 알려지면 남편의 형제나 친척들에게 무슨 소리를 들을까?", "일본에 돌아온 뒤로 더 괴로웠다"라고 말한다. 스즈모토 아야나 야마우치 게이코의 증언에서도 그녀들이 전후에 과거의 일은 결코 입에 담지 않고 '과거를 그저 숨기는 생활'을 했다는 것을 알 수 있다. 경제적으로도 안정되지 않고 '남자'에게 사랑받지도 못하는 '괴로운 날들'을 보냈는데, 그녀들의 침묵 저변에는 '위안부'였다는 과거를 '부끄러운 과거'로 받아들여, 사회로부터 성 규범의 일탈자로 여겨질지도 모른다는 두려움이 있었던 것 아닐까? 침묵에는 두려움뿐만 아니라 강렬한 '수치심'^{사회규범으로 핍박받는 자기부정}과 전쟁 때에는 인기가 많았는데 전후에는 버려졌다^{이중규범에 의해 배제되었다}는 것에 대한 분노와 절망이 혼재한다. 오키나와 쓰지 유곽에서 '위안부' 생활을 했던 여성의 경우, 필요할 때에는 "나라를 위해서 '위안부'가 돼라"며 애국심을 방패 삼게 하고, 전후에는 "너희 유녀들은 사회의 부도덕이 만들어낸 매춘부다. 오키나와의 수치를 드러내지 말라"며 멸시당했다.[41] 그리고 '위안부' 시절에는 '나라를 위해'라며 부추겨 차별이 비가시화되어 일종의 자기 긍정까지 가지게 된 여성들도, 갈 곳 없는 전후의 일상으로 돌아가면 멸시와 편견에 노출되어 침묵할 수밖에 없었다. 결국 쓰고 버려져 침묵하는 것은 일본인 여성도 식민지·점령지의 피해 여성도 마찬가지였다.

이와 같이 '나라를 위해 몸을 바친 여성'은 전후 '행실이 나쁘다^{방종}'는 성 규범^{가부장제적 섹슈얼리티 인식}을 규정하는 '사회도덕'의 이름 아래, 역사의 어두운 곳으로 밀려나 있다. 일본인 '위안부'에게 침묵을 강요한 것은 '성 규범의 일탈자'라는 강렬한 수치심이었다. 결국 전차금을 받고 위안소에 갔던 여성도, 속아서 위안소에 갔던 여성도, 내셔널리즘에 떠밀려 '위안부'가 된 여성도, '강간 신화'와 '성의 방파제 신화'에 이용당한 것이다. 그중에는 '이런 몸으로 돌아갈 수 없다'라며 전후에도 조국으로 돌아가지 못한 채 전지에서 살았던 일본인 여성도 있다.^{니시카와 미유키의 칼럼 참조}

이처럼 일본인 '위안부'는 전시 내셔널리즘을 소거한 채, '빈곤', '인신매매', '성매매'만으로 이야기될 수 없다. 일본인 '위안부'는 공창제도의 여성이든 아니든 '위안부'가 된 경위·전력과 무관하게 전쟁 수행 기관으로서 위안소 제도를 추진한 국가와 일본군의 희생자이자, 국가에 의한 '기민棄民'이다.

---

41 上原栄子, 『辻の華』, 戦後篇, 上, 時事通信社, 1989年.

서적·잡지로 보는 일본인 '위안부' 문제

'위안부'가 된 일본인 여성이 공개적으로 증언을 하거나 그 체험을 출판물로 간행한 것은 시로타 스즈코뿐이며, 공개적으로 사죄·보상을 제기한 여성은 아직 존재하지 않는다. 그러나 르포르타주나 본인이 쓴 수기 등 '위안부'였던 일본인 여성이 스스로 이야기한 생애사는 다수 존재한다. 여기에서는 그중에서 현시점에 그 생활상을 잘 알 수 있는 열 명을 선별하여 그 개략을 ① 유곽에 팔릴 때까지의 경위, ② '위안부'가 된 경위, ③ 위안소에서의 처우라는 세 가지 관점에 따라 정리했다. 각 논문을 읽을 때 참조하기 바란다.

야마우치 게이코 山内馨子 (기명 기쿠마루 菊丸)

1925년, 아오모리 青森현에서 태어난 야마우치 게이코는 하코다테 函館에서 자랐지만 1934년 하코다테 대화재 때문에 아오모리로 이주했다. 동북지방의 대흉작 당시 만 열네 살이었는데, 도쿄의 오쓰카 大塚에 가서 '예비 게이샤 仕込みっ子'가 되었다. 전차금 300엔에 10년 계약이었다. 열여섯 살에 일단 홋카이도로 돌아갔지만 빚을 갚기 위해 다시 게이샤가 되었다. 차금은 늘어만 갔다. 어느 날 포주에게 진 빚 4,000

엔을 군이 대신 갚아준다는 말을 듣고 '위안부'가 되기로 했다. "나라를 위해서예요. 누군가는 가야만 하는 일이기도 하고요. 보내주세요"라며 아버지의 반대를 뿌리치고 1942년에 트럭섬으로 도항했다. 2년 동안 '위안부'로 일하면 자유의 몸이 되고, 저금도 할 수 있고, 행복한 가정을 가질 수 있다는 꿈을 안고 100명 가까운 여성들과 요코하마항에서 떠났다.

트럭섬에서는 위안소 건물이 마련될 때까지 일주일 동안 오키나와인이 경영하는 클럽 '난카이南海'에 있었다. 게이코는 사관용 '위안부'가 되어 하루에 한 명만 상대하면 되었기에 하루에 수십 명의 병사를 상대해야 하는 일반 병사용 '위안부'와 비교하면 대우가 좋았다. 사관용 '위안부'는 사관과 동등한 식사_{찰밥 통조림, 고기, 채소, 과일}가 제공되었고 일용품_{화장지, 편지지, 봉투, 손수건, 비누, 소독솜, 담배〈光〉}등은 한 달에 한 번 배급되었다. 일주일에 한 번 병원에서 성병검사를 받았다. 트럭섬에는 '위안부' 약 100명_{그중 소위 이상의 사관용이 33명}이 있었고, 위안소는 좁고 긴 방이 나란히 있는 모양새였다. 다다미 여섯 장짜리 방, 넉 장짜리 베란다, 한 칸에 도코노마床の間[42], 벽장이 있었다. 계약은 1년 반으로, 해군성이 경영했고 받는 돈의 4할이 본인 몫이고 6할은 해군성이 가져갔다고 한다. 트럭섬으로 가는 배에서는 '특수간호부'라 불리며 '군속 취급'을 받았고, 죽으면 야스쿠니 신사에 모셔진다고 믿고 있었다.

[출전]

「戦場の芸者・菊丸が26年目に明らかす波乱の人生」, 『アサヒ芸能』, 1971年 8月 12日.

---

42 (역자주) 일본식 방의 상좌(上座)에 바닥을 한층 높게 만든 곳으로 벽에는 족자를 걸고 바닥에는 꽃이나 장식물을 꾸며놓는다.

「告白! 戦争慰安婦が生きた忍従の28年」,『アサヒ芸能』, 1973年 8月 12日.

広田和子,「トラック島の従軍慰安婦 芸者『菊丸』」,『別冊歴史読本戦記シリ
　　ーズ第25巻女性たちの太平洋戦争』, 新人物往来社, 1994年.

広田和子,『証言記録 従軍慰安婦·看護婦: 戦場に生きた女性の慟哭』, 新人
　　物往来社, 1975年.

스즈모토 아야 鈴本文, 가명

1924년에 시마志摩, 현재의 미에현반도의 반농반어촌에서 아홉 형제의
장녀로 태어났다. 어부였던 아버지는 '술 마시고, 노름하고, 계집질하
는' 난봉꾼이었다. 1931년, 일곱 살에 아버지의 빚 50엔 때문에 미에
현 쓰시津市 오토베乙部의 유곽에 팔렸는데, 너무 어려서 돌려 보내졌
다. 다시 한번 시즈오카静岡현의 후지에다藤枝로 팔려 갔다. 학교에 못
가는 것이 괴로웠던 아야는 도망쳐 나왔지만, 아버지가 폭력을 휘두
르며 그곳으로 다시 끌고 갔다. 이번에는 5엔밖에 안 되는 아버지의 빚
때문에 오사카항의 선술집에 팔려 갔다. 1939년에는 미에현 구마노
熊野 시에 있는 게이샤집에 팔려 십 대 중반에 '머리를 올렸다.' 그 집에
는 3년 가까이 있었다.

　1942년 3월, 게이샤였던 열여덟 살 때 남방 전선 기지에서 일하면
차금을 갚을 수 있다는 소리를 들었다. '스무 살이 될 때까지는 무슨
일이 있어도 이런 곳에서 벗어나야겠다'라고 생각하던 아야는 가혹
한 환경이라는 것을 잘 알면서도 남방으로 가기로 했다. 군이 전차금
2,300엔을 대신 갚아 주고, 전사하면 군속으로 야스쿠니에 모셔질 수
있다고 들은 그녀는 거리낌 없이 '위안부'가 되었다. 후쿠하라 유곽이
나 오사카에서 온 40여 명의 여성과 함께 트럭섬의 나쓰시마로 도항

하여 위안소에 들어갔다. 그 가운데 두세 명이 사관용 '위안부'가 되었고 아야는 일 년 계약으로 일반병사용 군 직속 '위안부'가 되었다.

도착 이튿날부터 병사들이 몰려왔다. 더워서 속옷 한 장 차림에 작은 스카프로 머리를 묶고 아침 10시부터 계속해서 병사를 받아, 한 사람이 끝나면 화장실로 달려가 깨끗이 씻어내는 생활이었다. 병사 한 명당 한 시간이라는 계약을 실제로는 40분 정도로 줄여서 많은 병사를 상대했다. 매주 한 번 성병검사가 있었다. 피임도구는 콘돔이었고 임신은 하지 않았다. 단골손님이 시간을 늘려주기도 해서 잠시 쉴 수도 있었다. 1943년 12월 말에 요코스카橫須賀항으로 귀국했다. 군에서 갚아준 전차금 2,300엔을 제하고도, 1만 엔 정도의 돈이 남았다.

[출전]

「告白! 戦争慰安婦が生きた忍従の28年」, 『アサヒ芸能』, 1973年 8月 12日.

広田和子, 『証言記録 従軍慰安婦・看護婦: 戦場に生きた女性の慟哭』, 新人
物往来, 1975年.

시마다 요시코嶋田美子, 가명

1913년, 지쿠호현재의 후쿠오카현 북서부의 농가에서 태어나 자란 시마다 요시코는 가난 때문에 1934년에 탄광촌의 명주옥에 팔렸는데, 빚이 줄어들지 않아서 이웃 마을의 명주옥으로 옮겨졌다.

1938년, 후쿠오카 보병 제24연대와 관계가 있다는 한 남자가 찾아와 1,000엔의 전차금을 줄 테니 '나라를 위한 일'을 해보지 않겠냐고 권유했다. 전차금을 갚을 수 있다는 말에 솔깃해진 요시코는 다음 해인 1939년 여름, 또 다른 남자의 권유에 응해 '만주'에 가기로 했다. 후쿠오카 북부의 부대들만 있는 곳이라고 했다. 수송선으로 도항했다.

요시코가 들어간 위안소는 소만 국경의 외진 곳에 있었는데 군대가 직접 운영하는 위안소는 아니었다. 군인 약 3,500명을 상대하는 '위안부'는 열여섯 명밖에 없었다. 장교는 "너희는 군인도 군속도 아닌 군수품"이라며 함부로 말했다. 전차금은 1년 반 만에 다 갚았지만 요시코는 군대에서 떠날 마음이 없었다. 요시코와 다른 '위안부'들은, 24연대가 전장을 옮길 때 "너희들은 데려갈 수 없다. 지금 가는 곳은 전장이다. 병사들도 너희들을 사지에는 데려갈 수 없다고 생각할 것이다. 다행히 빚도 남지 않은 것 같으니 고향에 돌아가면 다른 일자리를 찾아라"라는 말을 듣고 울었다.

[출전]

「いまも続く"慰安婦戦友会"の悲しみの秘録」, 『現代』, 1972年 4月.

다카시마 준코 高島順子, 가명

1914년, 야마가타현의 외딴 마을에서 태어난 다카시마 준코는 1931년, 열일곱 살 때 야마가타현에 있는 주선업자에 의해 다마노이의 사창가에 700엔에 팔렸다. 수수료, 식비, 의류비가 붙어 전차금은 금방 1,000엔이 되었다.

1937년 11월, 다마노이 명주옥 조합장 구니이 시게루는 육군성에 불려가 '군의 위안을 위해 접대부'를 긴급히 모집하여 전장으로 가서 위안 시설을 개설하라는 요구를 받았다. 겉으로는 업자가 자주적으로 경영하는 것처럼 보이도록 하라는 명령을 받았다. 구니이는 차금을 대신 갚아주고 다시 가불해주는 조건으로 주선업자에게 여성들의 모집을 의뢰했다. 준코는 남동생의 수술을 위해서 돈이 필요했기 때문에 당시 일하던 가게에 빚진 약 500엔의 전차금에 1,500엔을 합쳐서 2,000엔의 전차금을 받는 조건으로 '위안부' 모집에 지원했다. 나가사키의 부두에서 상하이로 향한 여성들을 세 개의 조로 편성하여, 군용 트럭으로 상하이 주변 지구인 우쑹吳淞, 난샹南翔, 난스南市로 데려갔다. 다마노이에서 온 그녀들은 난스에서 개업하게 되었다.

상하이의 위안소는 작은 방이 15개, 식당, 욕실, 화장실이 5개 있는 서양식 건물이었다. 도착한 날에는 군의관에게 검진을 받고 이튿날부터 일을 시작했다. 아침 8시에 밥을 먹고 9시에 영업을 시작하면 밖에서는 병사 수십 명이 줄지어 서 있었다. 접수를 맡은 병사에게 요금 2엔을 지불했다. 오후 7시에는 목욕과 식사, 오후 7시부터 9시까지는 장교를 상대했다. 병사는 한 사람당 30분의 제한이 있었지만 대부분 10분에서 15분 안에 방을 나왔고 '위안부'는 하루에 평균 15명의 손님을 받았다. 수입은 본인과 주인이 반반 나눠 가졌고, 여성들은 1개월에서 3개월 사이에 차금을 다 갚을 수 있었다. 수입은 5일마다 정산했고, 준코는 수입이 가장 많았다.

[출전]

大林淸, 「從軍慰安婦第1号順子の場合」, 『現代』, 1974年 4月.

大林淸, 「從軍慰安婦順子の上海慕情」, 『現代』, 1974年 5月.

사사구리 후지笹栗フジ〔기명 게이코慶子〕

1916년에 태어난 게이코는 1933년, 열일곱의 나이에 후쿠오카의 사창굴 오하마 유곽 아사후지로 팔렸다. 차금은 해마다 늘어 69엔이 되었는데 손님이었던 구라미쓰 다케오倉光武夫가 성병을 옮겨준 덕분에 소집을 면제받아 고맙다며 쥐어 준 70엔으로 자유의 몸이 될 수 있었다. 그러나 고향에는 돌아갈 수 없어 그대로 유곽에 남았다. 구라미쓰는 후쿠오카 보병 124연대에 입대해서 난징으로 떠났다.

124연대의 군속으로 병참사령부 근무도 겸임하는 어용상인 이시바시 도쿠타로가 124연대의 병사를 상대하라고 권유하자, 은인인 구라미쓰 다케오를 만날 수 있을지도 모른다는 생각에 이시바시가 모집한 첫 '위안부'가 되어 전차금 1,000엔을 받았다. 1937년 12월, 이시바시가 모은 조선인 11명, 일본인 7명과 함께 나가사키에서 육군징용 수송선 '가이군마루海運丸'를 타고 중국에 건너가, 성병검사 후 육군오락소에서 손님을 받기 시작했다. 조선인은 전원 규슈九州의 탄광에서 모집된 처녀들이었고 일본인은 창부로 서른이 넘거나 마흔이 된 여성도 있었다.

1938년 1월부터 1945년 8월에 버마의 포로수용소에 도착할 때까지 햇수로 8년간이나 '위안부' 생활을 했다. 줄곧 후쿠오카 보병 124연대 병사들을 상대했는데 124연대가 떠나 있을 때는 다른 부대를 상대해야 했다. 나가사키에서 출발한 지 서너 달 만에 열여덟 명 모두 전차금 1,000엔을 다 갚고 200에서 500엔을 모았다. 연대를 따라 중국에서 베트남의 캄란만, 보루네오, 루손섬, 세부섬, 민다나오섬, 필리핀의 팔라우섬, 피지, 사모아 제도, 라바울, 베트남의 사이공만, 메콩강을 올라가서 타이 영내, 버마를 전전했다. 마지막에는 버마 정글을 떠돌다 포로수용소에 수용되어 그곳 병원에서 간호부로 일했다.

[출전]

千田夏光, 『從軍慰安婦·慶子』, 光文社, 1981年.

미즈노 이쿠 水野イク

1920년, 이와테岩手현 히에누키稗貫군에서 태어난 이쿠는 부모에게 버려져 미즈노 나가하루水野長治가 데려다 키웠다. 1928년에 입을 덜기 위해 주선업자를 통해 20엔을 받고 남의 집에서 더부살이를 하며 아이를 돌봤는데, 그 후로도 몇 번이나 애보개를 했다. 1931년에 길러준 아버지 리키의 누나 부부가 진 빚 700엔에 대한 담보로 아이즈야나이즈会津柳津역 앞에 있는 유곽에 팔려 갔다가 열네 살 때 남자 손님에게 강간당했다. 1937년에는 아라카와荒川구의 종이 도매상에서 일하기 시작했는데, 일 년 뒤에 가게 주인에게 또 강간당했다. 1938년, 요코하마 이세자키초伊勢佐木町의 선술집 '하루야はる屋'에서 일할 때 알게 된 미즈노 료스케水野良介와 결혼한다. 료스케는 일하지 않고 계속 바람을 피웠기 때문에 이쿠는 다시 선술집에서 일하기 시작하면서 처음으로 몸을 팔게 되었다. 1942년에 딸을 양녀로 보내고 요코하마의 선술집에서 일할 때 주선업자의 권유로 전차금 2,000엔을 받고 가와사키 유곽에서 유녀가 되었다.

1943년 3월 31일부로 가와사키 유곽은 폐지되었다. 이쿠는 요코하마 유곽의 주인을 찾아가 "외국에 일하러 갈 여자를 모으고 있다는 말을 듣고 왔다"라고 말을 꺼냈다. 주인은 여기에서 만주나 남방으로 일하러 가는 것은 일식요리점의 게이샤 겸 작부로 가는데 그래도 괜찮냐고 물었다. 이쿠는 전지에 가면 유곽에서 좋아했던 남자와 만날 수 있을지도 모른다는 기대도 있어 '위안부'가 되기로 했다. 주인에게 2,000엔의 전차금을 받아 1,500엔은 유곽에 갚고 나머지는 신세를 진 사람에게 고마움을 표하거나 몸치장을 하는 데 썼다. 팔라우에 가려면 호적등본과 승낙서가 필요했다. 양부모는 반대했다. 이쿠는 "나라를 위해 일하고 죽어 돌아오겠다"라고 밀어붙여 승낙서를 받았다.

팔라우에서는 군대에서 차로 마중을 나오는 등 대우가 좋았다. 이쿠는 쓰루야つるや 여관에서 일했다. "높으신 군인들과 술을 마시고 법석을 떨"며 "하루에 한 명만 받으면 됐다", "많은 손님을 받는 것은 조선인이나 피부가 검은 여자들이었다". "〔조선인 '위안부'나 현지 출신의 '위안부'가〕 피를 흘렸다, 실신했다는 이야기는 자주 들었어요"라고 이쿠는 말했다.

1944년 3월, 만삭의 몸으로 귀국해서 4월 13일에 공동주택에서 여자아이를 낳았지만 아이는 급사했다. 6월에는 티니안태평양 서쪽 마리아나 제도 남쪽의 작은 화산도 섬에 갔다. 이쿠는 "팔라우에서 좋았던 일만 떠올랐다"라고 말했는데, 티니안에서도 하루에 한 명의 손님만 받으면 되었다. 티니안에서 이쿠는 또 임신했고 그 뒤에 미군의 포로가 된다. 1945년 5월 11일, 여자아이를 출산했다.

[출전]

宮下忠子, 『思川: 山谷に生きた女たち 貧困·性·暴力 もうひとつの前後女性史』, 明石書店, 2010年.

다나카 다미田中タミ, 가명

1928년에 태어난 것으로 추정되며 출신지도 확실치 않은 다나카 다미는 여섯 살 때, 부모가 이혼해서 오빠와 함께 아버지에게 맡겨졌다. 1938년, 열한 살 때 아버지가 오모리大森의 게이샤집에 계약양녀로 팔았다. 스무 살까지 일하는 계약이었다. 아버지는 투기꾼 같은 사람으로 계속해서 사업에 실패했고, 나중에 지바千葉현 후나바시船橋 가이진초海神町의 유곽 다이키치로에 전차금을 받고 다미를 되팔아, 그

차액을 손에 넣었다. 유곽에서는 처음에 몸종으로 일했다.

1943년에 지바현 모바라茂原에 해군 항공기지가 완성되자, 1944년 가을에 일곱 채의 위안소가 세워졌다. 다이키치로도 군의 요청을 받아 가게를 냈고 열일곱 살이 된 다미는 모바라로 가게 되었다. 새로운 가게는 후나바시와 마찬가지로 다이키치로라는 이름을 썼다. 일곱 채의 위안소에는 또래의 젊은 여자들이 각각 예닐곱 명 정도 모였다.

다미는 한시라도 빨리 위안소에서 벗어나고 싶어 벌이에서 일상경비를 제한 '자기에게 떨어지는 돈'은 전부 빚을 갚는 데 썼고, 장부에서 차금이 줄어드는 것을 보는 게 낙이었다. 나머지 여섯 채에서는 유녀를 관리하는 사람이 시키는 대로 군인을 상대해야만 했는데, 다미의 주인은 이상한 손님을 거절하는 것을 어느 정도는 봐줬다. 다이키치로에는 목욕탕과는 별도로 손님을 받은 후에 씻을 수 있는 따뜻한 물이 나오는 수도꼭지가 몇 개 갖춰져 있었다. 성병검사는 마을의 의원에 가서 받았는데, 병에 걸린 사람이 나오면 바로 군에 위안소 이름과 기명이 전달되었다. 위안소의 여성들은 일반 유곽의 여성이나 사창 등과는 구별되어 나라를 위해 몸 바쳐 일하는 아가씨들이라는 소리를 들었다. 근처 농가 사람들은 "나라를 위해… 수고가 많다"며 치하했다. 또한 근위사단 야포野砲연대 상등병구 칙령헌병인 다니가키 야스히로谷垣康弘는 구주쿠리九十九里 연안 지역의 정보를 입수하기 위해 '위안부'를 포섭해서 이용하기도 했다.

[출전]

川田文子, 『皇軍慰安所の女たち』, 筑摩書房, 1993年.

다카나시 다카高梨タカ

다카나시 다카는 1904년 8월에 시나가와品川에서 태어났다. 아버지는 도박장 전주錢主의 대리인이었고 다카는 다섯 살까지 고용인이나 식모가 있는 여유로운 생활을 했다. 그러나 1913년 1월, 아홉 살 되던 해에 공장 일을 시작했고 열한 살이 되자 매독에 걸린 아버지, 천식을 앓는 어머니, 여동생을 돌보기 위해 남의집살이를 하면서 아침부터 밤늦게까지 일했다. 열네 살 때 시부야渋谷의 게이샤집에, 열아홉에는 다카사키高崎시 야나가와초柳川町의 '팡팡집パンパン屋'에[43] 팔렸다. 그 사이에 결혼해서 아이가 생겼지만 이혼했다. 스물네 살 때 지독한 가난 때문에 딸을 위해 스사키州崎 유곽에 몸을 팔았다. 전차금이 800엔이었는데 그 가운데 500엔을 숙부에게 건넸다. 1931년, 스물여덟 살에 "믿을 건 나 자신뿐이다. 죽을 각오로 남양에서 돈을 벌자"라고 결심하고 사이판섬으로 도항했다. 다카는 '도키와トキワ'라는 요릿집의 제일 불결한 다다미 석 장짜리 방에서 일을 시작했다. '숙박'은 5엔, '위안'은 3엔이었다.

1939년 여름, 서른여섯 살 때 난징으로 건너가 '아카쓰키'라는 요릿집에서 장교용 '위안부'가 되었지만, 다카는 '요릿집'과 위안소 모두 '팡팡집'으로 생각했다. 일본인은 잘난 척 거드름을 피우며 생활했고, 나쁜 점이 많았다고 다카는 말한다. 네다섯 달 만에 '아카쓰키'를 그만두고 '마쓰다케松竹'로 옮겼다.

'아카쓰키'에서는 대대장 세 명이 다카의 손님이 되었다. 1940년 말에는 조선의 '북진北鎭'으로 갔다. 영하 30~40도의 극한의 추위였다. 1942에는 인도네시아 셀레베스섬 마카사르의 '스기노야杉野屋'

---

43 (역자주) '팡팡'은 제2차 대전 후에 일본에서 주둔 병사를 상대로 한 가창(街娼)을 의미하지만, 때에 따라 일반적인 매춘부의 의미로 쓰이기도 한다.

에서 병사용 '위안부'가 되었다. 군인들에게서 "고메미소쇼유스구오 쿠레쌀, 된장, 간장을 즉시 보내라"고메米=일본인 '위안부', 미소味噌=조선인 '위안부', 쇼유醬油=타이완인 '위안부' 라는 말을 배웠다. 또 "니쿠이치 291" 병사 스물아홉 명에 '위안부' 한 명을 주는 것가 목표였다고 들었다. 쫓겨난 네 덜란드 사람들이 쓰던 건물을 위안소로 사용했는데, 일고여덟 개의 방이 있었다. 금요일마다 모여서 군의에게 검사를 받았다. 성기에 유 리 막대를 찔러 넣고 거기에 묻은 점액의 반응을 보는 것이었다. 군의 명령이었다.

[출전]

玉井紀子, 『日の丸を腰に巻いて: 鉄火娼婦·高梨タカ一代記』, 現代史出版
   会, 1984年.

시로타 스즈코 城田すず子, 가명

시로타 스즈코는 1921년에 서민들이 많이 사는 도쿄의 한 동네에서 빵집을 하던 부모 밑에서 태어났다. 친척의 빚보증을 섰다가 압류를 당하고 아버지가 사업에 실패하는 등의 일이 겹쳐, 스즈코는 열일곱 에 게이샤집에 팔렸다. 첫 상대에게 성병에 걸려 병이 악화되어 일할 수 없게 되자 요코하마의 유곽에 창기로 다시 팔렸다.

   빚을 갚기 위해서는 해외에 갈 수밖에 없다는 말을 듣고 열여덟에 일 본의 식민지였던 타이완으로 건너가 해군의 군항이 있었던 펑후섬의 마궁에서 병사를 상대했다. 이때 전차금은 2,500엔이었다.

   마궁에는 '해군어용'이라는 간판을 건 유곽이 스무 곳 정도 있었고, 창기 감찰을 받았기 때문에 군의에게 성병검진을 받았다. 주말이 되면 병사들이 몰려들어 여자 한 명이 열에서 열다섯 명을 받는 일도 있었다. 외출 시에는 주인의 허가증과 파출소의 감찰이 필요했다. 반년 정도 일해도 빚은 전혀 줄지 않아서 손님 한 명에게 부탁해 빚을 갚고 귀국했다. 그러나 친가의 가난 때문에 요코하마의 예창기 주선업자에게 부탁하여 3,000엔의 전차금을 빌려 다시 남양군도의 사이판섬으로 건너갔다. 그 뒤 트럭섬 나쓰시마의 해군위안소 '미하라시테이見晴亭'로 옮겼다. 그곳에서 낙적되어[44] 전쟁이 닥쳐오는 일본으로 귀환했다가 자비로 팔라우로 도항했다. '특요대特要隊'라는 이름의 '위안부' 여성들이 일하는 곳에서 접수 일을 했는데, 포화 속에서 우왕좌왕하다가 유곽 주인의 '3호셋째부인'가 되어 전후에 일본으로 귀국했다.

[출전]

『マリヤの讃歌』, 日本キリスト教団出版局, 1971年.

우에하라 에이코上原栄子〔기명 우에하라 가메上原かめ〕

우에하라 에이코는 1915년 6월, 오키나와 본섬에서 태어났다. 네 살이 되던 1919년에 계부가 어머니의 병원비를 마련하기 위해 쓰지 유곽에 19엔 50전에 팔았다.

　1944년 10월 10일의 대공습으로 쓰지 유곽은 전소되었다. 에이코는 "성의 환희를 준 요나바루与那原의 장교와 만나고 싶다며, 우시지마牛島[45] 각하에게 신청"해서 트럭섬에서 제32군 본부로 이송되었다. 그

44　(역자주) 기생, 창기 등의 빚을 갚아주고 기적(妓籍)에서 몸을 빼내는 것.
45　(역자주) 우시지마 미쓰루(牛島満, 1887~1945). 오키나와 전투에서 제32군 사령관을 역임했다.

후, 먼저 도착한 와카후지로若藤楼의 여자들을 남기고 '종군간호부'라는 명목으로 에이코 등은 마와시손真和志村 시키나識名 우에마上間마을의 급수부대에 배치되었다. '○○부대 위안소'라는 명칭이었다.

위안소에서의 생활에 대해 우에하라 에이코는 거의 말하지 않는다. 1945년 3월 23일에 함포사격이 시작되자 에이코 등은 '위안부' 삼십여 명과 신사에서 일하는 사람 몇 명이 시키나의 참호로 대피했는데, 세 명의 '고도모妓供'[46]가 죽었다. 군의 후퇴명령으로 트럭을 타고 이동한 에이코 등은 '유녀간호부'가 되었다. 서른 명이던 '고도모'는 일고여덟 명이 되었다. 6월 23일, 시마지리島尻에 있는 동굴의 우물 같은 참호에 몸을 숨기고 있었을 때 독가스가 살포되었다. 살려달라고 참호를 뛰어나간 순간, 여성들은 네댓 명의 미군 병사에게 잡혀 강간당한 뒤 포로가 되어 이시카와石川 수용소로 보내졌다.

[출전]

上原栄子,『辻の華: くるわのおんなたち』, 時事通信社, 1976年.

『辻の華』, 戦後篇 上, 時事通信社, 1989年.

정리 : 야마다 게이코山田恵子

요시다 도시코吉池俊子

야마구치 아키코山口明子

---

46 (역자주) 동료 유녀 또는 동료 '위안부'를 '고도모(친구)'라는 발음으로 바꿔 부르는 것으로 추정됨.

위안소 업자에게 들은 이야기

이시바시 나오코石橋菜穂子

"요즘 젊은 여자애들은 자기를 위한 한심한 생활을 위해서 '성매매'를 하지만, 옛날 유곽에서 일했던 애들은 백 명 중에 여든 정도가 부모나 마을을 위해서 그런 일을 했다. 옛날에 일본은 그 정도로 가난했다."고 Y는 말문을 열었다.

Y는 1910년 6월 11일생으로 효고兵庫현 아보시網干시 출신이다. 처음 만났을 때 Y는 89세였는데 아흔이 다 되어가는 나이가 느껴지지 않을 정도로 뭐라 말할 수 없는 색기가 있는 사람이었다.

Y가 유곽 경영에 관여하게 된 것은 열아홉 살 때였다. 숙부가 상당히 큰 규모의 유곽을 경영하고 있어서 그 밑에서 일하게 되었다. 숙부는 어렸을 때 양자로 갔기 때문에 Y와는 성이 달랐지만, 그를 귀여워해 줬다고 한다.

Y의 본가는 결혼식을 기획하고 운영하는 사업을 했는데 Y는 이를 '생선가게'라고 불렀다. 결혼식은 한 번에 3엔에서 10엔의 보수를 받

기 때문에 먹고 살기에는 곤란함이 없었지만, 심상고등소학교^{尋常高等}^{小学校} 2학년 때 숙부의 집에 놀러 간 것이 Y의 인생을 바꾸게 되었다.⁴⁷

숙모가 장부를 쓰고 있었는데 슬쩍 엿보니 몇십 엔, 몇십 엔이라고 적혀 있었다. 당시로 치면 꽤 높은 수입이었다. '이런 사업을 하면 좋겠는데'라며 부러워했지만, Y의 부모는 그런 일을 하는 것에 반대했다. 그런데도 끝내 단념하지 못한 Y는 부모에게 반항을 거듭하다가 집을 나왔다. 집을 나올 때, 어머니는 약간의 돈^{10엔}을 쥐어 주었다. 그길로 히메지성^{姬路城}에 가서 성의 북쪽 연병장에서 한 달간 일하고 받은 돈을 합쳐 오사카까지 가는 기찻삯으로 썼다.

1. 유곽에서의 수업

숙부가 경영하는 주요 유곽은 오사카의 마쓰시마를 중심으로 열일곱 채 정도가 있었다. 오사카 이외에 고베의 후쿠하라, 시모노세키^{下関}, 조선의 부산에도 있었다. 당시 숙부는 오사카에 있었는데 그를 찾아온 Y를 숙모의 친척이 맡아서 경영하고 있던 후쿠하라 유곽 '마쓰우라로^{松浦楼}'로 보냈다. 마쓰우라로는 3층짜리 누각으로, 그 규모가 매우 컸고 당시 창기가 120명 정도 있었다고 한다. 일본식 건물 안에 서양식 바^{bar}가 있는 형식으로 내부 장식도 굉장히 호화로웠다. 마쓰우라로로 보내질 때 Y는 숙부에게 "생판 남이라면 6할 정도만 일해도 정말 고마워하지만, 친척은 그 두 배로 일해도 조금도 고맙다고 여기지 않는 법이다. 그래도 참을 수 있겠냐"라는 말을 들었다고 한다.

숙부 밑에는 장래에 유곽을 경영하고 싶어서 일을 배우고 있는 사람

---

47 (역자주) 1941년 국민학교령이 제정되기 이전의 소학교로 심상소학교와 고등소학교 과정이 함께 있는 학교.

이 Y를 포함해 세 명 있었다. 다섯 살 많은 M과 한참 손위인 N이었다. M은 그렇다 치고 N은 구제旧制중학교를 졸업한 사람으로 굉장히 머리가 잘 돌아갔다. 요령도 좋고 숙부가 꽤 마음에 들어 해서 일을 시작하자마자 오사카 마쓰시마에서 두 번째로 큰 '가이세이칸開成館'이라는 유곽을 맡게 되었다. 히메지의 촌사람인데다 심상고등소학교 밖에 졸업하지 못한 자신이 이렇게 영리한 남자와 평범하게 경쟁하면 승산이 없을 것 같다고 생각한 Y는 잠자는 시간을 세 시간으로 줄이고 오로지 일만 하면서 가게를 맡을 기회를 기다렸다. 그런데 그 후 뜻밖의 결말을 맞게 된다. M과 N이 여자 문제를 일으킨 것이다. M은 가게의 '상품'인 창기 한 명과 정분이 나서 숙부에게 쫓겨났다. 영리한 N은 더 형편없었다. N은 자기에게 맡겨진 '가이세이칸'의 모든 창기와 성관계를 맺어 창가娼家의 질서를 어지럽혔고, 게다가 뇌매독에 걸렸다.

2. 센라쿠소 시절

"새해부터 이 집을 맡아 장사해 보거라!"라며 데리고 간 곳이 '가이세이칸'이었다. N에게 정나미가 떨어진 숙부는 그를 내쫓고 후계자로 Y를 발탁했다. 생각지도 못한 행운이었다. Y는 '가이세이칸'의 이름을 '센라쿠소仙楽荘'로 바꿔 경영자로서의 생활을 시작하게 되었다. 센라쿠소는 창기 47명이 있는 중견 유곽이었다.

센라쿠소를 맡기 전 Y에게는 7만 엔이라는 빚이 있었다. 이 돈은 센라쿠소의 한 달 매상에 가까운 금액이었다. 거액의 빚을 끌어안고 장사를 하는 것은 흔한 일이 아니었고, N 때문에 가게도 기울어 경영도 대단히 어려워졌다.

당시 창기는 주 1회 매독 검사를 받아야 했다. 센라쿠소의 창기들이

검사를 받으러 간 곳은 천신제天神祭로 유명한 이바라스미요시茨住吉에 있던 병원으로, Y는 그 이름을 잊어버렸다고 했는데 난바難波병원으로 생각된다.[48] 검진하면 반드시 서너 명은 성병에 걸려 있었다. 이상이 발견되면 즉시 입원하기 때문에 검진하고 돌아온 창기에게는 "수고했어"라고 말해주고 맛있는 걸 먹여 기분을 달래주곤 했다. 그렇지만 음식 재료를 구하기 어려워 시장 상인들이 근처를 흐르는 아지가와安治川 강에 버린 채소를 그러모아, 마치 사 온 것 같은 얼굴로 음식을 준비해서 창기들에게 먹였다. 그렇게 장사가 궤도에 오르던 참에 전쟁을 맞게 되었다.

3. 중국본토 진출

전쟁이 본격화되자 장사를 계속하기 어려워져 창기들에게 고향으로 돌아가라고 권했지만, '마쓰우라로'에서는 절반 이상의 창기가 귀향을 거부했기 때문에 어쩔 수 없이 해군 시설대가 있던 고베의 고등쇼센商船학교현재의 쇼센대학 근처에 있던 여관을 빌려 창기들을 두었다. 전차금이 정리되지 않았는데도 귀향을 권유한 것은 장사를 시키지 않고 창기들을 여관에 데리고 있기만 해도 음식세飮食稅가 붙기 때문이다. 그렇게 되면 가게는 손해만 볼 뿐이다. 하지만 창기들이 돌아가지 않았기 때문에 내지를 떠나 중국에 진출하기로 했다.

당시 '원외단院外団'이라는[49] 의회 밖의 정당 조직이 있었다. Y는 이 단

---

48 金沢甚左ユ門, 『松島新地誌』 日本印刷出版, 1958年, 35~45頁.

49 (역자주) 의원이 아닌 당원들이 의회 밖에서 조직한 정치단체. 제2차 세계대전 전의 일본 정계에서 특이하게 존재했는데, 선거전(選擧戰)에서는 시위행위나 선동적 연설로 자당의 승리를 꾀함과 동시에 때로는 원외의 대중을 동원하여 도각(倒閣)운동도 벌였다. 전후 정당

체의 부당수로부터 중국에서 위안소를 경영할 것을 의뢰받았다. 실제로는 하세가와長谷川 사령장관의 지령이었지만 군의 지령이라고 하면 번거로워지기 때문에 위탁과 같은 형식을 취했다고 Y는 말한다.

Y가 말한 '하세가와 사령관'은 Y의 증언이나 당시의 자료를 보면 하세가와 기요시長谷川淸로 추측된다[50]. 하세가와 기요시는 1938년 4월에 요코스카 진수부 사령장관에 취임했는데, 그 직전에는 지나 방면 함대 사령장관 겸 제3함대 사령장관으로 중국에 파견되어 있었다.

하세가와가 중국 근무를 명령받은 것은 7월에 루거우차오蘆溝橋 사건[51]이 일어나고 중일 전면전을 시작한 1937년 10월이었다. Y나 다른 업자가 중국에서의 위안소 경영을 의뢰받은 것은 중일전쟁을 앞둔 군용 위안소 준비였다고 생각할 수 있다. 루거우차오사건이 벌어진 뒤, 상하이 파견군은 서일본 각지의 유곽 업자에게 위안소 경영을 요청했다. 도비타飛田 유곽과 마쓰시마 유곽에 요청이 있었지만, 도비타 유곽의 업자들은 회의 끝에 요청에 응하지 않았고, 마쓰시마 유곽이 위안소 편성에 참여했다고 한다[52]. 이런 이야기가 업자들 사이에 퍼지면서 중국행을 결심한 Y는 신변을 정리하고 중국으로 떠났다.

루거우차오사건이 벌어지고 일주일 정도 지난 7월 중순에 Y가 1년 계약으로 처음 발을 들여놓은 곳은 상하이 '쓰센루四川路'의 '상하이후아탄上海華壇'이었다. 훗날 증언에서는 '상하이후아탄'이 항저우杭州에 있었다고 말했다. 그러나 여러 방면으로 조사해 보아도 Y가 말하는

조직의 정비가 진행됨에 따라 점차 모습을 감추어 갔다.

50 浅田勁,『海軍料亭小松物語』かなしん出版, 1994年, 46, 66~67頁.

51 (역자주) 1937년 7월 북경 교외의 루거우차오에서 중일 양군이 충돌한 사건으로 중일전쟁의 계기가 되었다.

52 長沢健一,『漢口慰安所』図書出版社, 1983年, 51~53頁.

'상하이후아탄'은 발견할 수 없었다. '상하이후아탄'은 중국에 있는 위안소의 사무소 격이었던 것 같다. 그곳을 거점으로 주위에 위안소를 만들고 여기저기로 확대해갔다. 그 규모는 약 30개소로 중지中支, 남지南支, 만주, 북지北支 전역에 만들어졌다고 한다. 한커우 위안소는 마쓰시마 유곽의 스기모토 일가 중심으로 경영하게 되어 상하이로 출발했다.[53]

그들이 상하이에 도착한 9월에는 중국군의 저항이 극렬하게 이어져서 도저히 영업할 상황이 아니었다. 상하이 병참감부兵站監部는 잠시 대기할 것을 명령했다. 그 후 항저우로 가서 야나가와柳川 병단의 지시로 교외에 장교클럽을 개설했다. 우한武漢 함락이 가까워오자, 난징에서 대기하다가 11월 17일에 창기를 데리고 한커우에 도착했다. 이때, 마쓰시마 유곽에서 온 여러 명의 업자와 고베 후쿠하라 유곽의 하세가와長谷川, 아라이新井, 이와사키岩崎 등도 한커우 위안소가 있던 지칭리에 들어와 있었다. 하세가와와 아라이는 후쿠하라 유곽에서 유력자였던 '아오야기로青柳楼'의 우쓰 시치로宇津七郎가 지배인으로 고용했던 남자들의 이름이라고 Y는 증언하고 있다.

한커우 위안소에 대해서는 야마다 세이기치의 저서 『우한병참』[54]에서 상세히 알 수 있다. 내지의 마쓰시마 유곽, 후쿠하라 유곽의 기루妓楼도 본점의 이름을 따서 이곳에 지점을 냈다. 기루는 전부 열한 채. 『우한병참』에 있는 「한커우 특수위안소 도면」에서 마쓰우라로의 이름을 확인할 수 있다. 같은 도면에 나와 있는 도조로東成楼는 하세가와와 아라이가 공동경영하는 위안소를 개설한 것이다.[55]

---

53 앞의 책.

54 山田清吉, 『武漢兵站』, 図書出版社, 1978年, 76~77頁.

55 앞의 책.

Y는 1년 계약이었지만 나이가 많은 아라이를 제외하고 하세가와와 스기모토는 1945년 무렵까지 군속 자격을 부여받아, 내·외지를 오가며 한커우의 위안소에서 종사했다. 지칭리에는 조선인이 경영하는 기루가 몇 곳 있었고, 그곳에 있던 '위안부' 수는 내지인 150명, 조선인 '위안부' 150명으로 알려져 내지·조선 혼성형 위안소였다고 한다. Y에게 조선인 '위안부'에 관해서 물으면 어김없이 기분 나빠했다. "나는 일본인은 본 적이 있지만 조선인 '위안부'는 본 적이 없다. 중국 창부는 본 적이 있다"라고 말했다. 『우한병참』에 나온 「한커우 특수위안소 도면」에서 마쓰우라로 옆집이 조선인이 경영하는 위안소였다는 사실을 알 수 있다. Y가 모두 일본인 '위안부'였다고 속이는 이유는 알 수 없다.

Y는 루거우차오사건이 일어나고 일주일 정도 지난 7월 중순에 상하이로 세 척의 선단을 꾸려 도항했다. Y 일행은 'S'라는 육전대陸戰隊[56] 대장을 선두로 한 군함 뒤를 급량함糧艦[57]으로 따라갔다고 한다. '위안부'는 병참이 관리하는 군수물자로 취급되었기 때문에 군함에 타는 것이 허용되지 않았다. Y는 이 S라는 남자에게 호되게 당한 적이 있다. "루거우차오사건 이후 중국에서는 전투가 계속되었다. 중국으로 건너가는 게 처음인 우리는 육지에 먼저 내리게 되었다. 육지에 내리는 순간 탕탕! 탕탕! 하고 총소리가 울려 퍼져서, 깜짝 놀라 근처의 벽돌로 만들어진 창고로 도망쳐 들어가 그 안에서 사흘 밤낮을 숨죽이며 보냈다. 당시 중국의 전장에서는 이런 일이 일상다반사였다고 들었다. 그러나 뒷날 우리를 총알받이로 이용했다고 들었을 때는 이루 말할 수 없는 분노를 느꼈다"고 말했다. 다행히 이 공격은 중국군이 위협 차원

---

56   (역자주) 일본해군이 편성한 육상 전투부대.
57   (역자주) 작전 수행 중인 함대에 식량을 공급해주는 배.

에서 한 것이었기 때문에 Y가 데려온 서른 명 중에 다친 사람은 한 명도 없었다.

『한커우 위안소』에 의하면 지칭리는 1938년 11월에 탄생했고, 그 전에 이미 한커우가 함락된 10월 무렵에 바로 생긴, 조선인이 데려온 '위안부'가 한 채에 열 명 정도 있는 위안소가 네다섯 채 있었다. 일본 업자가 지칭리에 위안소를 개설한 것은 함락되고 약 한 달 뒤이며, 우한 함락과 동시에 상하이나 난징에서 대기하고 있던 매춘업자들이 '위안부'를 인솔해서 속속 우한으로 향했다고 한다. 그들은 파견군의 군수품으로 취급되어 먼저 수송되었다. 기록으로 유추해보면, Y는 1937년 7월 중순에 상하이로 향했다고 하지만 루거우차오사건이 일어나고 일주일 후에 요청을 받고 준비를 해서 9월 즈음에 상하이로 건너간 것이 아닐까 생각된다. 또한 마쓰시마 유곽의 스기모토 일족과 함께 상하이로 건너간 것으로 추측된다.

1937년 8월에는 제2차 상하이사변이 일어났고, 9월에는 중국군의 완강한 저항으로 전선은 교착상태가 계속되고 있었다. 이런 와중에 영업할 수는 없었고 상하이 병참감부에서 당분간 대기하라는 명령이 내려졌다. 스기모토 일행은 1937년 10월에 병참감부로부터 항저우로 진출하라는 명령을 받았다. 항저우 교외에 장교 클럽을 개설했다는 기술이 있는 것으로 보아 Y의 증언과 일치한다. 그 뒤 우한 함락이 가까워져 왔기 때문에 스기모토 일행은 난징으로 복귀해서 대기하고 있었는데, 상하이에서 온 배에 편승하라는 명령을 받고 지칭리로 들어갔다.

내가 Y와 스기모토 일가의 관계에 천착하는 것은 "내가 직접 중국에서 위안소 경영을 한 것이 아니라, 내게 명령하는 지배인이 있었고 나는 '위안부'를 관리하는 일을 했다"라는 증언과 마쓰시마 유곽의 중심이 스기모토 일족이었기 때문이다. 중견 유곽인 센라쿠소를 경영하고 있던 Y와 관계가 없을 리 없다. 그러나 Y는 "관리를 했기 때문에 자세한 명령계통 등은 잘 모른다"라며 질문을 피했다. 또한 "한곳에 머무르지 않았기 때문에 중국에서의 '위안부' 생활에 대해서도 잘 모른다"라고도 이야기했다. '위안부'를 관리하기 위해 내지와 중국을 오가는 일을 반복했다는 것이다. 관리자의 일은 생활필수품_{의류, 신발, 콘돔}의 수송과 알선이었다고 한다. 중국에는 길게는 한두 달 머물렀으며 이동 방법은 다양했다. 자주 사용했던 경로는 조선의 부산을 경유하는 길이었다. 어디까지나 관리자로 경영에는 그다지 관여하지 않았다고 우기는 이 부분은 여러 번 말이 바뀌었다. 상하이에 건너간 날짜도, 지칭리가 탄생한 시기도 오차가 있어 기억의 혼란이 엿보인다. 그 밖에도 중국에서의 일을 이렇게 말한다. "중국에 들어가자마자 일본인이 함부로 행동하는 데 질려버렸다. 전쟁이라는 극한의 상태는 병사들이 제정신을 잃게 만들어 중국인을 강간, 살육, 약탈하는 일이 끊이질 않았다. 살생으로 인해 정상적인 사고를 할 수 없게 된 병사들에게 중국인 여성들은 강간을 당해도 도망치지 않았다. 도망치면 죽는다는 사실을 알고 있었기 때문이다. 치안을 안정시키기 위해 내지에서 '위안부'를 데리고 오기도 했지만 그 수가 절대적으로 모자랐고 허탕 친 병사들이 길거리에서 강간하는 데 열을 올렸다." Y는 자신들의 필요성을 정당화하고 싶었을 것이다.

처음에는 서른 명 정도 데려갔지만 그 후에도 '위안부'를 모으러 내지와 중국을 오갔다. 가라유키唐行き[58]와 같이 강제나 유괴 같은 일을 하지 않더라도 경제적으로 빈곤한 지역, 특히 규슈 지방의 농촌이나 어

---

[58] (역자주) 규슈의 아마쿠사(天草) 제도 부근에서 동아시아나 동남아시아 등지의 해외 유곽에 고용되어 떠난 여성들을 의미함.

촌에 가면 금방 충당할 수 있었다고 한다.

Y는 규슈로 여자아이를 '사기' 위해 갔을 때의 일을 이렇게 말해주었다. 여자애들은 가난한 농촌이나 어촌 출신이 많다. 딸을 팔고 싶어하는 집은 입구에 문이 없고 찢어진 거적 같은 것이 걸려있어 어둡고 지저분했다. 이런 마을은 변두리에 많았다. 그런 집은 대부분 딸을 팔라는 얘기에 달려들었다. Y가 직접 현지 여성을 '매입'하러 갈 때는 반드시 그 마을의 쌀장수를 데리고 갔다. 그날 끼니가 부족한 집은 현금거래보다도 눈앞의 쌀가마니에 약하다. 그 자리에서 '이 딸은 쌀 몇 가마'라는 식의 교환이 이루어진다. 거래가 성사되었을 때 브로커나 기루의 주인이 와 있으면 딸의 아버지가 음식을 대접하는 것이 관례가되어 있었다.

가난한 집들의 음식은 제각각이었지만 특히 놀란 요리는 '살무사밥'이었다. 딸의 몸값으로 받은 쌀에 뱀을 넣고 지은 밥. 맛있어서 만드는 법을 묻고 봉당으로 따라가 '살무사 잔해'를 봤을 때 다시 한번 빈곤을 통감했다. 보통 Y는 전속 소개인을 세 명 끼고 있었고, 그 세 사람은 규슈 지방 중심으로 여성들을 모으고 있었다. 모인 여자아이들은 여섯 살부터 아홉 살이 가장 많이 거래되었다. 열여덟 살이 될 때까지 예의범절을 배웠고, 어느 정도 교양을 갖추지 않으면 Y 같은 기루의 주인이 비싸게 사지 않기 때문에 소개인은 학교에도 다니게 했다.

'위안부'로 중국에 건너가는 경우에도 내지와 마찬가지로 절차가 필요해서 전차금이 없으면 중국으로 건너갈 수 없었다. 그 때문에 고용살이가 끝나더라도 빚을 갚지 못 하는 일이 허다했다. 1년 계약으로 중국에 건너간 Y였지만 계약을 몇 번이나 연장했다.

4. 중국의 위안소 시스템

중국에서의 이동위안소는 우선 각 경영자에게 끌려온 '위안부'를 대여섯 명씩 나눈다. 그 대여섯 명이 열 명 전후의 그룹으로 다시 편성되고, 그 그룹이 군대와 함께 행동한다. 그때 경영자는 ○○부대라는 식으로 표시된다. "나와 같은 시기에 중국에 있던 모리와키森脇 부대의 모리와키라는 남자는 이전에 마쓰우라로에서 일했고 그 뒤 도쿄로 갔다"고 한다. 모리와키라는 인물은 야마다 메이코의 저서 『'위안부'들의 태평양 전쟁』[59]에 나오는, 육군성의 소환을 받고 군을 위해 중국에서 위안소 경영을 위탁받은 가메이도亀戸 명주옥 조합장 모리와키 고지로森脇幸二郎로 추정된다.

육군위안소는 장교·간부 그룹, 하사관 그룹, 단기공원短期工員 이렇게 세 계급으로 나뉜다. 세 계급으로 구성된 위안소에서는 계급을 벗어나 '위안부'를 사는 것이 허락되지 않았다. 중국 본토에는 해군이 거의 없었고, 있다고 해도 육전대였기 때문에 해군 관계자가 위안소를 이용하고 싶다면 계급에 맞는 위안소로 비밀리에 가면 됐다. 따라서 중국에서는 육군위안소만으로 충분했다. 중국행을 희망하는 '위안부'는 내지에서는 도저히 갚을 수 없는 빚을 떠안고 있는 경우가 대부분이었기 때문에 하루에 상대하는 수가 내지보다 훨씬 많은 외지를 선택했다. Y의 위안소는 일본인 '위안부'만 있었기 때문에 '장교 그룹'이었다. 위안소는 원칙적으로 군인만 이용했지만 민간인도 군표를 내면 육군위안소를 음성적으로 이용할 수 있었다. 위안소를 이용하려면 성병 예방을 위해 콘돔을 사용하는 것이 의무화되어 있었다. 매독검진은 육군병원에서 했다. 내지만큼 정기적으로는 이루어지지 않았는데,

---

59　山田盟子, 『慰安婦たちの太平洋戦争』 光人社, 1991年, 28, 169頁.

한 달에 한 번꼴이었다. 최전선의 이동위안소에서는 검진이 거의 없었다.

그러한 생활을 1년 정도 계속한 뒤, Y는 다른 사람에게 사업을 맡기고 태평양전쟁이 시작될 때까지 내지에 돌아와 있었다. Y는 군인 냄새가 진동하는 중국에서의 위안소 시절의 일은 그다지 말하고 싶어 하지 않았다.

5. 트럭섬 시절

태평양전쟁이 시작되었다. 위안소 일에서 잠시 멀어져 있던 Y는 다시 '원외단'의 요청(Y는 야마모토 이소로쿠山本五十六 사령장관의 명령이었다고 한다)으로 캐롤라인 제도의 트럭섬에 위안소를 만들었다. 『'위안부'들의 태평양전쟁』에 의하면 특요원特要員이라 불리는 낭자군娘子軍, 즉 해군용 '위안부'로는 오사카의 도비타, 마쓰시마 유곽이나 그 부근의 사창, 고베의 후쿠하라 유곽의 여자들이 많았다고 한다.[60]

Y는 고베에서 후쿠하라나 오사카의 '위안부'들을 태워 트럭섬으로 향했다. 종군하는 일본인 '위안부'가 간사이, 특히 규슈에 집중된 데에는 이유가 있다. 우선, 지리적 요인이다. 규슈는 일본에서 가장 대륙에 가까운 지역이다. Y는 중국에서 위안소를 경영하던 시절, 규슈에서 배를 타고 조선의 부산을 경유하여 목적지까지 가는 일이 많았다. 오사카의 마쓰시마 유곽이나 도비타 유곽, 그리고 고베의 후쿠하라 유곽에 모인 창기의 고향은 규슈의 시마바라나 요부코呼子·아마쿠사天草가 많았다. 아시아에 가까운, 빈곤층이 많은 이들 지역에서 여성들을

---

60 앞의 책.

사들여 그 길로 중국으로 향했을 것이다.

Y의 말에 따르면, 옛날부터 요부코는 어업을 주로 하는 마을로 남자들이 고기를 잡으러 나간 뒤나 고기를 잡지 못 해 먹을거리가 없을 때는 여자들이 남자를 대신해 돈을 벌었다고 한다. 해안에서 보이는 가까운 조선의 배나 어딘가 먼 곳에서 온 배를 손짓으로 불러들여, 몸으로 벌어 먹고살던 데에서 이 지명이 붙었다고 했다. 요부코의 요부呼ぶ는 '부르다'라는 뜻이다. '가라유키' 시대부터 만연했던 어촌의 빈곤함이 딸을 파는 비극으로 이어진 일과 처음에 간사이의 기루 주인이 일본군의 요청을 받고 위안소 경영을 한 것과도 연관이 있을 것이다. 이러한 배경이 엄청나게 많은 규슈 출신 '위안부'를 낳게 했다.

트럭섬은 여러 개의 작은 섬으로 이뤄진 군도이다. 본거지는 가장 큰 하루시마春島, 현재는 웨노섬로, 여러 설비가 완비되어 있었다. 해군병원은 나쓰시마에 있었다. 아키시마秋島에는 죄수들이 만든 군항이 있었고 나쓰시마에 대규모의 위안소가 있었다.

Y에 의하면, 그가 경영하던 위안소는 아사다 이사오의 저서 『해군 요정 고마쓰 이야기』[61]에 나오는 '고마쓰小松' 근처에 있었다고 한다. '고마쓰'란 요코스카에 있는 창업 100년을 자랑하는 오래된 요정으로, 해군 중진부터 경제·정치·문화 각계의 다양한 사람들이 자주 이용한 요정이다. '난카료南華寮'는 Y가 경영하던 위안소일 가능성이 높다. '난카료'에서 엎어지면 코 닿을 곳에 있던 '난고쿠료南国寮'가 조선인 '위안부'가 있던 위안소였는데도 Y는 여기에서도 조선인 '위안부'의 존재를 인정하지 않았다.

위안소 이외에도 다양한 오락 시설을 포함한 민간시설이 모여 있었

---

61 浅田勁, 『海軍料亭小松物語』 かなしん出版, 1994年, 46, 66~67頁.

다. 그 모습은 마치 작은 일본 같았다. 그 외의 섬은 작아서 공공시설은 없었지만, 소규모의 위안소가 만들어졌다. 시설이 정비되지 않은 곳에는 '위안부'가 파견되었다. 중국과 마찬가지로 표면상으로는 원외단의 요청이었지만 실상은 야마모토 장관의 요청에 의한 것이었다고 Y는 자주 얘기했다. 이때 연합함대 사령장관을 맡고 있던 이는 야마모토 이소로쿠이다. 그의 명령이 여러 사람을 매개로 Y에게 내려진 것일까? 그 후 Y는 요코스카에서 '주임관奏任官[62] 대우'로 '오타카마루大鷹丸'를 타고 해군위안소로 향했다. 그때 '위안부'들은 중국에서처럼 군수품으로 취급된 것이 아니라 '판임관判任官[63] 대우'로 배에 올랐다.

육군의 엉성한 대응과 달리 해군은 놀랄 만큼 체계적이었다. 중국에서는 원래 있던 집을 위안소로 사용했는데, 트럭섬에서는 위안소용 시설을 만들어 20~50명 단위로 '위안부'를 두었다. '야마토大和'나 '무사시武蔵'와 같은 큰 군함이 이 섬에 기항하면 승조원이 위안소를 이용했기 때문이다. 상륙에는 '육현상륙六弦上陸', '팔현상륙八弦上陸'과 같은 시스템이 마련되어 있었다. 육현상륙이란 승조원을 6회로 나눠 섬에 상륙시켜 위안소 등 그 밖의 오락 시설을 이용하게 하는 시스템이다. 8현은 8회로 나눈다는 것이다. 큰 배의 경우 몇천 명 단위로 승선하기 때문에 '위안부'의 수가 부족하다. 또 한 번에 모든 승조원을 수용하기에는 섬의 시설이 부족했기 때문에 이런 시스템이 매우 중요했다. 구체적으로 생각해보면 가령 1현에 30명, 1일 6회면 180명. 이것을 며칠 동안 반복하면 모든 사람이 섬에 상륙할 수 있다. 그때 배가 섬에 가까워지거나 멀어지는 모습이 마치 활시위弦처럼 보여서 이렇게 불렸다고 한다.

---

62 (역자주) 옛날 관리 직급 중 하나.
63 (역자주) 가장 낮은 직급의 관리.

'위안부'의 유희료遊戱料도 제각각이다. 군속이더라도 배를 건조하는 등 단기로 일하는 사람들은 바로 내지로 돌아가기 때문에 이용할 수 없었다. 이용시간은 육군과 마찬가지로 '단발單發' 30분이었는데, 5분 전까지 마치는 것이 철저하게 지켜졌기 때문에 25분 만에 끝내야만 했다. 이 섬들을 찾는 것은 큰 배뿐만이 아니었다. 트럭섬은 해군의 급유지점이기 때문에 '이라고伊良湖'나 '마미야間宮' 등의 급량선도 정기적으로 방문했다. 그 배들은 일주일 정도 체재하고 일본으로 돌아갔다. 사령부나 군함 '야마토', 위안소 관계자가 일본에 돌아갈 때는 이 배를 이용했다.

'위안부'들은 한 장소에 모이는 것이 아니라 한 동에 30~40명 정도로 몇 군데로 나뉘어 있기 때문에 하루에 상대하는 수는 대체로 정해져 있었다. '위안부'들의 일은 '남자의 상대'만으로 청소나 일상의 잡다한 일은 '토민土民'을 이용했다고 한다. '토민'이란 말은 굉장히 차별적인데 Y의 얘기에는 자주 등장했다. 실제 '토민'이 있는 위안소는 만들어지지 않았지만 특히 군속들이 '토민'을 현지처로 삼는 현상이 많이 발생하여 전후 복원復員[64] 때 큰 문제가 되었다고 한다.

Y는 트럭섬에서 '위안부'를 관리했다. 하루 매상을 계산하고 사용된 군표를 정리하여 매일 사령부에 들고 가서 도장을 받아오는 것이 주된 일이었다. Y는 "여자를 대는 장사를 하는 사람이 트럭섬 안에 있는 군 사령부에 가는 것이 이상하게 생각될지도 모르지만 여자들을 데리고 있었기 때문에 계급이 높은 군인들도 복도에서 만나면 모두 나에게 인사를 했다. 기분이 좋았다"고 말한다.

트럭섬은 1년 계약이었기 때문에 그 뒤 일본으로 귀국했다. 계약을

---

64 (역자주) 전시체제의 군대를 평시체제로 전환하여 병사의 소집을 해제하는 것을 의미하며 일본이 패전 후 실시한 군인·군속에 대한 귀환을 가리킨다.

마치고 일본에 돌아올 때 미국 잠수함으로부터 공격을 받았다. 구조된 것은 Y가 탄 '아키바마루秋葉丸' 뿐이었다. 사실 Y는 '주임관 대우'로 트럭섬에 왔기 때문에 '야마토'나 '무사시'와 같은 큰 군함을 타고 돌아가고 싶었지만 사령부 사람들은 비행기로 돌아갈 것을 권유했다. 그러나 '위안부'를 배에 태우고 자기만 비행기로 돌아가는 것은 내키지 않았기 때문에 같은 배를 타고 돌아가기로 했다.

'아키바마루'[65]는 요코스카항에 도착했다. 궁성을 참배한 후 주변의 관련 시설에서 귀국 수속을 하고, 함께 귀국한 '위안부'와 니쥬바시二重橋 앞에서 기념촬영을 했다. 함께 돌아온 '위안부' 가운데는 계약기간이 끝나지 않은 사람도 있었지만 어느 정도의 쌀과 돈을 가지고 귀국했다고 한다.

6. 패전 후 점령군위안소 시절

패전 후, 트럭섬에서 귀국해 느긋한 생활을 하고 있던 Y에게 니시미야西宮 경찰서장이 위안시설 개점을 요청하는 전화를 했다. 그 뒤에도 요청이 집요하게 계속되어 Y는 소개지疏開地인 히메지의 마가리曲里부터 무코강武庫川변의 '분도야文堂屋'라는 여관이었던 건물에 '스이메이칸水明館'이라는 진주군 전용의 특수 '위안시설'을 만들었다.

'스이메이칸'은 바로 다른 사람에게 맡겼지만 규모는 한 동에 25~30명 되는 위안시설이었다. 진주군이 좋아하도록 세일러복을 만들어 입혔다. 또 한 채, 아마가사키尼崎의 다치바나立花에 있던 회사의 숙소를 개량해서 경영했다. 건물의 중앙 부분이 중정으로 된 상당한

---

65 中束徹夫, 『トラック島第四海軍病院: 日赤従軍看護婦の手記』, 中束徹夫, 1964年, 50頁.

규모의 건물이었다고 한다.

시설 개점에 즈음에 Y에게 풋내기 처녀가 찾아왔는데 진주군에게 무얼 해 줘야 돈을 벌 수 있는지조차 모르는 애들이 있는 형국이었다. 또한 마을에는 점점 '팡팡'이 넘쳐나고 있었다. 이 일에 싫증이 나기 시작한 것은 바로 그 무렵이었다. 그때부터 매춘금지법이 시행될 때까지 다른 사람에게 그곳을 맡기고 다른 일을 했다고 한다.

전시 성폭력 하에 끌려온 외국의 '위안부'와 일본인 '위안부'는 다르다. 그러나 '위안부'로서 성을 착취당한 것은 다르지 않다. 다양한 지원을 받는 중국, 조선 또는 그 밖의 나라들의 ㄱ '위안부'들은 피해자로서 이름을 올릴 수 있었다. 일본인 '위안부'의 대부분은 그렇게 하지 않았다. 같은 민족으로서 여성 자신이 일본에서 살아가는 데 창기라는 과거는 사회적으로도 가정적으로도 숨기고 싶은 치부였기 때문에 일본 안에서는 이야기할 수 없었던 것이다. 나는 어릴 적에 할머니에게 이런 이야기를 들었다. 할머니 집 근처에 있던 큰 채석장이 있었다. "이 집 안주인이 옛날에 창녀로 날렸대." 몹시 불쾌한 말투였다.

오키나와 바쇼시키 위안소의 사례:
히라오카 지쥬의 증언

다바 사치코田場祥子

들어가며

오키나와沖繩현 구니가미国頭군 모토부초本部町 나미자토並里의 바쇼
시키에 있던 자택이 위안소로 접수接收된 경험이 있는 히라오카 지쥬
平岡知重〔바뀌기 전의 성은 요헤나鐃平名〕의 증언을 통해, 오키나와 여
성이 '위안부'가 된 위안소의 일례를 소개한다. 히라오카는『야에다
케·고향 바쇼시키 기념지八重岳·ふるさと芭蕉敷記念誌』에서 위안소에 대
해 증언한 고故 요헤나 지히로知寛의 형이다. 기념지에서는 지히로가
위안소에 대해 말하고 있다. 히라오카 지쥬는 이 기념지에 다른 추억
에 관해 썼는데, 고인이 된 요헤나 지히로 대신에 그의 형인 히라오카

---

66 (역자주) 파초(芭蕉)가 많이 자생하여 바쇼시키(芭蕉敷)라고 이름지어진 마을.

지쥬를 방문해서 위안소에 대해 자세한 증언을 들었다.

바쇼시키에 위안소가 있었다는 정보를 입수하고, 2012년 5월 16일에 요헤나가家의 자택이었던 위안소의 흔적을 찾아 나섰다. 5월 18일에는 현지인 세 명의 입회 하에 모토부 반도 야에다케 중턱에 있는 바쇼시키의 위안소 위치를 확인할 수 있었다. 그 후 2012년 5월 30일, 2013년 3월 20일, 같은 해 8월 26일에 히라오카의 증언을 청취했다.

히라오카의 생가인 요헤나가는 증조부 시대에 구니가미군 모토부초 도요하라豊原, 해양박람회가 개최되었던 곳에서 바쇼시키로 이주했다. 몹시 황폐한 산림과 벌판을 개간해 자급자족하면서, 부업으로 바쇼포芭蕉布[67]를 짜고 가축을 기르며 생계를 유지했다. 히라오카는 1930년 10월 23일, 아버지 요헤나 지유키知幸와 어머니 시즈シズ 사이의 사남사녀 중 삼남으로 바쇼시키에서 태어났다. 1934년 무렵 아버지는 남양군도 로타Rota섬에 돈을 벌러 나가 있었다.

1944년, 오키나와에 제32군이 설치되자 군수물자를 넣어두는 방공호가 많은 바쇼시키에 여러 부대가 주둔하게 되었다. 군은 모토부 국민학교를 아카쓰키曉부대육군의 선박부대, 이에지마伊江비행장과 본섬의 도구치渡久地항 사이에 물자를 운반하는 데 이용했고 청년단이 훈련하는 곳으로도 이용했다『야에다케·고향바쇼시키 기념지』.

맏형은 사이판의 우편국에서 근무하다가 현지에서 소집되었다. 둘째 형은 사세보佐世保의 군수공장에 갔다가 그 후에 지원병이 되어 군속으로 출정했다. 두 명의 누나는 결혼해서 출가했기에 위안소로 사용될 당시 집에는 어머니와 셋째 누나, 지쥬삼남와 지히로사남, 여동생사녀 이렇게 다섯 명이 남아 있었다. 지쥬는 당시 열네 살이었다.

---

67 (역자주) 파초섬유로 짠 천, 오키나와 명산물.

1. 자택이 위안소로 접수된 경위

내가 태어난 집은 모토부 반도의 야에다케 중턱에 있었다. 우리 집은 농업으로 생계를 꾸렸는데 아버지가 남방에 돈 벌러 가고 나서부터는 어머니가 혼자서 농사를 지었다. 위안소로 접수될 즈음에 우토宇土부대와 히라야마平山부대, 포병대와 육전대 등 여러 부대가 있었다.

어느 날, 독립혼성 제44여단 제2보병대장 우토 다케히코宇土武彦 대좌가 이끄는 구니가미지대国頭支隊인 우토부대 군인이 갑자기 집에 찾아와서 이곳을 위안소로 사용하겠다고 하여 거부하지 못하고 접수되었다. 1944년 10월 10일 대공습 이후인 11월인가 12월쯤이었던 것 같다. 안채는 전부 위안소용으로 빼앗겨서 우리는 안채 남쪽에 있던 외양간을 치우고 거기서 생활하게 되었다.

그즈음에 나는 농병대 일을 돕기 위해 강제로 학교에서 끌려나갔다. 집집마다 남자들이 군대에 가서 일손이 모자랐기 때문이었다. 말하자면 근로봉사 같은 거다. 그래서 접수될 당시에 나는 집에 없었다. 그때는 일손이 부족해서 학교에 간다고 해도 제대로 다니지 못했다. 학교가 아닌 농병대 작업 현장으로 바로 갔다. 농병대에서 집으로 돌아오니 위안소가 세워져 있었으며 군인들이 드나들고 있었다. 이런 이유로 나는 위안소가 세워지는 모습은 보지 못했다.

오키나와에는 방이 넓은 집이 많은데, 우리집은 새로운 방식으로 지어져서 1번 방, 2번 방, 3번 방, 이런 식으로 방이 나뉘어 있었다. 그리고 집 뒤에 2,000평 정도의 산이 있어서 위안소를 증축하기 위한 목재를 손쉽게 구했다. 벌채한 나무는 건조하지도 않고 그대로 사용했다. 정원과 밭이 넓어서 파초나 귤을 심기도 하고 공터가 있어 새로 위안소 건물을 지을 여유가 있던 것도 우리 집이 위안소로 선택된 이유가 아니었나 싶다. 집을 위안소로 빌려준 대여금은 일절 받지 못했다.

오키나와에서는 부업으로 파초를 심었다. 파초를 삶아 섬유만 뽑아서 옷감바쇼포을 만들어 팔았다. 입구부터 안쪽까지 쭉 파초를 심었는데, 위안소 건물을 지을 곳의 파초는 전부 베어졌다.

2. 위안소 건물

문에서 집 안으로 들어가 왼쪽에 있는 돌계단을 오르면 안채가 있었다. 안채에는 도코노마가 딸린 다다미 넉장 반짜리 방 하나와 여섯 장짜리 방 두 개마루방가 있었는데, 이 세 개의 방이 위안소로 사용되었다. 그 외에 산실産室과 부엌, 봉당은 위안소로 사용되지 않았다.

군은 우리 집 뒷산에서 나무를 잘라다가 목수에게 위안소 건물 세 동을 짓게 했다. 새로 지은 위안소 건물 세 동은 전부 단층으로, 야전병원처럼 창을 내고 한 명씩 들어갈 수 있게 판자로 벽을 세워 나가야[68]長屋처럼 칸을 나누었다. 마루방에는 다다미를 깔았던 것 같다. 한 동에는 여섯 장짜리 방 세 개, 나머지 두 동에는 여섯 장짜리 방 두 개를 각각 만들었다. 그중 안쪽에 뒷산과 가까운 여섯 장짜리 방 두 개에는 부엌이 딸려 있었고, 우토 대좌의

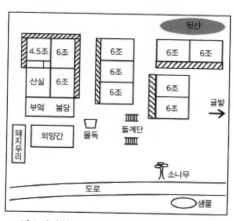

바쇼시키 위안소의 약식도 (작성: 다바 사치코)

---

68 (역자주) 여러 가구가 하나의 건물 안에서 벽을 공유하는 형태로 구성되는 공동 주택의 유형.

정부였던 여자가 지내면서 대좌 전용 방으로 사용했다. 안채는 개조하지 않고 그대로 썼는데, 도코노마가 딸린 넉장 반짜리 방은 부대장인 듯한 사람의 전용 방이었던 것 같다. 새로 만든 방과 안채의 방을 포함해서 열 개의 방이 모두 위안소로 사용되었다. 나중에 각각의 방 바깥쪽에 두 자 폭의 툇마루를 만들어 붙였다.

3. 위안소 관리

산 중턱에는 포병대, 그 위쪽으로는 또 무슨무슨 부대, 이렇게 상당히 많은 부대가 있었다. 부대의 막사는 산 위와 강 근처 등 여기저기에 있었다. 히라야마부대와 우토부대는 기억나지만 그 외에 어떤 부대가 있었는지는 모르겠다. 우토 대장은 말을 타고 와서 그대로 문을 지나 걷지 않고 자기 전용 방 앞까지 갔다. 대장이 오면 다른 병사들은 매우 정중하게 경례를 했다. 대장은 마음대로 자고 갔다. 병사들은 자고 갈 수 없었다. 다음 병사들이 줄줄이 순서를 기다리고 있었기 때문에 위안소를 사용할 수 있는 것은 한 번뿐이었다.

위안소에 관리인 같은 사람은 없었다. 접수를 담당하는 사람도 없었던 것 같다. 티켓 같은 것이 있었는지, 나는 어린아이였기 때문에 그것까지는 잘 모르겠다. 위안소에 오는 병사는 본인이 몇 번째인지 혹은 몇 시부터인지 시간이 정해져 있었다. 부대에서 할당을 받고 온 것 같았다. 우선 계급이 높은 장교부터 정하고 그다음에 일반 병사 차례일 텐데 이등병 따위까지 순서가 오지 않는 경우도 많이 있었을 것이다. 위안소에 온 병사는 방 앞에 줄을 서 있었던 것 같다.

나중에 군대가 전부 철수하고 나서 어떤 부부가 관리인처럼 굴면서 집 문제를 처리해야 한다며 찾아왔다. 패전 후에 그들은 군대 소유라며 건물을 부수고 목재를 전부 가져가 버렸다. 그 목재로 자신들의 집을 지었다는 소리를 들었다. 어머니는 자기가 여자라서 바보 취급당했다고 노여워했다.

4. 위안소에 있던 여성들

위안소에는 총 아홉 명의 여성이 있었다. 아홉 명 모두 오키나와 현지 여성이었다. 나하那覇의 쓰지 유곽에서 강제로 끌려왔을 것이다. 사용하는 말을 들어 보면 오키나와 사람이라는 걸 알 수 있다. 규슈나 내지內地 사람이 아니다. 그 정도는 어린애들도 구별할 수 있다.

　나이가 제일 많은 사람은 우토 대좌 전용의 여성이었던 것 같다. 그 외에 나이가 들어 보이는 여성이 두 명 있었는데 20대 후반 또는 30대, 대장과 부대장 전속인 것 같았다. 이 두 사람이 다른 젊은 일곱 명을 관리하는 암마抱親[69] 역할도 한 것 같다. 연장자가 제일 높고 그보다 젊은 여자가 두 번째인데, 다른 사람들을 단속한 듯하다. 이 둘은 나머지 일곱 명과는 달리 곱게 치장하고 있었는데, 이를 봐서도 대장과 부대장의 전용이었다는 생각이 든다. 나머지 일곱 명은 10대였다.

　우리 어머니는 자기에게도 다 큰 딸이 있어서인지 그 여성들이 가여운 듯 "몇 살인고?"라며 나이를 물었다. 제일 어린 여자애가 15세 정도여서 "너히라오카랑 동갑내기란다"고 말했다. 이런 부류의 사람들은 이 상황이 자신의 숙명이라고 여기는 상태로 온다. 이런 일을 했기 때문에 어느 정도는 업신여김을 당했다. 계속 남자를 상대해야 하는데 그게 바로 그들의 직업이니까. 그들은 '쥬리'로 불렸다. 그 시절에 가난한

69　(역자주) 엄마를 뜻하는 오키나와 방언.

집의 딸은 어릴 때부터 쓰지로 팔려 갔는데 이를 '쥬리 팔기'라고 했다. 남자아이는 '이츄망糸滿 팔기'[70]로 어부에게 팔렸다.

그곳은 산 중턱이어서 그녀들은 어디에도 돌아다닐 만한 곳이 없었다. 게다가 돌아다닐 틈도 없었다. 그녀들은 대낮에도 저쪽군부대에서 부르거나 몇 명이 오면 상대하지 않을 수 없었기 때문에 24시간 일하는 셈이다.

전쟁 중이라서 이 주변의 집들은 개인 집에도 방공호가 있었다. 우리 집은 뒷산에 방공호를 파려 해도 남자가 없어서 위에서 흙으로 덮는 방공호밖에 만들 수 없었다. 그 방공호는 우리 가족을 위해 만든 것이지 군인이 들어가는 곳이 아니었다. 위안소 여성들도 무슨 일이 생기면 도망쳐야 하는데, 우리집 방공호에는 그녀들이 들어올 자리가 없었다. 그녀들은 도망칠 곳조차 없었다.

화장실은 하나밖에 없었기 때문에 여성들과 우리 가족이 같이 사용했다. 거기서 가끔 우리 가족이 그녀들과 스쳐 지나가는 일도 있었다. 병사들은 이 화장실을 사용하지 않았다. 세탁과 세면을 위한 물은 거리 앞쪽의 지하수를 우리 가족이 길어다가 마당의 커다란 옹기에 담아두면 그녀들도 사용했다. 그때는 욕조 같은 게 없어서 강에서 목욕했다. 여자들은 길에서 조금 벗어난 곳에서 강물을 막고 거기에서 목욕했다. 우리 어머니도 그랬다.

5. 미군 상륙

군대가 이 위안소를 이용한 것은 미군이 상륙하기 전까지였던 것 같

---

70 (역자주) 오키나와 본섬 최남단에 위치하는 이토만시. 이츄망은 오키나와 방언.

다. 3월 23일에 있었던 두 번째 공습 이후부터 미군이 상륙할 때까지 일본군은 전부 철수한 것으로 기억한다. 군대가 도망가 버렸으니 여자들도 집으로 돌아가고 싶어 했다. 그중에는 군대를 따라 함께 간 사람도 있었던 것 같다. 병사들은 위안소에 갈 여유 따위 없이 목숨만 겨우 건져 도망치기에 바빠 색정을 운운할 상황이 아니었다. 이곳 바쇼시키에도 낮에는 미국 군대가 매일 순찰하러 왔다. 이 근처에서도 미군과의 전투가 제법 있었다. 일본 병사들은 산속에 숨어 있었는데, 패잔병이 된 일본 병사들은 무서웠다. 민가에 물건을 달라고 와서 쌀 같은 것을 군대 소유라며 마구잡이로 빼앗아 갔다. 이따금 총을 들고 협박하러 왔다. 위안소 여성들이 언제 사라졌는지 확실히는 모르겠다.

그때는 민간인도 일본 병사를 따라갔다가 산속에서 죽임을 당하는 경우가 꽤 있었다. 젊은 사람들은 군을 따라가면 안심할 수 있다고 생각했을지도 모른다. 미군에게 강간당하면 사타구니가 찢겨 산 채로 죽게 된다는 유언비어가 퍼져 있었으니 그렇게 당하는 것보다는 낫다고 생각했을지도 모른다.

아홉 명의 여성들이 일본 병사를 따라갔는지는 알 수 없다. 우리 가족이 관리한 것도 아니고 그쪽은 별개였다. 전쟁이 시작되고 군대는 산속에 숨어 버렸는지 모습이 보이지 않았다. 일본 측은 한 발도 쏘지 않았는데 그래서 다행이었다. 만약 공격했다면 그 주변은 전멸했을 것이다. 함포 사격도 보였다. 야에다케에 갔을 때 이에지마 사이의 바다가 보였던 것 같은데, 여기서 이에지마의 바다까지는 4km인가 5km 정도밖에 되지 않는다. 직선거리로는 3km 정도일 것이다. 총알도 닿을 거리이다.

야에다케에는 구니가미지대의 야전병원이 있었다. 강변을 따라서 막사를 많이 지었다. 병사들을 전부 아우르면 1,000명 정도는 되지 않앉을까 한다. 병자와 부상자가 있었는데 전부 재워놓고 도망칠 때 불을 질렀다고 한다. 불탄 자리에 시체가 죽 늘어져 있어 굉장했다. 풀이 무성한 곳을 걸어가다 움푹 파인 곳이 있어 뭔가 하고 보면, 사람의 배가 썩어 발에 달라붙었다. 그때는 무섭다든가 더럽다든가 하는 느낌이 없었다. 해가 바뀌고 미군이 상륙하자 이번에는 군대가 도망치기에 바빴다. 일본 측은 총알 한 발도 쏘지 않았다. 우토 대장이 반격하지 못하게 했다는 말도 있었다. 반격하면 두 배로 되돌아온다. 반격 소리를 듣고 미군이 올 것이고, 한 발 쏘면 적의 배에서 다 보인다. 여기에 진지가 있는 걸 알아채면 함재기艦載機라는 작은 비행기가 전부 날아올 것이다.

포로가 된 건 종전 후인데, 모두 지금의 헤노코辺野古 근처 구시久志라는 곳으로 갔다. 지금 돌이켜보면 민간인을 지키기 위해서였을지도 모른다는 생각이 든다.

6. 전후, 위안소 건물은?

우리는 전후에 다시 이곳에서 살았다. 그녀들이 다 사라지고 나서 위안소로 쓰였던 방을 보았는데 그녀들의 물건은 아무것도 남아 있지 않았다. 위안소에 끌려온 그들은 짐이라고 해도 변변한 물건 하나 지니고 있지 않았다. 달랑 옷만 걸친 채 왔을 것이다. 밤이든 낮이든 병사들이 오니까 즐거운 일이라곤 하나도 없지 않았을까? 괴롭다는 마음뿐이었을 것이다.

남은 물건이라고는 방안에 상자째로 있던 대량의 콘돔이다. 커다란 상자에 100개 정도 들어 있었던 것 같다. 100개라고 하면 많다고 생각할지도 모르겠지만, 하루에 20~30명, 많을 때는 혼자서 30명 정도를 상대했다고 하니 그 정도면 2~3일에 100개를 다 써버린다. 우리집에 있던 콘돔은 낱개로 포장된 게 아니라, 포장되지 않은 상태로 한 뭉치가 상자에 들어있었다. 나는 어려서 어디에 쓰는 물건인지 몰라 풍선처럼 불고 놀았다. 그러자 어른들이 "이런 거 만지지 말아라"라고 말하곤 했다.

[참고문헌]

『八重岳·ふるさと芭蕉敷記念誌』, 芭蕉敷会, 2007年 4月.

오키나와의 일본군 위안소

하야시 히로후미 林博史

I. 오키나와에서의 위안소 설치

오키나와 최초라고 알려진 위안소는 이리오모테지마西表島 후나우키 船浮에 설치되었다. 1941년 7월, 후나우키에 임시 요새 사령부가 설치 되었고 10월부터 부대가 배치되었는데, 위안소는 그 후에 만들어졌 다. 단, 정확한 시기는 분명하지 않다.[71]

　오키나와에 일본군이 본격적으로 배치된 것은 1944년 3월에 제32 군이 창설되면서이다. 우선 비행장 건설부대가 연이어 오키나와로 보 내졌다. 5월 7일에 열린 이에지마伊江島 히가시東비행장 기공식에서 제50비행장 대대장은 "순간의 성욕을 억제하지 못하고 민간 부녀자 와 성교하거나, 성교를 강요하거나, 더 심한 경우 강간하면 단연코 용

71　アクティブ·ミュージアム「女たちの戦争と平和資料館」編, 『軍隊は女性を守ら ない―沖縄の日本軍慰安所と米軍の性暴力』, 2012年, 15頁.

서하지 않고 엄중하게 처단할 것이므로 설비한 특수 '위안부' 외에는 엄히 삼갈 것"이라며 군이 위안소를 설치할 것을 훈시에 제시했다.[72]

또한 그는 5월 24일에 요새 건축 근무 제6중대장에게 "새로이 위안소 건축 작업을 실시할 것"이라는 명령을 내리고 군에서 위안소 건설 공사를 시작했다. 건설 작업 도중에 위안부들을 임시로 이에지마에 오게 하여 6월 6일과 7일 이틀간 가설 위안소를 개설했다. 건설 중이던 위안소는 16일에 완성되었다.[73]

이처럼 오키나와의 위안소는 군이 직접 건설하고 설치했다. 당초에 위안소는 이에지마와 요미탄讀谷 등 비행장 건설 현장 근처에 설치되었다. 그 후 사이판섬이 함락되고 미군에 의한 오키나와 침공 위험성이 대두되자, 오키나와 방위를 위해 1944년 7월부터 8월에 걸쳐서 오키나와 본섬에 제9·24·62사단, 미야코지마宮古島에 제28사단, 이시가키지마石垣島에 독립혼성 제45여단 등 잇달아 지상 전투부대가 도착했다. 그리하여 약 10만 명이 넘는 일본군이 주둔하게 되자 위안소도 단숨에 오키나와 각지로 퍼져나갔다.

남아있는 일본군 사료에 의하면 9월 20일에 우라소에손浦添村에서[74] 미하라시테이, 간게쓰테이觀月亭, 군인회관을 각각 개업했다.제62사단 사령부관할 그 중 아하차安波茶에 개설된 군인회관은 마을의 병역 업무를 담당하던 미야기 도쿠조宮城篤三의 집이었다고 여겨진다. 관청에 일본군 경리 장교가 와서 미야기의 기와집을 위안소로 쓰겠다고 했을 때 그는 거절했지만, '군의 명령'이라며 접수接收해버린 탓에 미야기 일가

---

72 「第50飛行場大隊陣中日誌」.

73 「要塞建築勤務第6中隊陣中日誌」.

74 본 절에서 소개하는 자료는 『沖縄県史 資料編23 沖縄戦日本軍史料』, 2012年에 수록되어 있음.

다섯 명은 마루도 없는, 설탕을 만드는 작은 가게로 쫓겨났다고 한다.[75]

또한 9월 중에는 가데나嘉手納와 자탄北谷 등에도 위안소가 설치되었다. 북부의 모토부초 도구치渡久地에서는 10월 5일에 위안소를 개업했다독립혼성 제15연대. 모토부 반도 나미자토 바쇼시키의 위안소는 9월부터 10월쯤에 설치된 것 같다.

오키나와에 배치된 부대는 미군 상륙전까지도 몇 번인가 이동했고, 그때마다 부대의 위안소도 이전한 듯하다. 특히 1944년 12월에 대대적인 배치전환이 있었는데, 북부에서 고야胡屋, 현 오키나와시로 이동한 독립혼성 제15연대는 12월 29일에 구와에桑江 위안소를 개설했다. 요미탄 마을 도케시渡慶次로 이동한 같은 연대의 제4중대는 1945년 1월 2일부터 위안소를 개업했다. 1945년 1월에는 구니가미지대, 독립혼성 제44여단 제2보병대 제2대대에 의해 모토부 반도의 마부야마真部山 위안소의 '증강'이 이루어졌다. 또 제62사단 부관부의 「진중일기[76]陣中日誌」에 따르면, 1월 15일에 '슈리首里 위안소 설비작업'을 시행했다. 이처럼 위안소 개설, 이전, 개축 등의 작업은 계속해서 이루어진 것으로 보인다.

Ⅱ. 일본군과 오키나와현

제32군이 대량으로 증강된 1944년 여름, 군은 위안소 설치 건으로 오키나와현에 협력을 구했다. 그러나 당시의 이즈미 슈키泉守紀 지사는 "여기는 만주나 남방이 아니다. 적어도 황토皇土의 일부이다. 천황

75 『浦添市史』, 5, 16頁.
76 国頭支隊,「指揮下部隊作命綴」

의 땅에 그런 시설을 만들 수 없다. 현은 이 건에 관한 한 협력이 불가하다"라고 거부했다.[77] 8월 12일에 지사는 군대로부터 현민을 보호하도록 각부 과장들에게 훈시를 내린다. 지사는 자신의 일기에 "군인 놈들, 정말 놀라울 정도로 군칙을 어기고 풍기 문란하다. 황군皇軍으로서의 자긍심은 어디에 있단 말인가?"[78]라고 기록했다.

당시에 지사 관사에서 일하던 시마부쿠로 이네島袋イネ는 "이즈미 지사는 군인과 끊임없이 싸웠습니다. 제 친구 집이 있던 본섬 남부의 오자土大里에도 위안소가 설치되었는데, 그때도 오키나와에는 군정軍政이 미치지 않으니 군이 멋대로 해서는 안 된다고 했습니다. 군 관련 사건이 일어나면 헌병 대장을 불러서 횡포를 부리지 말라며 항의했습니다"라고 증언한다.[79]

지사에게 거부당한 군은 나하那覇 경찰서장에게 요구했지만 서장도 거부하여, 직접 쓰지 유곽의 암마와 쥬리를 모아 위안소로 가서 '병사의 사기를 고무'시키도록 연설했다. 이렇게 쓰지 유곽의 여성 500명 정도가 '위안부'로 동원된 것으로 보인다.[80]

그후 10·10공습에 의해 쓰지 유곽이 전부 불타고 그 자리에 판잣집 위안소가 줄지어 들어섰다. 이 공습 때문에 많은 쥬리가 '위안부'가 되거나 장교 전속의 애인이 되었다.[81]

1940년 12월 시점에서 오키나와현의 창기는 829명이고 쓰지에는

---

77 野里洋, 『汚名』, 講談社, 1993年, 90~91頁.

78 앞의 책, 94頁.

79 앞의 책, 168頁.

80 경찰관 야마가와 야스쿠니(山川泰邦)의 증언, 『沖縄タイムス』 1987年 5月 30日, 那覇市総務部女性室·那覇女性史編集委員会, 『那覇女性史(近代編)なは·女のあしあと』 ドメス出版, 1998年, 457頁, 野里洋, 『汚名』 96頁 참조.

81 上原栄子, 『辻の華』 戦後編上, 時事通信社, 1990年, 3~7頁.

예기와 창기를 합쳐서 1,197명이었다고 하므로, 500명이면 그 절반 가량이 위안소에 동원되었다는 얘기다.[82] 오키나와 출신자로 쓰지 유곽의 쥬리 외에도 오키나와 각지에 '사카나야' 요릿집 겸 매춘소 여성들도 '위안부'가 되었다고 하는데, 실태는 전혀 알려지지 않았다.

고가 노리코古賀德子의 조사에서 오키나와 본섬과 주변의 여러 섬에 112동의 위안소가 설치되었다는 사실이 확인된다.[83] 그 외에도 미야코지마와 이라부지마伊良部島에 16개소가 조사로 확인되었다.[84] 그 밖의 위안소를 포함해 오키나와의 위안소는 130개소 이상으로 보인다. 단, 부대의 배치전환이 몇 번인가 행해져 같은 시기에 설치된 위안소가 몇 개소인지는 정확히 알 수 없다. 또 '위안부'가 몇 명인지도 모른다.

Ⅲ. 장병의 비행과 위안소

일본군이 대거 들어오자 군사령부에서는 "본섬에서도 강간 범죄가 많이 발생하여, 엄벌에 처해진다는 것을 일병에 이르기까지 지도·교육할 것"이라는 주의를 지시하는 상황이 되었다.[85] "다른 병단에서 국민학교 아동이 엿보아 풍교風敎상 불가하니 훔쳐볼 수 없도록 시설단속", "풍교상 기녀가 마을 주변을 함부로 산책할 수 없도록 하라는 마

---

82 太田良博·佐久田繁,『沖縄の遊廓』月刊沖縄社, 1984年, 957頁,『沖縄県統計書』昭和15年版, 242頁.

83 古賀徳子,「沖縄戦における日本軍「慰安婦」制度の展開」(1)~(4),『季刊戦争責任研究』第60~63号, 2008~09年.

84 日韓共同,「日本軍慰安所」宮古島調査報告,『戦場の宮古島と「慰安所」』なんよう文庫, 2009年.

85 「石兵団会報」1944年 9月 7日.

을 사람들의 요청이 있음"이라는 여러 주의사항과 함께, 군 참모장은 "강간에 대해서는 극형에 처하고 관계 직속상관에 이르기까지 처분하는 군사령관의 결정"이라는 주의도 내보냈다. 1944년 9월 19일

위안소가 각지에 개설되자 주변 주민과의 마찰이나 불평도 많이 발생한 듯하다. 슈리아카히라首里赤平에 있던, 소개疏開[86]해서 비어있는 의사의 집을 일본군이 요정 겸 장교용 위안소로 사용하며 매일 밤 한두 시까지 시끄럽게 소란을 피웠다. 그러자 경관이 영업시간은 11시까지라고 주의를 주었고 그 때문에 중위와 말다툼을 벌인 적도 있었다. 중위는 "요즘 경찰관은 반군 감정이 있다. 정말 괘씸하다"며 다음날 슈리경찰서에 가서 서장과 언쟁을 벌였다고 한다. 서장은 "어젯밤에 그 장교랑 한판 했나 보군, 잘했네"하고 경관을 칭찬했다.[87]

위안소가 설치되어도 성범죄는 계속 일어났던 모양이다. "성적 범행의 발생을 고려하여 각 부대에서 이와 같은 범행은 엄중히 단속할 것"이라는 주의가 군사령부로부터 내려왔다.[88] 또한 "현 나하시의 고쿠바国場 부근 지역민은 위안소 설치를 꺼려서 종종 불만을 제기하고 좋은 감정을 갖고 있지 않으니, 새로 설치할 경우에는 촌장 등과 잘 절충해서 실행하도록 주의할 것"이라는 헌병대의 주의도 있었다.[89] 이러한 군인의 비행과 위안소에 대해서는 하야시 히로후미의『오키나와전과 민중』에 상세히 기록되어 있다.[90]

---

86 (역자주) 소개(疏開)는 적의 공습이나 화재 등에 의한 피해를 줄이기 위하여 집중되어 있는 사람이나 시설을 분산시키는 것.

87 슈리경찰서 경찰관 아후소 다케히사(安當相竹久)의 증언,『那覇市史資料編』第3卷 7, 1981年, 458~459頁.

88 「石兵団会報」 10月 26日.

89 「石兵団会報」 12月 21日.

90 林博史,『沖縄戦と民衆』大月書店, 2001年, 61~69頁.

Ⅳ. '위안부'가 된 여성들

오키나와의 위안소에는 이미 언급한 오키나와 여성들 외에 조선인, 타이완인, 일본 본토, 특히 규슈의 여성들이 연행되어 왔다.

조선반도에서 연행된 여성 중에 도카시키渡嘉敷 위안소에 들어간 배봉기와 미야코지마에 연행된 박재남이 있다. 1944년 10월에 수송선 마라이마루マライ丸로 배봉기를 포함한 조선인 '위안부' 51명이 오키나와로 옮겨졌다.[91] 이 여성들은 게라마 열도의慶良間列島 도카시키지마渡嘉敷島·자마미지마座間味島·아카지마阿嘉島, 이렇게 세 개의 섬에 7명씩, 나하에 20명, 10명은 다이토 제도大東諸島로 보내졌다. 다이토 제도의 오키다이토지마沖大東島, 라사섬에서는 후쿠오카현 출신의 경영책임자 밑에 7명의 조선인 '위안부'가 11월 23일에 도착하여 위안소는 26일부터 개업했다.[92]

한편 타이완을 경유하여 야에야마를 향하던 배가 공격당해 배에 타고 있던 조선인 여성 53명 중 46명이 사망하는 사건이 일어났다.[93]

미군의 보고서에 의하면, 전쟁이 끝나고 1945년 10월에 오키나와 각지에서 살아남은 조선인 '위안부' 150명을 캠프 코자에 모아서 조선으로 돌려보낸 사실이 기록되어 있다. 그녀들은 미군 야전병원에서 간호부로 일하고 있었다.[94] 그러나 다른 지역에서 배봉기처럼 귀국하지

---

91 川田文子, 『赤瓦の家—朝鮮から来た従軍慰安婦』, 筑摩書房, 1987年, 51頁(가와다 후미코 저, 오근영 역, 『빨간 기와집—일본군 위안부가 된 한국 여성 이야기』, 꿈교출판사, 2014년), 儀同保, 『慶良間戦記』, 叢文社, 1980年, 35頁.

92 「ラサ島陣中日誌」.

93 『沖縄県史』第10巻, 1974年, 260~262頁.

94 日本の戦争責任資料センター研究事務局, 「資料紹介 沖縄—キャンプ·コザに収容された朝鮮人『慰安婦』の写真」, 『季刊戦争責任研究』第49号, 2005年 9月.

못하고 오키나와에 남아 술집에서 일하면서 겨우 연명하며 살아간 여성도 있었다. 또 미야코지마의 위안소에는 타이완 여성도 와 있었다.[95] 그 외에 일본 본토에서 연행되어 온 여성들도 있었다.

야구선수였던 마쓰키 겐지로松木謙治郞 제62사단의 증언에 따르면 '단코부시炭坑節'[96]를 부르는 '위안부' 여성들이 있었는데, 대부분 규슈 출신이었다고 한다.[97] 데이고학도대梯梧学徒隊로 동원되었던 이토카즈 요시코糸数良子는 제62사단의 야전병원이 있었던 나게라고ナゲーラ壕에서 만난 나가사키 출신 일본인 '위안부'들에 대해 증언한다.[98] 이런 증언을 통해 규슈 여성들이 '위안부'로 오키나와에 오게 된 것을 알 수 있지만, 어떤 경위로 '위안부'가 되었는지는 알 수 없다.

한편 일본군 사료 중에 오키나와전이 한창이었을 때의 상황을 알 수 있는 제32군 사령부의 문서가 있다. 슈리의 제32군 사령부 참호에서는 취사장 근처에 요정 '와카후지로若藤楼'의 쥬리 10여 명과 본토에서 온 '가이코샤'의 게이샤 13명이 수용되어 있었다. 제32군 고급참모 야하라 히로미치八原博通는 그녀들이 "취사를 돕기도 하고 야전 축성대와 함께 먼지를 뒤집어쓰며 흙을 나르기도 하면서" 열심히 일했다고 증언한다.[99] 5월 10일, 그녀들은 다른 여성 군속들과 함께 다카미네손高嶺村〔현 이토만糸満시〕요자与座의 제24사단 사령부산악부대로 이동할 것과 "요자 도착 후에는 자력으로 지내는 것을 원칙으로 하고

---

95 『戦場の宮古島と「慰安所」』, 117~119頁.

96 (역자주) 후쿠오카현의 민요로, 다가와(田川)시 이다(伊田)의 탄갱에서 선탄(選炭) 작업할 때 부른 노동요.

97 松木謙治郎, 『阪神タイガース 松木一等兵の沖縄捕虜記』, 恒文社, 1974年, 31頁 (現代書館에서 2012年에 재간).

98 古賀徳子, 앞의 글(4), 70頁.

99 八原博通, 『沖縄決戦』, 読売新聞社, 1972年, 179頁.

부대의 배려는 절대 받지 않도록" 명령받았다.[100] 다시 말해 일본군에 의지하지 말라며 버려졌다고 할 수 있는데, 그 뒤로 어떻게 되었는지는 알 수 없다. 이상의 서술은 고가 노리코의 앞의 글에서 많은 부분 인용했다.

V. 미야코지마의 위안소

미야코지마에는 2만 명이 넘는 일본군이 배치되었다. 미군은 상륙하지 않고 공습을 가했으나, 일본군 부대는 패전 때까지 그대로 유지되었다. 미야코지마의 위안소에 관해서는 한일 공동의 상세한 조사 보고 『전장의 미야코지마와 '위안소'戰場の宮古島と「慰安所」』가 있는데, 지금까지 일본군 사료는 입수할 수 없었다. 패전 시에 소각처리 했기 때문인 것 같다. 한일 공동조사에 따르면 미야코지마에는 14개소, 옆의 이라부지마에 2개소의 위안소가 확인된다. 위의 보고서 30쪽 '위안부'가 된 여성은 일본인과 타이완인도 있지만, 조선인이 가장 많았던 것으로 보인다. 위의 보고서 31쪽

여기서 미야코지마에 위안소가 있었다는 사실을 입증하는 문서를 소개한다.

후생노동성이 소장하고 있는 『종전 후 군법회의 판결서류終戦後軍法会議判決書類』 중에 미야코지마에 주둔하던 제28사단의 군법회의에 관한 문서가 포함되어 있다. 이에 따르면, 1945년 11월 20일에 제28사단 제2야전병원 제2반부 소속의 제1보충병역 육군 위생상등병이 제28사단의 군법회의에서 업무 횡령죄로 징역 1년의 판결을 받았

100 「球軍日々命令綴 球日命 5月10日 第107号」

다.〔이 사료는 사지 아키토佐治曉人가 발견하여 제공했다.〕

위의 위생상등병은 1944년 8월에 소집에 응해, 같은 해 11월 5일 제2야전병원 제2반부요원으로 미야코지마에 상륙하여 이라부지마로 이동했다. 그리고 1945년 6월 14일에 미야코지마 육군병원과 합동 근무를 하게 되어 히라라초平良町 교하라鏡原의 미야코지마 육군병원에서 취사 근무를 맡아 군량 수령 담당이나 경리과 창고 물품 감시 담당 등이 되었다. 1945년 8월 중순에 "미야코군 구스쿠베손城辺村 사라다케更竹 사단■ 수의부 도축반에서 말고기 약 40kg을 수령하여 복귀하는 길에, 마쓰하라增原 부근의 신원미상 민가에 말고기 두 근을 20엔에 매각하고 위안소에서 유흥으로 낭비"했다고 한다. ■는 판독 불능. 게다가 9월 1일에 "육군병원 일부가 오키나와현 구스쿠베손 도소코土底로 이전할 때 피고인도 함께 이전하여 계속해서 군량 수령계에 복무했는데, 같은 해 10월 2일에 오키나와현 미야코군 히라라초 노바루고시野原越에 있는 화물창고에서 설탕과자 긴카토金花糖 60kg을 수령해 다음날인 3일에 ■■교하라 육군병원에 들고 가는 도중, 긴카토 2kg을 〔중략〕 20엔에 매각하여 위안소에서 유흥으로 소비"했다고 한다.

그밖에도 8월 2일쯤에 "육군병원 취사장에 꺼내놓은 현미 네 되를 절취, 〔중략〕 한 되에 8엔에 매각하고 위안소에서 유흥비로 소비", 8월 중순 무렵 "같은 취사사무실에 있던 현미 한 되를 절취, 〔중략〕 80엔에 매각하여, 위안소에서 유흥으로 소비", 9월 10일 21시쯤에 "앞서 기술한 교하라 잔존 육군병원 취사사무실에서 현미 한 되를 절취, 〔중략〕 80엔에 매각하고 위안소에서 유흥으로 소비"했다는 용의가 군법회의에서 사실로 인정되었다.

여기에 나온 지명에서 위생상등병이 다녔던 지역은 사단 사령부가 있었던 노바루다케野原岳 북쪽으로, 현재의 미야코지마 공항 동쪽 지역에 해당한다. 육군병원이 있었던 교하라도 공항의 동쪽 지구이다이 는 미야코지마의 중앙부에 해당함. 2008년에 건립된 일본군 '위안부'비 '아리랑비'가 있는 노바루의 북쪽이기도 하다. 따라서 그 근처의 위안소에서 '유흥으로 소비'한 것인데, 거기에는 주로 조선인 여성들이 있었던 듯하다.[101]

게다가 흥미로운 사실은 이 업무 횡령이 1945년 8월부터 10월 사이에 있었던 일로, 적어도 10월 3일의 시점에도 위안소에서 '유흥 소비'가 가능했다는 것, 즉 위안소가 영업하고 있었다는 점이다. 제28사단장이 제32군의 생존자 중 계급이 가장 높은 군인으로 미군과 항복 조인식을 행한 시기가 9월 7일인데, 그 이후로도 위안소가 가동하고 있었다는 말이 된다. 이 시점까지 위안소 영업을 시킨 사실을 보여주는 자료는 이외에는 없을 것이다.

VI. 미·일 양군에 의한 성폭력

위안소와는 직접 관계가 없지만, 1944년 6월 15일부터 1945년 2월 26일까지 총 48명이 제32군의 군법회의에 회부된 것을 알 수 있는 사료가 있다. 이 사료에 의하면 도망, 상관 폭행, 항명 등 군율을 어지럽히는 행위는 엄하게 처벌받았는데, 성범죄는 아예 재판도 하지 않고 주민을 대상으로 한 범행 또한 거의 처벌받지 않았다.[102]

미군 상륙 이래로 오키나와 전시 하에 열린 미군의 군법회의 사료

---

101 『戦場の宮古島と「慰安所」』, 31頁.

102 林博史, 「資料紹介 第32軍〔沖縄〕臨時軍法会議に関する資料」 『季刊戦争責任研究』 第79号, 2013年 3月.

도 몇 개 있다. 예를 들면, 1945년 4월 14일의 범행이 군법회의에 회부되어 '강간을 의도한 폭행' 용의와 군기 위반으로 금고 20년과 불명예제대 판결이 내려졌다. 또 5월 9일에 강간을 하고 붙잡힌 병사는 군법회의에서 금고 9년과 불명예제대를 판결받았다. 피해자는 모두 오키나와 여성이었다. 그런데 이 판결들을 심사한 미 해군성이 두 사건 모두 강간 용의 판결을 파기하여 가해자는 처벌받지 않았다.[103] 미군과 일본군 모두 오키나와 여성에 대한 성범죄를 가볍게 여겼다고 지적할 수 있다. 이는 지금까지도 계속되고 있다고 말할 수 있다.

미일 최후의 전투라 불리는 오키나와전에는 많은 여성이 '위안부'로 연행되어 전투 중에 목숨을 잃었고, 살아남은 여성들도 아무런 보상을 받지 못한 채 혹독한 전후를 보냈다. 그 혹독함은 배봉기의 생애에서도 엿볼 수 있다. 그러나 한편으로 조선에 돌아갔을지도 모를 여성 150명의 전후는 어땠을까? 나아가 오키나와 본토 출신의 여성들은 어떻게 살았을지 모르는 일이 너무나 많다.

---

103 林博史,「資料紹介 占領下沖縄における米兵による性犯罪」『季刊戦争責任研究』第80号, 2013年 6月.

제3장

일본인 '위안부'의 전후는 어떠했는가?

일본인 '위안부'의 전후: 기쿠마루의 사례

히로타 가즈코 広田和子

I. 기쿠마루의 자살

1972년 4월 26일 밤, 지바현 이치카와市川시의 목조 아파트에서 기쿠마루(48세·본명 야마우치 게이코山內馨子)의 사체가 발견되었다. 가스를 이용한 자살이었고 사망한 지 12시간이 지나 발견되었다. 유서가 두 통 있었는데, 한 통은 작은 바bar를 경영하는 오랜 친구 고누마 사와코小沼佐和子, 다른 한 통은 『주간 아사히예능週刊アサヒ芸能』에 연재 중인 「도큐먼트 태평양전쟁ドキュメント太平洋戦争」太平洋戦争研究会編의 편집자 히라쓰카 마사오平塚柾緒 앞이었다. 기쿠마루는 전前 일본군 '위안부' 이하 '위안부' 로서 이 기획 취재에 협력하고 있었다.

27일, 관할 이치카와 경찰서에서 히라쓰카에게 연락이 왔다. 사체를 인수할 사람이 없어 곤란하다는 이야기를 듣고, 다음날 히라쓰카와 나는 필요하다면 인수인이 될 생각으로 서둘러 경찰서로 향했다.

그러나 도착해보니 이미 그럴 필요가 없었다.

"사실 저희도 그럴 생각으로 연락을 드렸습니다만 오늘 아침에서
야 도쿄에 남동생이 있다는 걸 알게 되어 방금 시신을 인도했습니다.
굉장히 애먹었어요. 야마우치 씨가 남긴 전화 메모장을 보고 여기저
기 전화를 했는데, 직업을 자주 바꾸셨더군요. 그때마다 이름도 바꾸
고요. 그래서 아주 힘들었어요."

담당 경찰관이 유족을 찾기 위해 고생했다며 전한 기쿠마루의 죽음
은 쓸쓸했다. 히라쓰카에게 남긴 유서를 보아도 알 수 있었다. 유서는
경제적인 궁핍, 그리고 동거남과 세상에 대한 원망으로 가득했다. 참
고로 유서의 일부를 소개한다.

나의 죽음을 누가 예상했을까요. 여러분은 웃으시겠지만, 죽으려
고 마음을 먹고 나니 지난 1년 7개월 동안은 일하려고 해도 일할 수 없
었던 날들이었습니다. 짧았지만 울래야 울 수도 없는 삶이었습니다.
집세는 9월부터 밀려있고 창밖으로 얼굴도 내밀지 못한 채, 5척도 안
되는 몸뚱이를 웅크리고 살았습니다. 〔중략〕 마흔여덟을 눈앞에 두고
죽는 것도 저에게 정해진 숙명일지 모릅니다. 여러 생각이 들어서 젊
은 시절의 일을 글로 쓰며 가슴 속 응어리를 쏟아냈습니다. '태평양전
쟁연구회'도 그 기사를 읽고 많은 여성 '위안부'를 일컬음-저자주이 연락할
것이라 기대했겠지만, 다른 여성들은 현명했네요. 나처럼 바보가 아
니었습니다. 전후戰後의 기사는 잘 써주세요.

취재를 통해서이긴 하지만, 성실하고 결단력 있으며 상대의 기분이

상하지 않도록 배려하는 기쿠마루 생전의 모습을 알고 있던 나로서는 도저히 믿을 수가 없었다.

취재를 시작한 것은 1972년 1월, 그때부터 약 4개월간 일주일에 한 번 정도 기쿠마루의 집을 방문했다. 방은 언제나 깨끗하게 청소되어 있었고, 들고 간 선물에는 손도 대지 않은 채 나의 물잔이 비었을까 신경을 썼다. 노골적인 질문에도 "이쯤되면 아무것도 숨길 게 없으니 무엇이든 물어보세요"라며 똑 부러지게 말하던 기쿠마루. 취재가 순조롭다고 생각했는데 유서를 읽고서 취재 때와는 전혀 다른 기쿠마루의 모습에 머리 위로 찬물을 뒤집어쓴 기분이었다. 방안의 모습을 보고 형편이 어렵다는 건 눈치채고 있었지만, 설마 이 정도라고는 생각지도 못했다. 취재기자로서 실격이다.

그날 다른 한 통의 수취인 고누마의 바를 방문했다. 카운터석만 열 개뿐인 작지만 깨끗한 가게였으며 고누마도 정갈하고 이목구비가 뚜렷한 사람이었다. 취재가 다 끝나면 한잔하자고 내가 기쿠마루에게 청했을 때, 데려갈 만한 술집이 있다고 말한 건 아마 이 가게였을 것이다.

가게에는 자살하기 이틀 전에 왔다고 한다. 고누마가 부탁한 오징어 젓을 가지고 왔다.

"그것도 큰 병에 가득 담아서요. 다로짱이 담근 젓갈이 맛있거든요.
지금은 오징어도 비싸니 돈을 주려고 했는데 한사코 받지 않더라고
요. 보통은 문 닫을 때까지 있는데, 그날은 기운이 없어서 일찌감치 친
한 손님의 차를 타고 돌아갔어요."

고누마는 기쿠마루가 긴시초錦糸町〔도쿄도 고토구江東区〕의 카바레에서 일할 때 만난 동료이다. 기쿠마루의 기명이 다로太郎여서 이 가게

에서도 '다로짱'으로 불렸다. 경찰은 야마우치 게이코라는 본명으로 조사했기 때문에 처음에는 몰랐다고 한다.

"게다가 실연해서 자살했다는 거예요. 그 나이에 실연 자살은 아니겠죠. 다로짱은 자주 놀러 와서 손님들이 다 알아요. 오랫동안 알고 지냈는데 아무것도 얘기해 주지 않았어요. 돈 문제만 해도 그래요. 카바레 시절의 친구가 여기에 자주 돈 얘기를 하러 오는 걸 알고 있었는데. 그런 면에서는 정말 아쉬운 소리를 못 하는 사람이었어요. 다만 올해 1월에 가게에서 일하게 해달라고 제게 부탁했는데, 사람을 쓸 정도의 여유가 없어서 아는 사람이 하는 선술집에 소개해 줬어요. 같이 사는 남자가 사업에 실패해서 생활비를 못 받게 되어 일해야 한다고 했어요."

고누마가 말하는 기쿠마루는 내가 알고 있는 기쿠마루였다. 성실하고 인간미 있고 상대의 기분을 충분히 배려하는, 기쿠마루는 살아생전에 그런 사람이었다. 다만 유서 속 기쿠마루의 모습도 진짜였을 것이다. 취재 중에 내가 조심성 없이 뱉은 말에 그때까지 온화했던 기쿠마루가 돌변해서 고슴도치처럼 온몸에 가시를 세운 일이 몇 번인가 있었다. 나는 나쁜 말을 했다는 자각이 없었는데, 마음속 깊이 어둠을 품고 있는 듯한 기쿠마루가 돌변하는 모습에 당황했다.

4월 29일, 천황탄생일〔현재는 쇼와의 날昭和の日〕에 기쿠마루는 이치카와시의 화장터에서 화장되었다. 친척 이외의 참석자는 히라쓰카와 나뿐이었다. 화장을 기다리는 동안 유족 사이에서 고인에 대한 이야기는 나오지 않았다. 기쿠마루가 게이샤에서 '위안부'가 된 것은 장녀로서 가족의 생활을 지키기 위해서였다. 고인과 꼭 닮은, 윤곽이 뚜렷한 얼굴을 한 나이 든 여인의 오열이 진혼가처럼 들려 그나마 공양이 되었다.

Ⅱ. '위안부'로 트럭섬에

1942년 3월, 게이샤 기쿠마루는 '위안부'로서 요코하마항을 떠나 트럭섬으로 출발했다. 계약은 1년 반, 만 18세였다. 도중에 고베항, 부산항에서도 '위안부'를 태웠고 트럭섬에 상륙할 때는 조선인 '위안부'를 포함해서 100명이었는데, 상륙 후에는 사관용 '위안부'와 병사용 '위안부'로 나뉘었다. 사관용은 33명이었고 기쿠마루도 그중 한 명이었다. 이른바 엘리트 '위안부'이다.

동東캐롤라인 군도에 속하는 트럭 제도는 크고 작은 40개의 섬으로 이루어졌다. 산호초로 둘러싸인 천연의 거대한 요새로, 일본 해군은 이 섬을 태평양에서 전략상의 일대 거점으로 삼았다. 기쿠마루와 같은 시기에 상등병으로 트럭섬에서 근무한 노구치 고이치野口幸一는 당시의 기지 모습을 다음과 같이 말했다.

> "한때는 장관이었어요. 전함 무사시武蔵를 비롯한 야마토大和·야마시로山城·곤고金剛와 항공모함 소류蒼龍·히류飛龍·아카기赤城가 있고, 그 외에도 구축함, 잠수함, 수송선 등 온갖 배들이 모여 있었습니다. 산호초가 섬을 둘러싸고 있어 쉽게 항구로 들어올 수 없습니다. 어렵게 들어온다고 하더라도 산호초 사이를 빠져나가려면 고도의 기술이 필요합니다. 천연의 대요새인 겁니다."

푸르게 반짝이는 바다는 맑고 투명해서 해저의 산호초군群이 잘 보였다. 하얀 모래가 반짝반짝 빛나는 바닷가, 야자의 초록, 붉은 히비스커스꽃이 만발해 형형색색인 섬의 경치는 길고 불안했던 여행길의 피로를 한순간에 풀어주었다. 일본에서 출발할 때는 쌀쌀했는데 트럭섬은 늘 여름이었다. 상륙할 때 내리쬐는 햇볕을 피하기 위해 양산을 펴고 하얀 모래사장에 한 발 내디뎠을 때는 자신의 처지도 잊은 채 별천지에 온 것 같았다고 한다.

적도에 가까운 이 섬은 '남양南洋의 낙원'이라 불렸다. 파파야·바나나·야자 열매와 빵나무 열매 등 일본에서는 진귀한 과일도 흔했다. 메이지 시대부터 일본인이 남양 무역의 거점으로 삼았기 때문에 대일 감정도 좋았고 일본인이 많이 살고 있기도 했다. 기쿠마루 일행이 상륙한 당시는 전황도 아직 나쁘지 않아 '위안부'들도 편하게 생활했던 것 같다. 기쿠마루는 "인생에서 트럭섬에 있던 시절이 가장 좋았다"라고 취재 중에 몇 번이나 말했다.

위안소에서는 아침 6시부터 카나카족 남자가 와서 식사, 청소, 목욕 준비 등 모든 수발을 들어주었기 때문에 '위안부'는 자기 몸 하나만 건사하면 되었다. 사관은 온종일 위안소에 머물며 부부처럼 지냈으므로 그들과 동등하게 식사했다. 찰밥과 고기, 채소 통조림 등 없는 게 없었다고 한다.

> "사령관이 올 때는 힘들었어요. 다도가 취미라서 언제나 차도구를 가져왔지. 제대로 된 방법대로 숯불부터 피워서 다테마에에点前를 하는 거야. 나는 다테마에가 싫었어요. 그래도 끝나면 고기 통조림으로 스키야키를 했어요. 그게 참 즐거웠어요."[1]

당시의 트럭섬 사령관은 다케다 모리지武田盛治 해군 중장이었다. 전후에는 전범이 되어 복역했지만 나중에 석방되어 오사카에서 큰 목재

---

1   (역자주) 다도에서 가루 차를 달여 손님에게 내는 법식.

상을 운영했다. 전후에도 기쿠마루는 그에게 쭉 예쁨을 받았다.

　물론 기쿠마루는 사관용이었기 때문에 특별한 대우를 받았을 테지만 같은 시기 트럭섬에서 병사용 '위안부'였던 스즈모토 아야도 똑같은 말을 했다.

　　"트럭섬에 있는 동안은 일본에서 게이샤집을 전전했던 때보다 시
　　름을 잊었어요. 병사들에게는 언제 죽을지 모른다는 두려움이 있었
　　죠. 특히 다음날 비행기로 날아간다는 사람은 잘 해줘야겠다는 생각
　　이 들었어요. 절대로 살아 돌아올 수 없으니까요."

　하루에 십수 명을 상대해야 하는 생활 속에서 마음 둘 곳은 어디였을까? 몹시 가난한 가정에서 태어나 게이샤집에 팔린 후에는 빚에 시달리다가 남쪽 섬까지 몸을 팔러 온 '위안부'의 비애보다, 죽고 죽이는 전장의 긴장 속에 살아야 하는 병사들의 절망감이 더 컸기 때문일까? 간단히 답이 나오지 않는다.

　기쿠마루와 스즈모토는 1942년에 같은 배로 트럭섬에 건너왔지만 현지에서는 사관용과 병사용 '위안부'를 구분해서 취급했기 때문에 면식이 없었다. 다만 미모의 '위안부' 기쿠마루가 유명해서 스즈모토는 기쿠마루를 알고 있었다. 스즈모토는 「도큐먼트 태평양전쟁」에서 기쿠마루의 기사를 읽고 "옛날 생각이 난다"라며 편집부에 연락을 해왔다.

　1943년 12월에 두 사람은 또다시 같은 배로 일본에 돌아왔다. 둘 다 당시 돈 만 엔을 손에 쥐고 있었다. 다음 해 1944년 2월에 트럭섬의 해군 기지는 미군의 대공습으로 괴멸 상태가 되어 남양의 낙원은 완전히 악몽의 섬으로 변했다. 둘은 좋은 시기에 섬에서 지냈고, 또 좋은 시기에 돌아갔다.

Ⅲ. '위안부'의 전후

기쿠마루가 트럭섬에서 달콤한 생활을 하다가 완전히 바뀐 냉혹한 현실에 직면한 것은 귀국하는 배 안에서였다. 수송선 두 척이 출발했는데 도중에 한 척이 공격당했다. 거기서 살아남은 사람들을 태워야 해서 배 밑바닥 석탄 옆에서 모두 바짝 붙어 잠을 자야 했다. 그래도 요코스카에 도착해서 일장기가 그려진 비행기를 봤을 때는 눈물이 멈추지 않았다고 한다. 상륙한 첫날은 요코하마에 묵고 다음날 미장원에 갔더니 "모공이 열려있네요. 더운 지역에 있다 왔나 보네요?"하고 묻길래, 갑자기 '위안부'였던 걸 꿰뚫어 보는 것 같아 머리도 안 하고 뛰쳐나와 버렸다. "그때까지는 주눅도 들지 않았었는데, 참 이상하죠?"라며 기쿠마루는 자조하듯 말했다.

트럭섬 생활은 용궁처럼 화려했지만 돌아와 보니 우라시마 타로浦島太郎[2]처럼 다마테玉手상자[3]를 열지 않고서는 현실을 살아낼 방법이 없었기에 '위안부'였다는 사실을 인식할 수밖에 없었다.

약 2년 반 만에 돌아온 도쿄는 이미 공습이 시작되어 출발 전과는 완전히 달라진 모습이었다. 어쨌든 우선 부모님이 계신 홋카이도 비호로美幌로 가서 비호로 41항공대에서 근무했다. 모처럼 돌아온 딸을 이제는 절대로 떼어 놓을 수 없다는 부모님의 희망대로 고향에서 일하기로 한 것이다. 그 항공대에서 트럭섬에서 만났던 군의軍医와 재회했다. 덕분에 매일 공장에서 기름 범벅이 되어 일하며 기쿠마루는 활기를 되

---

2   (역자주) 거북을 살려준 덕으로 용궁에 가서 호화롭게 지내다가 돌아와 보니, 많은 세월이 지나 친척이나 아는 사람은 모두 죽고 모르는 사람뿐이었다는 전설의 주인공.

3   (역자주) 우라시마 타로가 용궁의 선녀에게 얻었다는 상자로 '보물'과 '저주의 물건'의 성격을 함께 가진 신비로운 상자이다. 재앙이 채워진 상자는 금기의 본질이다.

찾았다. 그러나 갑작스럽게 군마현 나카지마히코키中島飛行機에 일을 도우러 갔다가 돌아왔더니 군의는 전속을 가고 없었다. 당시 홋카이도에는 식량이 많았지만 군마현에는 부족했다. 매일같이 공습을 보아온 기쿠마루는 전쟁이 길게 가지 않을 것으로 생각하여 항공대를 그만두고 다시 상경했다.

> "글쎄요, 그러고부터는 놀았어요. 그러는 사이에 종전이 되었고요. 마소 거간꾼 우두머리의 빈집을 봐주기로 하고 들어가 살았는데, 대장성에서 운반 담당을 하던 마부가 있었어요. 그는 전쟁 전에 일반가정에서 공출한 귀금속류를 운반했는데 도중에 슬쩍하는 장면을 나한테 딱 들켰어요."

기쿠마루는 마부를 협박해 일부를 가로챘다고 한다. 전쟁이 끝난 허탈감과 안도감이 뒤섞인 무질서의 시대. 진주한 미군 병사는 여자를 발견하면 닥치는 대로 능욕한다는 그럴싸한 유언비어가 난무했고 실제로 사건이 일어나기도 하여 세상은 흉흉했다. 혼란한 세상이 '위안부'였다는 가슴 속 응어리마저도 집어 삼켜버려 기쿠마루의 타고난 힘이 발휘될 수 있었는지도 모른다.

그즈음부터 기쿠마루는 이런저런 일을 하게 되었다. 요코하마시 쓰나시마綱島에서는 매춘소 경영을 시작했으나 일하는 여성이 도망가서 실패했다. 그다음에 요코하마시 단마치反町의 시장에서 일했다. 남자에게 애교를 파는 술집과는 달리, 열심히 몸을 움직여 일하면 사람들이 인정해 주는 게 기뻤다고 한다. 새벽 3시에 일어나 큰 수레를 끌고 시장에 가서 생선을 배급받아 적당한 크기로 잘라서 배급통장을 들고 온 사람들에게 팔았다. 오후부터는 얼음을 사러 가기도 하면서 열심히 일해

가게 주인의 마음에 들었다. 그러다가 가게 주인을 통해 식량영단食糧營団의 직원이 결혼을 청하기도 하고 어떤 흑인 병사가 연인이 되어 달라며 쫓아오기도 했다. 그러나 어찌 된 일인지 주위 사람들에게 받는 신뢰가 두터워질수록 기쿠마루는 숨이 막혀왔다. 그리고는 결국 홋카이도로 돌아간다고 거짓말을 하고 일을 그만뒀다. 나는 이야기를 들으면서 '위안부'였던 기억이 가슴 속에 응어리처럼 자리 잡고 있어서 건전한 시민으로 생활하는 사람들과, 팔아서는 안되는 몸을 팔았던 기쿠마루 사이에 완강한 벽을 만들고 있는 게 아닐까 생각했다.

홋카이도에 돌아갈 생각이 없었던 기쿠마루는 이번에는 요코하마시 사쿠라기초桜木町의 팥죽 가게에 들어가 살며 그곳에서도 열심히 일했다. 먹을거리는 무엇이든 잘 팔리던 시대였지만 재료는 거의 통제물자에 의존해야 했다. 노인과 젊은 여성은 통제물자를 손에 넣을 수 없었기 때문에 장사를 할 수 없었다. 그때 근처의 장물 가게 주인이 "잘 대우해 주겠다"며 기쿠마루를 고용했다.

장사가 잘되는 가게여서 일을 하며 조금씩 장사 수완을 익혀갔다. 그러나 가게 주인이 가게를 비운 사이에 누군가 가져온 융단을 샀는데 그게 도난품이어서 경찰에 잡혔다.

같은 시기에 어쩌다 응모한 다이에이大映 영화사의 신인배우 모집에 합격해서 일주일에 세 번 촬영소에 연기를 배우러 다니다가 드디어 〈진주부인眞珠夫人〉에 출연이 막 확정된 참이었다. 그때 하필 장물 취득으로 경찰에 체포되었으니 결국 여배우가 되는 길은 단념할 수밖에 없었다.

집행유예 3년의 판결을 받고 한동안은 홋카이도의 부모 곁에서 휴양하기로 했다. 부지런함을 타고난 기쿠마루는 가만히 있지 못하고 가끔 일을 도와주던 카페를 시작으로 조금씩 술장사의 길에 발을 내딛고 게이샤로 돌아가 구시로釧路에서도 손꼽히는 일식 요릿집의 전속이 된다. 여기에서 트럭섬 시절의 '남편'들과 우연히 재회한다.

이렇게 10년, 게이샤 생활을 하다가 요릿집의 요리사와 결혼해서 도쿄 미타카三鷹시에서 함께 살게 되었다. 기쿠마루는 여전히 열심히 일했지만 살아보니 남편은 게으름뱅이여서 결국 이혼했다. 혼자가 되고 나서는 일식 요릿집, 작은 식당, 함바집을 전전하다가 긴시초의 카바레에서 만난 공장경영자에게 신세를 지며 얼마간 평온한 생활이 지속되었다. 그러나 그의 공장이 어려워지면서 다달이 생활비도 밀리게 되었다.

  "남자에게 기대어 살 수만은 없어요. 내 힘으로 먹고살아야지요. 지
  금까지도 혼자서 그럭저럭 살아왔는걸요. 앞으로도 어떻게든 열심히
  해야지요."

이렇게 말하기도 했지만 마음속 깊은 곳의 어둠이 계속 살아가기를 거부하고 있었던 모양이다.

기쿠마루가 편집부에 연락해 온 것은 1971년 7월이다. 전년 12월부터 연재가 시작된 「도큐먼트 태평양전쟁」에서 '위안부' 기사를 읽고 연락했다. 편집부에서는 전장의 취재를 진행하면서 '위안부'의 존재를 빼고서는 태평양전쟁을 말할 수 없다는 사실을 깨달았기 때문에 기쿠마루의 연락이 때마침 내린 단비와 같았다. 신속하게 취재 협력을 의뢰했고 좋은 취재를 할 수 있었다. 취재를 시작한 지 45년 정도 지난 지금은 귀중한 자료가 되었다.

끝내 다하지 못한 기쿠마루의 인생을 '위안부'였던 경험과 결부시키기는 어렵지만 취재 중에 나는 기쿠마루의 마음속에 무언가 있다고

느꼈다. '몸을 팔았다'라는 사실, 그것을 자신이 외면할 수 없었던 것은 아닐까? 울고 웃던 평범한 날이 아무리 많아도 마음속에 있는 그 사실은 사라지지 않았다. 어떤 이유로도 몸을 팔아서는 안 된다. 하물며 '위안부'의 경우는 육체의 매매를 국가가 돕고 있어서 문제가 더욱 복잡해진다는 것을 이 취재로부터 배웠다. 전장에 '위안부'가 필요하다면 그 전쟁은 멈춰야 한다.

이 원고를 쓰기 전에 '전쟁과 여성에 대한 폭력' 리서치·액션센터의 세 사람과 만났다. 그때 "지금 무엇을 하면 '위안부'였던 분들께 보상^つ^{ぐない}4이 된다고 생각하십니까?"라는 질문을 받았다. 나는 곧바로 "보상은 불가능하다고 생각합니다"라고 답했다.

몸을 파는 일은 인간의 근원적인 문제로 강제하면 안 되겠지만 본인의 의지라면 괜찮다는 것은 말도 안 되는 소리라는 것을 '위안부' 취재를 통해 알게 되었다. 이는 사회과학자와 저널리스트에게만 맡길 문제가 아니라 성性과학자 및 심리학자와 함께 고민해 보아야 할 문제이다.

오해를 피하기 위해 덧붙이면 보상이 불가능하기 때문에 하루라도 빨리 금전과 사과의 말이 필요하다. 여기서는 일본인 '위안부'를 다루었지만 조선인 '위안부'와 외국인 '위안부'의 경우는 강제연행이기 때문에 더욱 상처가 깊을 테니, 그녀들이 살아있는 동안에 조금이라도 나은 방법으로 사죄해야 한다.

---

4 (역자주) 償い(つぐない)의 번역어로는 위로, 위무, 보상 등이 언급되어 왔다. 특히, 1990년대에 '여성을 위한 아시아 평화국민기금'에 대한 찬반 논쟁이 한창일 때 償い金(쓰구나이킨)은 위로금(위무금)인지 보상금인지가 쟁점화되었는데, '보상'은 법적 책임이 따라야 하는 것이므로 국민기금의 성격과는 거리가 먼 것이었다. 국민기금 관련 논쟁에서는 つぐない(償い)를 '보상'으로 해석하는 것이 적절하지 않지만, 이 문장의 맥락에서는 '보상'으로 번역하는 것이 자연스럽게 읽힌다는 판단 하에 역자들은 '보상'이라는 번역어를 신중하게 선택했음을 밝혀둔다.

서적·잡지로 보는 일본인 '위안부'의 전후

여기에서는 제2장의 「서적·잡지로 보는 일본인 '위안부'」에서 거론한 열 명의 일본인 '위안부' 피해자가 전후에 어떤 삶을 살아왔는지 살펴보고자 한다. 단, 야마우치 게이코에 대해서는 히로타 가즈코의 논문을 참조하길 바란다.

스즈모토 아야 鈴本文, 가명

1943년 12월 말, 아야는 트럭섬에서 배를 타고 떠나 요코스카항에서 내렸다. 일곱 살에 유곽에 팔려 간 이후에 아버지의 빚 때문에 여기저기 계속 팔려 다니다가 트럭섬에서 만 엔을 모았고 그중에 5,000엔만 아버지에게 건넸다. 남은 돈으로 기모노, 하오리羽織, 짧은 겉옷, 나가지반長襦袢, 긴 속옷, 다비足袋, 일본식 버선를 사고 살림 도구와 장롱까지 장만하는 등 세간살이를 실컷 사들였다. 어렸을 때부터 부모가 사준 게 하나도 없었다.

　1944년부터 1956년까지 오사카에 사는 친구 모친술집 종업원의 소개로, 스물아홉 살이나 연상인 남자에게 의탁해 성실하고 조신하게

12년을 살았다. 많은 나이 차이에 불안감이 커지기도 하고 나중에 할 결혼을 위해 그에게 부탁하여 32세에 원만하게 헤어졌다.

그 해, 방탕한 아버지와는 전혀 다른 부류의 남성과 알게 되어 그의 네 번째 아내로 결혼했다. 유곽과 위안소에서 일한 과거가 친족에게 알려지지 않도록 하라고 남편이 단단히 일렀기 때문에 철저하게 숨겼다. 40세에 생리가 끊겨서 성관계도 없어지자 일주일에 두 번씩 남편을 '사우나'에 보냈다.

트럭섬에 가보고 싶고 그곳에서 함께 지냈던 사람들과 이야기도 나누고 싶은 마음이 굴뚝 같았지만 연락하고 지낼 엄두를 내지 못했다. 트럭섬에서 있었던 일이 지금의 생활에 풍파를 일으키지 않도록 항상 조심하며 지냈다. 트럭섬에서 번 돈으로 산 번듯한 장롱과 찻장이 그녀가 남긴 마지막 재산이었다.

[출전]

「告白! 戦争慰安婦が生きた忍従の28年」, 『アサヒ芸能』, 1973年 8月 12日.

広田和子, 『証言記録 従軍慰安婦·看護婦: 戦場に生きた女の慟哭』, 新人物
     往来社, 1975年.

시마다 요시코 嶋田美子, 가명

요시코는 1947년에 귀국했다. 1949년에 지쿠호 지역에 있는 전우 30명 정도가 모여서 '위안부'였던 여성들을 초대했다. 그때부터 그녀들을 초대하는 전우회가 일 년에 한 번 열린다. 1934년 이후로 가족과 연락을 하지 않는 요시코에게 이 모임은 구원이었다. 요시코는 1963년에 한 남성의 후처가 되었다. 전우들은 그녀의 결혼을 축복하고 '위안부'였던 과거를 계속 숨겨주었다.

[출전]

「いまも続く"慰安婦戦友会"の悲しみの秘録」,『現代』, 1972年 4月.

다카시마 준코 高島順子, 가명

패전 전에 구니이가 위안소를 닫게 되자 바로 본토로 돌아온 준코는 신주쿠新宿에서 작은 술집을 열었다. 패전 후 32세에 결혼을 하고 불타다 남은 가게를 거점으로 사업을 확장해 갔다. 신주쿠에 다섯 채의 지점을 가진 작은 술집의 경영자가 되었지만 자신의 과거를 말하는 일은 없었다.

[출전]

大林清, 「從軍慰安婦第1号順子の場合」, 『現代』, 1974年 4月.

大林清, 「從軍慰安婦順子の上海慕情」, 『現代』, 1974年 5月.

사사구리 후지 笹栗フジ〔기명 게이코慶子〕

1945년 8월 22일, 게이코 일행은 마침내 버마의 페자ペジャー에 있는 일본군 포로수용소에 도착했다. 풍기가 문란해진다는 이유로 '위안부'였던 게이코 일행의 입소를 거부한 장교도 있었으나 군의관의 조언으로 수용소 병원에서 일할 수 있게 되었다. 속속 들어오는 일본인 '위안부' 중에는 일하려고 하지 않는 사람도 있었다. 그러나 게이코는 간호부와 똑같이 하얀 앞치마를 두르고 일할 수 있다는 게 무엇보다

기뻐서 수간호사와 간호부에게 도움을 받으며 포로수용소 병원에서 일했다.

1947년 초여름에 귀향선을 타고 히로시마현의 구레吳에 상륙했지만 귀국하고 보니 새로운 화폐로 바뀌어 지금까지 모은 돈을 전부 사용할 수 없게 되었다. 햇수로 8년간 '위안부'와 독지篤志 종군간호부로 일한 보수로 받은 거라곤 목적지까지 가는 기차의 무임승차권 한 장뿐이었다.

게이코는 귀국했어도 고향 집에 돌아갈 엄두조차 내지 못하고 귀향선을 같이 탔던 김필련金必蓮, 이금화李金花와 하카타역에서 헤어진 후, 후쿠오카의 오하마마치大浜町로 가서 다시 '아사후지로'에서 일하게 된다. 은인인 구라미쓰 다케오가 지배인이었던 후쓰카이치二日市 온천에 가보지 않을 수가 없었다. 자유의 몸이 되게 해 준 "구라미쓰 다케오의 모습이나 흔적을 찾을 수 있을 것으로 기대했지만 어디에도 없었다." '아사후지로'에서는 전쟁터에서처럼 하루에 수십 명의 남자를 상대하는 일 없이 거의 놀다시피 지냈다.

1958년에 전면적으로 시행된 '매춘방지법' 때문에 아카센赤線·아오센青線[5] 지역의 가게들이 문을 닫자 게이코는 '요릿집 접시닦이, 뒷골목 여관의 종업원, 허름한 술집의 잡부, 모텔 잡부' 등 여러 가지 일을 했다. 그러나 일하는 곳이 바뀌어도 '원래 몸 파는 여자였던 걸 알게 되면 함께 일하는 동료들도 무시하고 업신여기는' 사실은 변하지 않았다.

센다 가코를 만난 지 3년이 지나서야 겨우 "일하면서 짬짬이, 손꼽아 날짜를 확인해가며 그 '지나가 버린' 일"을 이야기하기 시작했다. "밤이 깊어가는 것도, 날이 밝아 오는 것도 잊은 채 계속해서 이야기했

---

5   (역자주) 아카센 주변에서 무허가로 매춘행위를 하던 음식점 거리.

어요." 그때 게이코는 60대 중반이 넘어 있었다.

센다 가코가 전쟁에서 겪었던 일을 포함해서 인생에서 가장 괴로웠던 일과 즐거웠던 일을 묻자, 게이코는 이렇게 대답했다. "제일 괴로웠던 때는 히코산 기슭에 있는 집을 나왔을 때고, 두 번째는 '아사후지로'에서 처음으로 손님을 받았던 때예요. 그다음부터는 다 똑같아요. 버마에서 있었던 일도 그에 비하면 아무것도 아닌 것 같아요", "제일 즐거웠던 때는 버마 포로수용소 병원에서 간호부들과 섞여 하얀 앞치마를 하고 일했던 때예요. 될 수만 있다면 나도 그런 간호부가 되고 싶었어요. 병들어 고통스러워하는 사람들을 돌봐줄 수 있으니까요. 생각해보면 전투 나가는 게 무서워서 덜덜 떨며 우리에게 꽉 안기는 병사들도 불쌍하다면 불쌍했어요. 전쟁이란 게 밑바닥 생활을 하는 가난뱅이들부터 힘들어지기 마련이니까요."

[출전]

千田夏光, 『從軍慰安婦·慶子』, 光文社, 1981年.

미즈노 이쿠 水野イク

1945년 5월, 이쿠는 남양 티니안섬 신코新港병원에서 낳은 세 번째 여자아이 하나코花子를 처음으로 직접 키우겠다고 결심한다. 미군 포로수용소에서 아이 셋 딸린 47세의 야마모토 도라지로山本虎次郎와 결혼 이야기가 나왔다. 야마모토는 일본에서 자란 조선인이었다. 10월에 야마모토 가족과 함께 하나코를 데리고 조선에 있는 그의 본가에 갔지만 시어머니는 이쿠의 존재를 인정하지 않았다. 이쿠는 1946년 2월에 하나코와 둘이서 고향 이와테현 하나마키花巻로 귀국한 후, 상경해서 이케가미센池上線의 이시카와다이石川台에 있는 모자원母子寮[6]에 들어가 석간신문을 판매하거나 노상에서 도자기를 팔며 먹고 살았다.

학교에 다닌 적이 없는 이쿠는 히라가나와 가타카나 밖에 읽지 못해 할 수 있는 일이 별로 없었다. 그래서 1947년 7월, 하나코를 기타쿠北区의 아동 보호시설에 맡기고 쓰루미鶴見의 사창가에서 일하게 되었다. 이듬해 단골손님인 용접공 이노우에 지스케井上次助와 결혼했다. 호적상 아내가 된 것은 처음이었다. 결혼 후에 이노우에가 손을 다쳐서 일할 수 없게 되자 그녀는 선술집에서 일하기 시작한다. 1950년에 하나코를 데리고 집을 나와 술집 손님이었던 나카가와中川라는 한국 남자의 집에 들어앉았다. 나카가와의 일터를 따라다니며 함바에서 밥을 짓고 이후에 오다와라小田原에서 날품팔이를 했다. 그의 주사가 심해지자 쓰루미에서 다시 몸을 파는 일을 하게 되었다. 1952년, 32세 때 미군기지가 있는 요코스카 거리에서 호객행위를 하다가 경찰의 단속으로 몇 번이나 잡히자 하나코를 키울 수 없게 될지도 모른다는 불안감이 생기기 시작했다. 이 무렵 이쿠는 동거하던 주정뱅이 흥행사興行師 사사키佐々木한테서 도망치고 싶던 차에 마침 그때 도쿄의 산야山谷를 알게 되었다. 1955년, 하나코를 데리고 산야에 가서 가창街娼이 되었다. 1958년에 뒤쫓아온 사사키와 셋이서 지내면서 '아네고'로 불리며 낮에는 아사쿠사浅草에서 여덟 명에서 열 명, 밤에는 산야에서 대여섯 명의 손님을 받았다. 1961년에는 산야에서 방을 다섯 개 빌려 놓고 돌려가며 손님을 받았다. 하룻밤에 열여섯 명을 받은 적도 있다. 경찰에 서른네 번 정도 잡혔지만 벌금을 내지 못해 도치기栃木형무소에서 한 달간 복역하기도 했다.

---

6   (역자주) 아동복지법에 따라 배우자 없는 여성과 그 아이들을 위한 복지 시설의 하나.

1982년, 산야의 길거리에서 몸을 팔 때 단골이었던 기무라 사쿠조木村作造와 동거를 시작했고 그 후 25년이나 함께 살았다. 2009년 겨울, 이쿠는 산야에서 생을 마감했다.

생전에 이쿠는 『사천思川』의 저자 미야시타 다다코宮下忠子에게 이렇게 말했다.

"내가 뭘 할 수 있겠어요. 아무것도 없는걸요. 몸뚱이 하나뿐이죠. 살기 위해서, 그게 다예요", "이렇게 사는 방법밖에 없어요. 몸을 파는 것에 익숙해져 버려서", "하지만 돈을 받고 남자와 자는 일은 자신을 죽이지 않으면 할 수 없는 일이에요", "외로우니까 항상 이 남자 저 남자와 함께하지요. 매번 잘 지내기를 간절히 바라지만 결국엔 하나코와 둘만 남아요. 나쁜 남자는 없어요. 잘 사는 방법을 모르는 것뿐이에요. 나랑 판박이에요. 그래서 결국 헤어지게 되는 거죠."

[출전]

宮下忠子, 『思川: 山谷に生きた女たち 貧困·性·暴力 もうひとつの前後女性史』, 明石書店, 2010年.

다나카 다미 田中タミ, 가명

패전 직후 다나카 다미는 처자식과 별거 중인 남자에게 낙적되었다. 그는 일찍이 패전을 예상했으며 패전하면 위안소에 미군들이 몰려올 것으로 생각해 옥음방송이 있고 얼마 지나지 않아 다미의 빚을 갚아주었다. 그러나 자유의 몸이 된 다미가 정말로 원했던 것은 금전을 매개로 하지 않는 관계였다.

남자가 구해준 집에 살기 시작했지만 할 일이 없어 어묵 가게에 일을 도우러 다니기로 했다. 두세 달 일했을 무렵 별거 중이던 남자의 아내가 돌아와 다미는 친정으로 돌아가 바느질을 배우고 밭일을 시작했다.

아버지는 농지 해방으로 지주가 처분한 토지를 3정보三町步, 1정보는 3,000평나 사서 농업을 시작했다. 그것도 따지고 보면 다미를 희생시켜 마련한 돈이었다. 아버지는 재혼해서 세 명의 아이들과 살고 있었다. 새엄마는 자기의 친자식에게는 명주솜이 든 따뜻한 조끼를 지어 입혔지만 다미의 남동생에게는 만들어 주지 않았다. 다미가 불평이라도 하면 아버지에게 맞았다. 아버지의 폭력을 견디다 못해 결국 집을 나와 식당과 이발소에서 일하다가 게이샤가 되었다.

패전 후 얼마 안 되었을 무렵, 기예를 몸에 익힌 게이샤가 드물어서 소녀 시절부터 샤미센三味線 초보 교육을 받은 다미는 '샤미센을 연주할 수 있는 게이샤'로 잘나가는 기생이 되었다. 스무 살이 채 안 된 다미는 나이든 게이샤보다 기예는 떨어졌지만 그들보다 더 귀하게 여겨졌다. 다미는 게이샤집 안주인과 수입을 반반씩 나누기로 하고 계약을 했다. 들어가서 살면 첫선을 보일 때 드는 비용과 옷값 등이 빚이 되기 때문에 다미는 게이샤집에 간판료만 내면 되는 '통근하는' 게이샤가 되고 싶었다.

그 무렵 남동생은 중학교를 졸업하고 우에노上野의 철공소에서 일했다. 몇 달 뒤에 다미는 빚을 다 갚고 독립해 작은 아파트를 얻어 최소한의 세간을 갖추고 동생을 불러들였다.

게이샤로 일하면서도 모바라의 위안소에서 일했다는 것은 꼭꼭 숨겼다. 위안소에 있었던 사실이 알려지면 냉랭한 모멸의 눈초리를 받을 게 뻔하다는 것을 뼈저리게 느꼈기 때문이다. 어느 날 우연히 이웃한 위안소에 있던 후사フサ,가명와 딱 마주쳤다. 동갑내기 라이벌 같은

존재였던 두 사람은 다시 같은 화류계에서 일하게 되었지만 다른 사람들 앞에서 모바라 얘기는 서로 꺼내지 않았다.

아버지의 부고를 듣고 고향으로 돌아가 아버지가 남긴 빚을 정리했다. 그 후 야마구치현의 남성과 결혼했다. 그러나 돈이 떨어지면 고향에 있는 부모에게 '돈 부쳐줘'라고 전보를 치는 남자에게 부담을 느껴 이혼했다.

30대 중반부터 양재를 배워 양장점을 개업했다. 한때는 점포 세 개의 부티크를 경영했다. 현재는 점포 하나를 동생의 아내에게 맡기고 하나만 직접 운영하고 있다.

위안소에 있었다는 사실이 남에게 알려질까봐 늘 두려워했던 다미는 한편으로는 자기가 겪은 고통을 누군가 들어 주었으면 하는 강한 충동을 느껴 1992년에 '위안부 110번'으로 연락했다.

[출전]

川田文子, 『皇軍慰安所の女たち』, 筑摩書房, 1993年.

다카나시 다카 高梨タカ

패전 때 암시장에서 생계를 이어가던 다카나시 다카는 하치노헤八戶로 물건을 구하러 가는 열차 안에서 패전 사실을 알았다. 다카는 전부터 "이 전쟁은 질 거야"라며 "일본이 전쟁에 져서 다행이야. 저런 군대가 으스대면 큰일이지. 어디든 원주민들은 불쌍했어. 전쟁에서 이기는 것만큼 지독한 건 없어"라고 말하곤 했다.

전후에는 자택을 도박장으로 삼아 생활했다. 1959년 8월, 56세 때 지바의 가모가와鴨川에 집을 짓고 이사한 뒤에는 도박도 그만두고 농사일을 하며 지냈다. 밭일 때문에 허리를 다쳤는지 원인 불명의 심한 허리 통증에 계속 시달렸다.

아홉 살 때 남의집살이를 하며 처음으로 몸을 팔게 되었고 계속해서 '팡팡'으로 생활했다. 그것이 유일하게 먹고 사는 길이었던 다카는 글을 읽을 줄 몰랐다. 하지만 주식을 사고팔아 생활비를 버는 등 배짱과 감으로 살아갔다.

1973년, 70세에 도쿄로 돌아와 아파트에서 계속 홀로 지내다가 1982년에 천식과 원인 불명의 허리 통증으로 급히 입원했다. 자살을 시도한 적도 있었지만 마지막까지 병과 싸우며 자기 힘으로 살아 내려고 했다.

다카는 남양에 관여했던 많은 사람이 흔히 사용하던 당시의 차별어 '토인土人', '도인島人'이라는 말을 끝까지 사용하지 않았다.

[출전]

玉井紀子, 『日の丸を腰に巻いて: 鉄火娼婦·高梨タカ一代記』, 現代史出版会, 1984年.

시로타 스즈코 城田すず子, 가명

어떤 남자의 '3호'였던 스즈코는 그 남자와 그의 아내, '2호' 여성과 함께 귀국한 후, 처첩 동거 생활을 견디지 못해 이동증명도 지니지 않고[7] 목적지도 없이 집을 나와 하카타로 향했다. 히로뽕에 중독되어 미군

---

7   (역자주) 이동증명서(移動証明書). 주소를 이동할 경우, 원래 거주지의 관공서, 동사무소 등이 발행하는 전출을 증명하는 공문서. 전출 증명서.

상대인 '팡팡', 온리オンリー,[8] 유곽 등 규슈와 고베 곳곳을 전전하며 '황폐한' 생활을 계속했고 그사이에 동반 자살도 한 번 시도했다. 도쿄의 요시와라나 요코하마의 아카센지대에서도 일했고, 1955년에 우연히 『선데이 마이니치サンデー毎日』1955년 9월 11일호에서 부인 갱생시설 지아이료慈愛寮를 알게 되어 입소했다. 그곳에 있는 동안 기독교에 입교했다. 성병 후유증과 부인과 질환에 시달려 몇 번인가 입원하였고, 수술 후에 지아이료에서 나왔지만 취업도 어려워 다시 갱생시설 이즈미료いずみ寮에 들어갔다. 자립을 위해 동료들과 빵 공장 설립을 목표로 활동하던 중에 척추 골절로 하반신불수가 된다. 1965년 지바현 다테야마館山시의 '가니타 부인의 마을かにた婦人の村' 개소와 동시에 이 시설로 옮겨 평생 이곳에서 생활했다. 그사이에 원장 후카쓰 후미오深津文雄 목사에게 남방에서 희생된 전前 '위안부'의 추모비를 세우고 싶다는 소원을 말하고 1985년 8월 15일에 가니타 부인의 마을 안에 있는 전 해군 포대 자리에 '진혼의 비'가 건립되었다.

[출전]

城田すず子, 『マリヤの讃歌』, 日本キリスト教団出版局, 1971年.

深津春子, 『かにた物語』, かにた後援会, 1998年.

『サンデー毎日』, 1955年 9月 11日.

『朝日新聞』, 1985年 8月 19日.

8　(역자주) '팡팡'은 불특정 다수의 연합군 병사를 손님으로 하고 있던 사람을 가리키는 경우가 많다. 온리는 이에 반해 특정 상대(주로 상급 장교)만 애인 계약을 맺고 매춘 관계에 있던 매춘부를 말한다.

우에하라 에이코 上原栄子

미군 민간인 포로수용소를 나와 미군 캠프 내에서 메이드, 커피숍 경영 등을 하면서 미군 장교의 온리도 되었다. 그러면서 쓰지 유곽의 재건을 목표로 하여 1952년에 미군 접대용 A사인[9] 요정 '마쓰노시타松乃下' 영어명은 'Tea House August Moon'를 개점했다. 죽은 기녀들의 묘를 세우고 이듬해인 1953년 봄에는 쥬리우마ジュリ馬[10]를 부활시켰다. 사생활에서는 미국 민정부 관계자[11]와 결혼해 미국 국적을 취득하고 딸 하나를 낳았다.

[출전]

『辻の華: くるわの女たち』, 時事通信社, 1976年.

『辻の華』, 戦後篇上, 時事通信社, 1989年.

『辻の華』, 戦後篇下, 時事通信社, 1989年.

정리 : 야마다 게이코
요시다 도시코
야마구치 아키코

---

9 (역자주) A Sign, 본토 복귀 전 오키나와에서 미군 공인의 음식점·풍속업소에 부여된 영업 허가증.

10 쓰지 유곽의 전통행사.

11 (역자주) 미국 민정부(United States Civil Administration of the Ryukyu Islands)는 미군이 오키나와에 설치한 통치기구.

〔칼럼〕 '가니타 부인의 마을'에서 보냈던 시로타 스즈코의 전후

아마하 미치코天羽道子

여성보호 장기입소시설인 '가니타 부인의 마을かにた婦人の村'[12] 정상의 노송나무 기둥에 먹으로 쓴 '진혼의 비'가 세워진 때는 1985년 8월 15일 저녁이었다. 일 년 후, '아, 종군위안부'라고 새겨진 돌비석으로 바뀌었다. 전후 40년을 앞두고 "위령탑을 세워 주세요"라는 시로타 스즈코가명의 염원에 따른 것이었다.

"이렇게 말할 수 있는 건 저뿐입니다. 살아있다 하더라도 이런 부끄러운 말은 아무도 안 하잖아요." 시로타 스스로 특요대해군의 '위안부'였던 사실을 드러내는 고백이기도 했다. 『아사히신문朝日新聞』이 이와 관련된 이야기를 '천성인어天声人語'에서 다뤘고, TBS 라디오는 〈돌의 외

---

12   (역자주) 매춘방지법에 규정된 요(要)보호녀(자활이 곤란한 상황에 있으며 전락의 우려가 있는 여성) 중에서도 지적 장애, 정신적 장애가 있어 장기 보호를 통한 생활 지원을 필요로 하는 여성을 전국에서 받아 지원하는 여성보호 장기입소시설(정원 100명).

침石の叫び〉이라고 제목을 붙인 1시간짜리 프로그램을 내보냈다. 한국 언론의 취재에까지 응하게 되면서 심신이 소진된 그녀에게 의사가 활동을 만류했다. 시로타는 취재에 응할 기력조차 남지 않았다. 그로부터 8년 후 병환으로 71년의 생애를 마감했다. 시로타에게는 고단한 인생으로부터의 해방이기도 했다.

그녀가 꺼내기 어려운 말을 하면서 세상에 자신을 드러낸 이유는 무엇이었을까?

우선 반드시 언급해 두어야 할 것은 우연히 고텐바御殿場역 플랫폼 매점에서 구매한 『선데이 마이니치』에 실린 '갱생시설 지아이료'이다. 시로타는 그 자리에서 목적지를 바꾸어 지아이료를 방문했다. '물장사'에서 벗어나고 싶었던 시로타의 새로운 인생, 갱생의 길이 시작되었다. 1955년 가을에 있었던 이 일은 우연이었을까? 거기서부터 시작된 시로타의 제2의 인생과 그녀가 남긴 것을 생각하면 필연이라고 생각하지 않을 수 없다.

지아이료에 들어간 후 근처의 홀리니스 교회의 권유로 자궁 적출수술을 하는 날 아침, 시로타는 세례를 받았다. 그녀는 기독교와의 만남으로 인생을 180도 바꾸는 원동력을 얻어 '위안부'였던 사실을 고백하기에 이르렀다.

지아이료에 있는 동안 병이 나아 그곳을 나와야 했으나 집에는 돌아가지 못하고 사회복지법인 베테스다 봉사 여성과 어머니의 집ベテスダ奉仕女母の家 관장이었던 후카쓰 후미오 목사를 찾아가 그해 겨울을 추운 가루이자와軽井沢에서 어느 여성 봉사자와 함께 지냈고, 1958년 4월에 개소한 '이즈미료'에 입소했다.

개소한 지 넉 달 후, 『겐세키原石』가 창간되자마자 그녀는 곧바로 「뱀」이라는 제목의 글을 투고했다.

나는 아담의 시대 이래로 대표적인 나쁜 뱀이에요. 나는 그 오랜 시간의 오명을 씻기 위해 주님께 동정을 구했습니다. 눈물을 흘리며 몸을 굽혀, 푸른 수렁에서 빠져나오기 위해 주님께 동정을 구했습니다.

〔후략〕

시로타는 당시 후카쓰 관장이 제창한 '콜로니ㄱㅁㄴㅡ[13]'론에 깊이 동조하여, 기독교부인교풍회의 구부시로 오치미久布白落実 선생이 방문했을 때 '콜로니'의 필요성을 호소했다. 그러자 "여기에 씨앗을 뿌릴 테니 키워 주세요"라며 구부시로 선생이 지갑에서 52엔을 꺼내주었고 이것으로 '콜로니 후원회'가 출범하게 되었다. 그러나 정작 시로타 본인은 목욕탕에서 더운 물 한 바가지를 퍼 올리다가 척추가 손상되어 6년 반 동안 병원 생활을 하게 되었다. 그동안 시로타의 구술을 엮어 『마리아의 찬가』가 출간되었고, 병상에서도 오로지 콜로니의 실현을 기원했다. 그 후 1965년에 지바현 다테야마시에 '여성보호 장기수용시설 가니타 부인의 마을'이 창설되었을 때 개소 엿새 전에 옮겨와 개소와 함께 입소자의 한 사람이 되었다.

그러나 시로타는 하반신불수로 입소 후 28년 동안 하루도 작업장에 나갈 수 없었다. 자기 방에서 주로 뜨개질이나 바느질을 하고 책이나 신문을 읽었다. 그리고 대통령, 총리대신, 국회의원, 문인, 보도 관계자 앞으로 편지를 썼다. 자기가 꾼 꿈과 환상 이야기를 대학 노트 몇 권이나 되는 글로 휘갈겨 썼다.

1978년에 간호동고령자동이 세워져 방 하나가 주어지자 시로타는 이

---

13 (역자주) 원래 뜻은 식민지 혹은 이식지(移植地)이지만, 의미가 변하여 지역사회로부터 소외된 사람들의 보호, 치료, 훈련 등을 위한 시설을 총칭하는 말이 되었다. 일본에서는 1960년대에 장애인 복지정책의 과제로 콜로니 건설이 거론되었다.

렇게 말했다.

"간호동으로 가는 길은 정녕 머나먼 길이었어요. 조용한 병실에서 살고 싶다고 빌고 빌었죠. 매일 밤낮으로 기도했더니 하나님이 들어주셨네요."

이 방에서 그녀는 납골당의 필요성을 호소하며 위령탑이 세워지기를 바랐고, 이를 모두 이루고 떠났다. 1993년 3월, 시로타 스즈코 영면.

〔칼럼〕 싱가포르에 방치된 일본인 '위안부'

니시카와 미유키 西川幸

역사의 어둠 속에 숨어 있는 70년 전 일본인 '위안부'를 조사하는 일은 상당히 힘들고 어려운 작업입니다. 아직 살아있는 피해 여성이 있는 게 분명하지만 그녀들은 일본 사회의 폐쇄적이고 뿌리 깊은 차별의식 때문에 자신을 밝히기 두려워 선뜻 나서지 못합니다.

'NHK문제를 생각하는 모임 NHK問題を考える会, 효고현'을 주도한 사람들 중 한 명인 모리와키 아쓰코 森脇敦子는 현재 87세입니다. 그녀는 1993년 5월에 싱가포르를 여행할 때 방치된 전 '위안부'를 만났습니다. 전사한 일본인 병사의 묘지를 안내해 준 여행사 가이드인 일본인 여성이었습니다. 당시 60대 중반 정도로 보였다고 합니다.

우연히 같은 나가사키현 출신이라는 것을 알고 조금씩 신상에 관한 이야기를 들었습니다. "남방에 일자리가 있다"고 해서 그녀가 가게 된 곳이 싱가포르의 위안소였고 그길로 '위안부'가 되어버렸습니다. 당시 열아홉이나 스무 살 정도였겠지요. 전쟁에 진 일본 병사들은 귀환했지만 '위안부'가 된 여성들은 패전한 것도 모른 채 방치되었다고 그녀는 울면서 말했습니다.

어찌할 바를 몰라 막막할 때 현지 남성이 친절히 보살펴 주어서 그와 결혼했습니다. 고향에 돌아가면 '위안부'였다는 사실이 알려져 가족이 차별받고 핍박받을 게 뻔하니 일본으로 돌아가지 못하고 계속 싱가포르에 남아 있었다는 겁니다. 그녀의 말에 따르면 나가사키현에는 특히 이런 여성들이 많았다고 합니다.

두 사람은 부둥켜안고 울면서도 "우리 열심히 살아요!"라며 서로를 격려했습니다. 이때 찍은 두 사람의 기념사진을 우리 모임의 뉴스에 실은 적이 있습니다. '위안부'라고 하면 조선인, 중국인뿐이라고 생각하는 사람이 대부분이지만 속아서 '위안부'가 된 일본인 여성도 적지 않았던 것으로 보입니다.

그런데 어떻게 일본의 일반 여성을 '위안부'로 징집했을까요? 우리 모임 대표 누키나 하쓰코貫名初子는 현재 94세고 건강하지만 전시 중에 하마터면 속아서 '위안부'가 될 뻔했다고 합니다.

결혼한 지 얼마 지나지 않아 대학교수였던 남편이 군속으로 인도네시아에 건너갔는데 언제부터인가 소식이 끊겼습니다. 그러던 중 한 운송회사가 인도네시아에서 타자수 등 사무원을 모집한다는 이야기가 있었습니다. 누키나는 남편을 찾기 위해 YMCA에 다니며 타자와 인도네시아어를 배워 응모했습니다. 그 운송회사는 군으로부터 인도네시아의 일본 기업과 민간인의 관리를 위임받고 있었습니다.

당시, 고베의 다루미垂水항에서 배가 출항했습니다. 응모해서 온 여성을 매번 40명씩 실어 날랐습니다. 그런데 며칠을 기다려도 출항 소식이 없어서 누키나는 그 운송회사에 있던 남편의 형에게 따졌지만 배는 이미 출항한 후였습니다. 형이 걱정되어 사전에 인도네시아에 가서 알아봤더니 일본에서 간 여성은 '위안부'가 된다고 해서 일부러 그녀에게 출항을 알리지 않은 것입니다. 만약 남편의 형이 인도네시아에서 알아보지 않았다면 누키나는 '위안부'가 되었을지도 모릅니다. '위안부' 징집을 위해서 군이 매춘업자를 이용했을 뿐만 아니라 기업도 협력하고 있었다는 뜻일까요? 이 운송회사의 사사社史를 조사하면 몇 명의 여성을 옮겼는지 알 수 있을지도 모릅니다. 누키나는 전후에 고베 시의회 의원을 네 번 역임한 후 은퇴했고 현재도 '위안부' 문제나 NHK 문제와 관련된 시민운동에 앞장서고 있습니다.

일본군 위안소에서 RAA·점령군 위안소로

히라이 가즈코平井和子

들어가며

이 장에서는 전쟁에서 살아남은 일본인 '위안부'가 귀국 후에 직면한 일본 본토 사회를 이해하기 위해서 패전 직후의 매매춘 상황을 살펴보고자 한다.

　패전으로 일본군 위안소는 종료되었으나 점령군이 들어오면서 1945년 8월 17일에 성립한 새 내각 하에서 이번에는 점령군을 위한 특수위안소가 개설되었다. 일본군 위안소와 점령군 위안소는 설치된 역사적 배경과 이용자는 다르지만 개설한 목적과 발상, 동원 대상이 되는 여성 등 시스템 면에서는 연속성이 크다. 점령군을 대상으로 국책위안国策慰安이라 불러야 할 매춘정책이 추진되면서, 공습으로 불타다 남은 유곽에서 일하던 여성들과 전쟁 때문에 생활 터전을 잃은 많은 여성이 이곳으로 흡수되었다. 그중에는 일본인 '위안부'들도 있었다.

점령군 위안소에 대한 저작물로는 도쿄에 설치된 RAA Recreation and Amusement Association, 특수위안시설협회에 관한 것이 많다. 1950년대부터 정부 관료와 경찰의 자료를 토대로 르포르타주가 작성되었다.[14] 동시에 1950년대에는 RAA 여성의 수기라는 제목으로 실제로는 남성인 편집자가 남성 독자를 대상으로 정치성과 포르노그래피를 결합시킨 픽션이 베스트셀러가 되었다.[15] 한편, RAA 간부 인터뷰와 GHQ 공중위생복지국 Public Health and Welfare Section, 이하 PHW 의 자료에 근거한 상세한 서술로는 두스 마사요 ドウス昌代의 『패자의 선물—국책 '위안부'를 둘러싼 점령 비화』[16]가 있다. 여성의 시점에서 점령군 위안소를 다룬 르포르타주로는 야마다 메이코의 『점령군 '위안부' 국책 매춘여성들의 비극』[17]과 이노우에 세쓰코 井上節子의 『점령군 위안소』[18]가 있다. 이상과 같은 연구 외에도 최근에 새로운 자료가 발굴되어 RAA 총무부의 사카구치 유조坂口勇造가 기록한 『R·A·A협회 연혁지』[19] 이하 『연혁지』가 복각되

14 住本利男, 『占領秘史』 上下, 毎日新聞社, 1952年, 小林大治郎·村瀬明, 『みんなは知らない国家売春命令』, 番町書房, 1972年, 鏑木清一, 『進駐軍慰安作戦』, 番町書房, 1972年 외.

15 水野浩編, 『日本の貞操—外国兵に犯された女性たちの手記』, 蒼樹社, 1953年, 五島勉編, 『続 日本の貞操』, 蒼樹社, 1953年, 田中貴美子, 『女の防波堤』 第2書房, 1957年. 마이클 몰라스키(Michael S. Molasky)는 『일본의 정조』가 여성의 고백에 의한 것이 아니라 남성이 쓴 픽션이었다는 사실과 『여성 방파제』의 필자가 남성이었던 사실을 밝혀냈다. 그러면서 이런 종류의 고발본은 "많은 남성에 의한 다른 이야기와 마찬가지로, 주로 (헤테로섹슈얼한) 남성 독자들을 위해 쓰인 점령 이야기의 대표작으로 읽혀야 한다"고 하고, "다른 많은 남성에 의한 이야기와 마찬가지로, 여성이 실제로 겪은 성적 유린을 빈틈없이 유용함으로써 점령시대의 기억을 젠더 이미지에 의존한 국민적 알레고리로 구축하려 한다"고 평가했다. 『占領の記憶/記憶の占領』, 青土社, 2006年, 230~250頁.

16 ドウス昌代, 『敗者の贈物—国策慰安婦をめぐる占領秘話』, 講談社, 1979年.

17 山田盟子, 『占領軍慰安婦 国策売春の女たちの悲劇』, 光人社, 1992年.

18 井上節子, 『占領軍慰安所』, 新評論, 1995年.

19 坂口勇造, 『R·A·A協会沿革誌』, 1949年.

었다.[20] 이 『연혁지』를 통해 지금까지 다양하게 기술되어 온 RAA의 실상을 파악하기가 더욱 수월해졌다.

I. RAA와 특수위안소 개설—발상의 연속성

1945년 여름, 일본이 무조건 항복을 결정한 8월 15일을 전후로 하여 경시청 수뇌부는 다가올 점령군 상륙에 따른 성폭력을 상정하고 연합군 병사들의 성 문제 대책에 관한 비밀스러운 논의를 시작했다.[21] 패전처리를 위해 8월 17일에 성립한 히가시쿠니노미야東久邇宮 내각에서도 점령군에 의한 성폭력을 우려하는 논의가 있었던 것으로 보인다. 국무대신으로 입각한 고노에 후미마로近衛文麿는 각의 직후17일 또는 18일로 생각된다에 경시총감 사카 노부요시坂信弥를 불러들여 "일본 여성을 지키시오. 이 문제는 아랫사람에게 맡기지 말고 당신이 직접 나서도록 하시오"라고 요청했다는[22] 것은 잘 알려진 사실이다. 고노에의 요청을 받은 사카는 경시청 보안과장 다카노리 샤쿠토쿠高乗釈得에게 임무를 명했다. 다카노리는 18일에 도쿄 요리점 조합장들을 불러 "연합군 장병을 위안하기 위해 각종 시설을 만들기로 각의에서 결정했다", "정부가 가능한 모든 지원을 할 테니 반드시 민간에서 주도하기 바란다"고 간원했고, 업자 측도 "4천만 야마토나데시코大和撫子의 순혈을[23]

---

20 『性暴力問題資料集成』第1巻, 不二出版, 2004年.
21 粟屋憲太郎編, 『資料現代日本史2—敗戦直後の政治と社会1』大月書店, 1980年.
22 大霞会, 『続内務省外史』, 地方財政協会, 1987年, 309~310頁. 이와 같은 증언은 다음의 책에서도 확인할 수 있다. 住本利男, 『占領秘史』上, 毎日新聞社, 1952年, 46頁.
23 (역자주) 일본 여성의 청초한 아름다움을 칭송하여 하는 말.

지키기 위해서"라며 승낙했다.[24] 이런 흐름에 따라 대장성을 통해 일본 권업은행日本勸業銀行으로부터 5,000만 엔『연혁지』에서는 3,300만 엔을 융자받아, 경시청의 주도하에 도쿄도 산하 접객업 7개 단체가 8월 23일에 특수위안시설협회10월부터 RAA라고 칭함를 설립했다. 미국 선발대가 아쓰기厚木에 도착한 28일에는 황궁 앞에서 설립 선서식을 하고, 미군의 진주 경로로 예상되는 오모리 해안에 제1호 위안소인 '고마치엔小町園'을 열게 했다. 포츠담 선언 수락 후 2주 사이에 엄청난 속도로 일이 진행되었다. 사카는 훗날 내무성 관료 좌담회에서 "히가시쿠니는 난징에 입성했을 때 일본 군대가 한 일을 기억하고 있다.〔중략〕그러니 미국에 당하면 큰일이라는 정도는 알았을 것으로 생각한다"[25]는 발언으로 정부와 치안 당국 남성들의 기본인식에서 나온 발상을 드러냈다. 사카는 중일전쟁 때, 훗날 특격대의 출격 거점이 된 가고시마현 가노야鹿屋 기지에 위안소를 만든 인물이다. RAA는 도쿄도를 중심으로 43개 시설 위안소 14개소, 카바레 9개소, 기타 병원과 여관 등을 설치했다.

고노에의 명령을 받은 사카가 경시청 보안과장을 통해 도쿄도 산하 업자에게 위안소 설치를 요청한 그날8월 18일, 내무성 경보국장으로부터 전국 부현府縣의 장튽에게 「외국군 주둔지의 위안 시설에 관하여」라는 무전 통첩이 보내졌다. 이 통첩을 받고 전국 점령군 주둔지역에 점령군을 대상으로 하는 위안소가 속속 생겨났다. 설치 방법은 현과 경찰이 업자를 움직여 위안소를 개설하는 유형이 가장 많았다. 그중에서도 도쿄와 마찬가지로 '특수위안시설협회'라는 이름을 붙인 곳이 아오모리현, 오카야마岡山현, 히로시마현이다. 이 때문에 RAA를 전

---

24 坂口勇造, 『R·A·A協會沿革誌』, 1949年, 1頁(『性暴力問題資料集成』 第1卷, 不二出版, 2004年, 302頁).
25 앞에 게재된 『續內務省外史』, 309~310頁.

국 조직으로 오해하기 쉬우나 이들은 각각 별개의 단체이고, RAA는 어디까지나 도쿄를 중심으로 일부는 아타미熱海, 하코네箱根, 이치카와에 설치되었다. 긴급한 필요 때문에 경찰이 직접 위안소를 개설하고 나중에 업자에게 조합을 만들게 하여 경영을 맡긴 경우가 요코하마시, 이바라키현, 에히메愛媛현, 이와테현이다.[26]

점령군 제1진의 주둔지가 된 가나가와神奈川현에서는 경찰부 보안과를 내세워 준비에 매진하고 전재戰災를 피한 요코스카에서 유곽 여성들을 모아 해군 공창工廠의 직원 숙소 등을 이용해 위안소를 개설했다. 다른 현들이 이를 참고하기 위해 요코하마와 요코스카에 경찰을 보내 방법을 배워갔다. 이때 위안소를 만드느라 분주했던 경찰관은 미군을 "모두 격렬한 전투 속에서 살아남은 젊은이들로, 전장의 흉포성과 성에 대한 굶주림을 다 가지고 있다"[27]고 인식했다. 요코스카의 제1호 위안소가 된 야스우라安浦하우스를 개설하면서 요코스카 경찰서장은 여성들을 모아놓고 "전쟁에 패한 지금, 이곳에 상륙하는 미군의 마음을 여러분의 힘으로 어루만져 주기를 바랍니다. 이 일이 패전 후 일본의 평화에 기여 하는 길이라고 생각해 주시오"[28]라고 말했다. 이처럼 전장에서 싸워온 병사들은 '흉포성과 성에 대한 굶주림'을 지니고 있으며, 이를 여성의 '위안'으로 '어루만진다'는 발상이 정부 각료부터 경찰관까지 공유되었기 때문에 미군이 주둔하자마자 각지에 위안소가 개설되었다. 보안과 주임 엔도 야스遠藤保는 이러한 경찰의 요청에 따라 창기 중에는 '자진해서 몸을 제공한 위안부들'이 있었다고 말했다.

---

26 설치 방법과 특징의 분류에 관해서는 平井和子, 『日本占領とジェンダー』, 有志舎, 2014年을 참조.

27 『神奈川県警察史』下巻, 1974年, 346頁.

28 앞의 책, 『神奈川県警察史』 347頁.

"〔요코하마의〕마가네초真金町에 있던 여성들이 이런 더럽혀진 몸
으로 나라에 도움이 된다면 기꺼이 나서자며,〔중략〕처음 두 달 정도는
눈물이 날 만큼 헌신적으로 해주었습니다."[29]

가혹한 성 동원에 '응한' 창기들이 '더럽혀진 몸으로 나라에 도움
이 된다면'이라며 나선 것은 사회의 저변에 놓여 냉담한 시선을 받아
온 그녀들에게 내면화된 정조 관념이 자신의 '희생적' 행위를 고무한
계기였다고 보아야 할 것이다. '나라를 위해서'라며 밑바닥 여성들의
내셔널리즘을 젠더적으로 이용하는 것은 남성들이 전쟁 중에 일본인
'위안부'를 동원할 때도 사용했던 상투적 수단이다. 보안과 남성의 '잘
해 주었다'라는 말과 '공적'이라는 평가는 여성에 대한 가부장제 국가
의 성 착취라는 본질을 덮어버린다.

특수위안소의 개설을 기술한 각 현의 경찰사警察史에는 한결같이
"이런 일은 굴욕적이었지만 선량한 일반 부녀자를 지키고 민족을 보
호하기 위해 당시에는 어쩔 수 없는 일이었다"[30]라고 쓰여 있다. 또 위안
소에 미군이 몰려온 모습을 보고 '성황을 이뤘다'라는 표현도 공통적
이다.

RAA와 지방의 특수위안소에 미군들이 몰린 것도 사실이다. 원래 미
육군성의 기본 정책은 일관되게 매춘을 금지했지만, 해외 파견지에서
이는 허울뿐이었다. 그러나 병사들 사이에 성병이 만연하고 종군 목
사의 격렬한 비판을 받자, 1945년 4월에 육군 장관이 「해외 작전 방면
에서의 매춘에 관해서」[31]라는 통달을 통하여 매춘을 용인하지 않는다

29　앞의 책,『神奈川県警察史』, 345頁.

30　예를 들면『静岡県警察史』資料編下巻, 1979年, 586頁 외.

31　RG112/31/1273, RG496/187/1584(米国国立公文書館所蔵資料 Record

는 뜻을 재차 강조했다. 그러나 점령 초기에 PHW의 국장 샘스Crawford
F.Sams 대령은 태평양 전역戰域 격전지에서 싸워온 병사들에게 매춘을
금지하기보다는 매춘을 전제하면서 성병 예방을 철저히 하는 것이 중
요하다고 생각했다. 태평양 육군 군의軍醫 총감과 제8군 헌병 사령관
도 이에 찬성했다.[32] 따라서 패전국 정부가 준비한 위안소는 그들에게
도 안성맞춤이었고, PHW와 미군은 이를 이용하여 일본 측에 성병검
진을 철저히 하게 했다. 여성들을 등록제로 관리하며 정기검진을 강
제하고 검진을 받은 여성에게 검진 카드를 발급했다. 성병 감염자는
구속해서 강제로 치료했다. 반면 '카드'를 지니지 않은 가창에 대해서
는 미 헌병과 일본 경찰이 '가리코미狩り込み'[33]라는 강제 배제를 공동으
로 시행했다. 이것은 미일 남성들이 합작한 여성에 대한 조직적 성폭
력이다.

　미군의 성병 감염률이 높아졌고, 위안소에 쇄도하는 병사들 사진
이 본국으로 전해져 비판이 일어났으며, 다가올 공창제도 폐지 지령
을 대비한다는 이유로 지방에 만들어진 위안소는 1945년 12월 중순
에 각 군정부軍政部로부터 폐쇄 명령을 받았다. 한편, RAA의 위안소는
1946년 1월의 공창 폐지 지령과 관계없이 계속 이용되었으나 성병이
만연하자 미 태평양 육군사령부의 출입 금지 지령을 받고 3월 27일에
폐쇄되었다.

Group(RG) /Entry/Box).

32　奥田曉子, 「GHQの性政策」, 恵泉女学園大学平和文化研究所, 『占領と性―政策·
実態·表象』 インパクト出版会, 2007年. 하야시 히로후미는 샘스, 성병 관리 장교인 고든
중령, 제8군과 제6군 관계자들이 육군성 방침에 따르지 않고 관리된 매춘제도(공창)의 재확
립을 주장했으며, 1945년 10월에는 매춘업소 출입을 금하게 한 사령관을 비판했다고 한다.
「アメリカ軍の性対策の歴史」, 『女性·戦争·人権』 第7号, 2005年, 104頁.

33　(역자주) 부랑자, 매춘부 등을 거리에서 일제히 검거하는 것. '가리(狩り)'는 사냥이라는 뜻.

또한, RAA에 모인 여성들의 수를 '최전성기에는 7만 명, 폐쇄 시에는 5만 5천 명'으로 보는 것이 통설로 여겨지지만『연혁지』에 게재된 위안소와 카바레 사진 속에 모여 있는 여성의 수는 한 시설에 50명 정도이고 여기에 찍히지 않은 여성의 수를 두 배, 세 배로 친다 해도, 위안소와 카바레를 합친 23개소에서 '위안부'로 일한 여성들은 넉넉하게 잡아도 5,000명 이하로 보인다.[34] 따라서 '7만 명'이라는 숫자는 RAA를 포함해 경찰과 민간업자에 의해 전국에 만들어진 '특수위안소'에 모인 여성들의 총수로 보는 것이 적절할 것이다.

II. 일본군 위안소에서 점령군 위안시설로—시스템의 연속성

RAA의 위안소 제1호 '고마치엔'은 개설할 때 구 일본군「위안소 이용 규정」을 참고했다. 일본 병사들이 그랬던 것처럼 미군은 입구에서 돈을 내고 티켓을 받은 다음 손님이 없는 방에 들어가 여성에게 티켓을 건네면 여성은 다음날 경리계에 티켓을 가져가 5할의 돈을 받는 구조이다.[35] 앞에서 구 일본군 위안소를 설치한 발상과 시스템의 연속성을 살펴 보았는데, 이용 방식도 일본군 위안소에서 점령군 위안소로 계승되었다.

위안소는 공습으로 불타다 남은 유곽을 이용하거나 군 관련 시설을[36]

---

34 두스 마사요는 RAA의 위안소 폐쇄 시 여성의 수를 '약 500명 남짓'이라고 한다. ドウス昌代,『敗者の贈物―特殊慰安施設協会RAAをめぐる占領史の側面』, 1979年, 1995年 重版. 講談社, 215頁.

35 앞의 책,『敗者の贈物』, 72頁.

36 구레(吳)시의 요시우라(吉浦) 유곽, 시즈오카(静岡)현 이와타초(磐田町)의 나카이즈미(中泉) 유곽, 후지에다초(藤枝町)의 후지에다 유곽 등이 이런 경우임.

이용하는 경우가 많다. 전쟁 중 기업 정비에 따라 '산업위안소'가 된 건물을 위안소로 사용한 경우도 보인다. 스사키洲崎 유곽 36채는 전쟁 말기에 다치카와立川 시 하고로모초羽衣町로 이전되어 군수 산업에 종사하는 직원용 '산업위안소'가 되었다. 패전 후 이곳에 RAA의 위안소를 설치했다. RAA 폐쇄 후에는 다치카와 기지에 있는 미군 병사를 상대하는 '팡팡' 여성들이 모여들어 '아카센'지구가 된다. 또 전쟁 중의 '황군위안소'를 미군의 진주에 맞춰 점령군 위안소로 이행시킨 사례는 고쿠라小倉 시에서 찾아볼 수 있다.[37] 히로시마현 서쪽에 있는 오타케초大竹町에는 1945년 12월에 현지 경찰과 미군이 현경県警과 업자에게 연락을 취하면서 전 미쓰비시카세이三菱化成 공장 기숙사에 위안소를 설치했다. 오타케 경찰서장이 현에 보낸 보고서에는 이 기숙사가[38] '위생 및 기타 제반 시설이 비교적 잘 구비되어 있다'라는 점에서 산업위안소였을 가능성이 있으며, 여덟 명의 '위안부'를 상대로 다수의 미군이 몰려들어 '주야겸행 성황'이라고 기록되어 있다.

구 일본군의 물자가 점령군 위안소에도 유용되었다. RAA의 쓰키시마月島 창고에는 일본군 콘돔이 대량 보관되어 당시 RAA에서 일하던 남성은 "그걸 봤을 때는 정말 놀랐다"고 말했다.[39] 쓰치우라土浦 경찰 관사를 이용하여 개설된 위안소도 일본 해군의 침대와 이불을 가져다 사용했다.[40] 무엇보다 점령군을 상대하는 여성을 구 일본군과 동일하게 '위안부'라고 칭한 것, 특히 RAA와 특수위안소를 개설할 때 여성들을

---

37 『小倉市63年小史』, 1963年, 112頁.

38 「連合軍大竹地区進駐状況ニ関スル件」, 呉地方復員口口管理部参謀部, 『昭和20年呉進駐関係綴』, 防衛研究所図書館所蔵.

39 渡辺保雄さん(1926年生), RAA理事の渡辺政次の甥, 2005年 2月 청취.

40 池田博彦, 『警察署長の手記』下, 筑波書林, 1983年, 70頁.

'특별정신대', '여성 특공'으로 부른 점은 점령군 '위안부'들이 일본군 '위안부'와 연속적인 상황에 있었다는 사실을 명백히 드러낸다.

Ⅲ. 일본군 '위안부'에서 '팡팡'으로—인적 연속성

일본군 '위안부'가 징집될 때 그 대상이 일본 국내의 공창이었던 것처럼 RAA와 경찰은 점령군 '위안부' 일을 시킬 여성으로 우선 유곽 여성들을 표적으로 삼았다. RAA 위안소 제1호 '고마치엔'에 보내진 30명의 여성은 공창이었다. 시즈오카현에서는 오이大井비행장 부근에 있던 일본군 위안소에 패전 후에도 남아 있던 여성 여덟 명을 고텐바로 연행했다.[41] 이곳에서 여성들은 짧은 시간에 한 명당 최고 25명을 상대하도록 강요당했고 여성들을 연행한 경찰은 "[윤활제 대용으로] 풀가사리를 녹여 사용했다"라고 증언했다. 전쟁 중에 그녀들은 일본군 '위안부'로, 패전 후에는 점령군 '위안부'로 혹사당했다. 일본군 '위안부'와 점령군 '위안부'는 연속되는 것이다. 점령 초, 미군 주둔지가 되었던 전국 각지에 이런 사례들이 존재했던 것이 아닐까?

앞서 본 것처럼 RAA와 경찰은 '위안부'로 만들 여성으로 옛 유곽 여성들을 대상으로 하여 가시자시키 업자 명부 등에 의지해 여성들을 입소문으로 동원했다. 동시에 RAA는 신문에 왕성하게 모집 광고를 냈다. 거기에서도 우선 예기나 전 종업부 여성들이 대상이 되어 "전 카페 바 종업부 제군에게 고함"이라고 제목을 붙여 "전쟁 종결 후의 신생 일본은 일찍이 제군의 직장을 통한 봉공을 기대하며 오늘부터 급구"라

---

41 小長谷澄子,「静岡の遊廓二丁町」, 文芸社, 2006年, 170~172頁, 고나가야(小長谷) 자신이 전 아타미 경찰서 풍속 담당자의 증언에 따름.

고 모집했다.[42] "경험자 우대, 무경험자도 가능"이라는 모집 광고도 기타 지역신문에 많이 보였다. 9월부터 10월까지 "급구·예기·3,000명 주둔군 위안"이라는 광고가 도호쿠東北 지방에서부터 시즈오카, 나가노長野의 지역신문에 실렸다.

옛 공창 여성들만으로는 부족했기 때문에 RAA는 패전으로 생활 기반을 잃은 여성과 먼 지역의 여성들도 모집 대상으로 삼았다. 1945년 9월 3일 『마이니치신문每日新聞』도쿄판에 특수위안시설협회 이름으로 실린 최초의 광고, "급구 여종업원 모집"에는 "의식주 및 높은 급여 지급, 전차 가능, 지방 응모자에게는 여비 지급"이라는 내용이 있다. 도호쿠와 나가노현 신문에는 "응모에 필요한 여행 지원, 이동의 특권이 있음은 물론 계약 후 식량 등 생활에 대해 충분한 보증을 부여함"[43]이라고 강조한다. 이런 모집 광고는 예창기 출신이나 전쟁으로 인해 생활의 어려움을 겪고 있는 여성들에게 매력적으로 보였을 것이다. RAA의 정보과장 가부라기 세이이치鏑木清一는 좌담회에서 어느 정도의 응모가 있었는지는 불분명하지만 "응모자 쇄도", "제1회 모집에 응모자 쇄도 1,360명 채용"이라는 기록이[44] 있었으며, 광고를 보고 응모한 여성 중에는 '미경험자'가 많았다고 말했다.[45] 그녀들 중 상당수가 위안소 폐쇄 이후 "대부분 가창이 되어 흩어졌다"라는 가부라기의 언급으로 볼 때 RAA와 특수위안소에 모인 여성 중 상당수가 그 후에 '아카센'이나 기지 주변 미군을 상대하는 '팡팡'이 된 것으로 보인다. 패전 직

---

42 『上野新聞』, 1945年 9月 3日.

43 『信濃毎日新聞』, 1945年 9月 12日, 『新岩手新聞』, 9月 11日.

44 「売春に関する年表—終戦直後から昭和31年10月まで」神近市子編, 『サヨナラ人間売買』, 現代社, 1956年, 229頁.

45 「座談会R・A・Aの回顧」『内外タイムス』, 1961年 3月 12日.

후에 "성의 방파제를 구축한다"라는 구호 아래 설치된 위안소였으나 '방파제'가 되기는커녕 새로운 매매춘의 확대로 이어졌다고 말할 수 있다.

점령군 '위안부', '팡팡'이 된 여성 중에는 전쟁 중에 일본군 '위안부' 였던 여성도 많았을 것이다. 이 책에서 다룬 일본인 '위안부' 중 시로타 스즈코는 RAA 폐쇄 후에 귀국했지만 미군의 '온리'가 되어 각지를 전전했다. 기명이 '기쿠마루'인 야마우치 게이코는 단기간이지만 귀국 후에 미군을 상대하는 카바레에서 일했다. 그러나 일본인 '위안부'의 커밍아웃 자체가 이루어지지 않은 상황에서 그 정확한 수는 여전히 알 수가 없다.

나가며

1991년에 있었던 한국인 전 '위안부'의 커밍아웃 이후 일본군 위안소 시스템을 '인도에 반한 죄'로 평가하고 그 전쟁 범죄성을 엄중히 묻는 움직임이 20년간 긴 호흡으로 계속되고 있다. 그러나 일본군 위안소 의 연장선에 있는, RAA와 특수위안소에 모인 여성들에 대한 인권 침 해는 여전히 불문에 부쳐진 상태로 남아 있다. 사람들이 군사에 의한 억지력을 믿고 병사에게는 '성적 위안이 필요하다'라는 인식에 사로 잡혀 있는 한 군대와 성폭력 피해자는 자신을 밝힐 수 없다.

패전 후 약 70년간 일본 국민이 '지켜온' 헌법 제9조 체제는 제2차 아베 내각에 의해 '전후 체제로부터의 탈각'이라고 불리며 막무가내 식 해석 개헌 하에서 풍전등화의 운명에 처해있다. 그러나 아시아·태 평양전쟁과 패전 후의 군 '위안부'로 상징되는 여성 인권 침해의 역사

를 상세하게 살펴본 우리는 군대국가가 여차하면 여성을 방치할 뿐 아
니라 자신들을 지키기 위한 방패로 삼는다는 것을 알고 있다. 이 무거
운 역사를 바탕으로 군사화 과정에서 끊임없이 레토릭으로 사용되는
여성의 이분화보호해야 할 '양가의 자녀'와 희생해야 할 '특수 여성'를 초월한 사상
과 실천을 앞으로 어떻게 쌓아가야 하는지가 여성과 남성 모두의 과
제이다.

〔칼럼〕 전 '위안부'들의 '전후':
일본인/조선인/중국인은 어떻게 달랐는가?

김부자 金富子

우선, 일본인/조선인/중국인에게 '전후'의 의미가 각기 다르다는 것에서 시작해야 한다. 일본인에게 '전후'란 15년 전쟁 1931년~ 또는 아시아 태평양 전쟁 1941년~을 포함한 제2차 세계대전에서 '일본의 패전' 1945년 8월 15일 ―일본에서는 종전 終戰이라고 바꾸어 말하지만― 이후를 의미한다. 그러나 조선에서 일본의 패전은 식민지 '해방' 광복이었고, 전국을 초토화한 한국전쟁 1950~1953년 이후가 '전후'였다. 중국에서도 일본의 패전은 '항일전쟁 승리'였으며 국공내전 1946~1949년 이후가 '전후'가 될 것이다.

그러나 전 '위안부'들에게 '전후'는 일본인/조선인/중국인에 관계없이, 일본의 패전으로 일본 병사들이 눈앞에서 사라지고 일본군이 입안·운영·관리한 위안소 제도가 와해된 때부터라고 말할 수 있다. 이는 '새로운 피해'의 시작이었다. 한국인 전 '위안부'의 증언을 다수 취재한 양현아는 "'위안부' 여성의 피해는 위안소에서 끝나는 게 아니라 거기에서 시작된다"[46]고 지적했다. 이는 아시아 각국·각 지역의 피해자에게도 해당한다. 물론 '피해의 양상'은 개인에 따라 다르지만 일본인/조선인/중국인이 놓인 역사적·사회적 맥락에 따른 공통성이 있다. 이 글에서는 '트라우마'와 'PTSD'를 통해 '위안부'와 성폭력에 노출된 일본인/조선인/중국인 여성에게 '전후'가 의미하는 것이 무엇이었는지 살펴보고자 한다.

성폭력 피해자에게 높은 여성의 PTSD 발병률

트라우마는 생명의 위협을 받거나 성적 침해를 받는 충격적인 사건을 당했을 때 생기는 마음의 상처심적 외상를 말한다. 트라우마의 특징은 심한 충격에 '말을 잃는' 경험으로 '말로 표현할 수 없다', '말할 수 없게 된다'는 것이다. 그 트라우마 반응 중 하나가 'PTSD'Post traumatic stress disorder, 외상 후 스트레스 장애이다. 이것은 "트라우마 경험 후 일정 시간이 지난 후에도 특정 증상이 남아 극심한 고통이 있거나 사회 기능을 방해하는 경우에만 사용되는 병명"[47]이다. PTSD는 극도의 긴장이나 경계가 계속되거나, 플래시백이나 악몽 등으로 갑자기 기억이 되살아나거나, 트라우마 경험을 떠올리게 하는 것을 회피하거나, 감정 반응이 없어지거나, 자책감에 사로잡히는 등의 증상이 나타난다.

미야지에 의하면 트라우마 체험에는 젠더에 따른 차이가 있다. 남성은 재해·사고·폭력·전투·무기에 의한 협박 등으로 PTSD 증상이 나타나는데 반해 여성에게 압도적으로 많은 것은 성폭력 피해이다. 게

---

46 梁鉉娥著, 梁澄子訳, 「植民地後に続く韓国人日本軍『慰安婦』被害」同上『証言 未来への記憶アジア「慰安婦」証言集Ⅱ』南・北・在日コリア編下, 2010年, 340頁.

47 宮地尚子, 『トラウマ』岩波新書, 2013年, 14頁.

다가 성폭력 피해는 다른 트라우마 경험보다 PTSD 발생률이 높다. 정신과 전문의는 '위안부' 피해와 전시 성폭력 피해를 'PTSD' 또는 '복합성 PTSD'라고 진단한다.[48]

일본인 피해자들: '마음속 깊은 어둠'

일본인 피해 당사자의 증언이 많지는 않지만 이 책에 소개된 '위안부'가 되기까지의 과정을 살펴보면 ① 몹시 가난한 가정에서 태어나 팔려가거나=인신매매 먹는 입을 줄이기 위해 창기가 되었다가 빚을 갚기 위해 '위안부'로 전신한 경우기쿠마루, 게이코, 미즈노 이쿠, 스즈모토 아야, ② '일자리가 있다'는 말에 속아 '위안부'가 된 경우칼럼 「싱가포르에 방치된 일본인 '위안부」가 있다. 전력前歷에 따라 '전후'의 모습에 차이가 있었다고 보인다.

후자에 해당하는 일본 여성은 패전 사실도 모른 채 전후에 방치되어 살기 위해 현지 남성과 결혼했지만 과거가 드러나 가족들에게 지탄받을까 두려워 고향으로 돌아가지 못했다고 한다. 이는 현지에 버려진 조선인 피해자의 '전후'와 매우 유사하지만 일본인 피해자로서는 드물다고 생각된다그런 의미에서 전술한 칼럼은 귀중한 사례이다.

일본인 피해자에게 특징적으로 나타나는 유형인 전자에 해당하는 여성은 전후에 고향집으로 돌아가지 않고 대부분 매춘, 접대부, 잡일을 전전하며 연명했다. 점령군 '위안부'가 된 경우도 있다.이 책의 히라이가즈코논문 참조 이들은 일정한 상대와 안정된 관계나 생활을 구축하기가 힘들었다.

조선인/중국인과 큰 차이는 전후에 '위안부' 시절을 "인생에서 가장 좋았다"기쿠마루, "〔조선인에 비하면〕 편했다, 힘들었던 기억은 없

---

48 宮地尚子, 『トラウマ』岩波新書, 2013年.

다"미즈노 이쿠 등으로 회상한다는 점이다. "죽으면 야스쿠니 신사에 갈 수 있다"기쿠마루는 내셔널리즘도 작용했다. 이는 매우 비참했던 어린 시절과는 달리, '위안부'였을 때는 일본인이라서 특권적 대우를 받았다가 '전후'에는 오히려 불안한 처지에 놓이게 되었다는 것의 반증이었다. 이처럼 본인이 피해자임을 자각하지 못하는 것이 일본인 피해자의 특징이라 할 수 있다.이는 가정 폭력 피해자와 유사하다.

그렇다고 해도 그녀들은 '위안부'였던 시절을 입 밖에 내지 않았으며기쿠마루, 남편에게 '과거를 숨기라'고 강요받았다.스즈모토 아야 결국 기쿠마루는 자살을 택했다. 가족과 사회로부터 소외당한 것은 타민족 피해자와 공통되지만 한국·중국과는 달리 사회적으로 문제가 인지되지도 않았고 지원 활동도 일어나지 않았다는 점에서 이 책은 귀중하다.

전후에도 매춘을 반복한 미즈노 이쿠는 "몸을 파는 것에 익숙해져 버려서"라고 하는 한편, "돈을 받고 남자와 자는 일은 자신을 죽이지 않으면 할 수 없는 일"이라고 말하는 것을 잊지 않는다. 기쿠마루를 직접 취재한 히로타 가즈코는 자신이 '조심성 없이 뱉은 말'에 기쿠마루가 '고슴도치처럼' 극도로 예민하게 반응한 것을 가리켜 "마음속 깊이 어둠을 품고 있다"고 표현했다. 이를 바꿔 말하면 PTSD 증상이라고 할 수 있다. 히로타는 그 깊은 어둠의 정체에 대해 "'몸을 팔았다'라는 사실을 본인이 외면할 수 없었던 것 아닐까?"라고 말한다.

조선인 피해자들: 고국 귀환의 불가능성, 심각한 PTSD와 가족·사회로부터의 소외
조선인 피해자들은 ① 일본 패전 후 전장에 유기되어 사망, ② 현지에 버려져 해외에 잔류, ③ 운 좋게 고국으로 귀환한 경우가 있었다.[49] ②에

---

49 梁鉉娥著, 梁澄子訳, 「植民地後に続く韓国人日本軍『慰安婦』被害」 同上, 『証言 未来への記憶アジア, 「慰安婦」証言集Ⅱ』南·北·在日コリア編下, 2010年.

해당하는 경우로 중국 우한에 버려진 피해자들이 알려져 있는데, 대부분 살아남기 위해 현지 남성들과 결혼했다.[50] 그러나 앞서 말한 일본인 피해자와는 달리, 조선인 피해자들이 고향으로 돌아갈 의사가 있어도 돌아갈 수 없었던 것은 미소 냉전과 남북분단 때문이었다. 중국에 있던 피해자들이 귀환한 시기는 세계적 냉전이 종식되고 한중 국교 정상화1992년가 성립된 이후였다.

③의 경우에는 귀국해도 고향이나 집에 돌아가지 못하는 피해자가 많았고 잡일을 반복하면서 고된 인생을 살았다는 점에서 부분적으로 일본인 피해자와 유사하다. 미군 '위안부'가 된 여성도 있다.[51] 그러나 1990년대에 들어 '위안부' 문제 해결을 위한 한국 여성 운동한국정신대문제대책협의회 등의 호소에 부응하여 자신을 드러내면서 새로운 인생이 시작되었다. '나눔의 집'이나 '우리집'에서 공동생활을 시작하거나, 수요집회에 참가하거나, 일본과 세계 각지에서 적극적인 증언 활동을 하는 피해 여성도 적지 않다.[52] 해결 운동이 세계로 확산된 것은 피해 여성의 증언활동에 힘입은 바 크다. 이후 한국 정부가 제정한 「생활안정지원법」1993년이 확충되어 피해 여성들이 생활지원금을 비롯한 각종 지원을 받을 수 있게 된 것도 큰 변화다.

그러나 그녀들 중 많은 수가 만성 PTSD 진단을 받았다. 양현아에 따르

---

50 韓国挺身隊問題対策協議会·挺身隊研究会編, 山口明子訳, 『中国に連行された朝鮮人慰安婦』 三一書房, 1996年.

51 アクティブ·ミュージアム, 「女たちの戦争と平和資料館[wam]」, 『ある日,日本軍がやってきた―中国·戦場での強かんと慰安所』 wamカタログ6, 2010年.

52 尹美香著, 梁澄子訳, 『20年間の水曜日』 東方出版, 2011年. 尹美香著, 金富子訳, 「韓国挺対協運動と被害女性」 「戦争と女性への暴力」 リサーチ·アクションセンター編, 西野瑠美子·金富子·小野沢あかね責任編集, 『「慰安婦」バッシングを越えて』 大月書店, 2013年.

면 그 근거는 다음과 같다. 2000년 한국 인천 사랑병원에서 진단받은 피해자 14명 중 11명

① '위안부' 시절에 자신과 동료가 총검을 가진 군인에게 구타당하는 등 죽음의 위협을 느껴 무력감과 공포를 경험했다.

② 그 후 남성, 특히 군인을 보면 공포를 느끼거나 피했다.

③ 당시의 경험을 생각하지 않으려 노력하고 이를 상기시키기 때문에 남성과의 접촉을 피하며 연애나 결혼을 하지 않았다.

④ 잠을 이루지 못하는 날이 많다.

⑤ 이런 증상이 수십 년간 반복, 지속되어 스스로 목숨을 끊고 싶다고 생각한 적이 많다.

또한, 한국정신대문제대책협의회가 '위안부' 신고 피해자 192명을 조사한 결과에 따르면 피해자 대부분이 대인공포증, 정신불안, 울화화를 억눌러서 생기는 병, 수치심, 죄책감, 분노와 원망, 자기비하, 포기, 우울증, 고독감 등 심각한 정신적 장애를 가지고 있었다.[53]

후유증은 정신뿐 아니라 몸에도 영향을 미쳤다. '위안부' 시절에 군인과 업자가 일상적으로 휘두르는 폭력과 학대로 청각이나 시각을 잃거나 칼에 베인 상처와 흉터, 문신이 남아 있기도 했다. 또 오랜 기간 반복해서 강간당한 경험은 여성의 생식기에 치유되지 못할 상처를 남겼다. 위안소에서 매독 등 성병에 감염되었는데 전후에도 치료받지 못해 성기와 자궁 이상 후유증을 앓았다. 콘돔을 사용하지 않으려는 군인들이 있어 원치 않는 임신을 해서 무리하게 중절을 하기도 했다. 출산

53 尹美香著, 金富子訳, 「韓国挺対協運動と被害女性」, 「戦争と女性への暴力」 リサーチ・アクションセンター編, 西野瑠美子・金富子・小野沢あかね責任編集, 『「慰安婦」バッシングを越えて』 大月書店, 2013年.

이나 사산한 사례도 적지 않았다. 불임이 된 여성, 결혼을 원하지 않는 여성도 많아 '결혼하는 게 당연'하고 '아이를 낳는 것이 여자의 의무'로 여겨졌던 가부장제 사회에서 여성으로 살아가는 데 어려움을 겪었다. 성병이 다음 세대까지 이어져 아이의 정신이나 육체에 영향을 미치는 경우도 있었다.

사회적 차원에서도 후유증은 남았다. 전후에도 계속 여성에게 '정조'와 '순결'을 요구하는 가부장적인 사회에서 이를 내면화한 여성들은 가족과 공동체에 과거를 알리지 않으려고 침묵했다. 자신을 탓하며 고향에 돌아가지 못하거나, 결혼하기 어렵거나 거부하거나, 남성과 결혼, 동거해도 불임이거나, '위안부'였다는 소문이 나서 쫓겨나거나, 빈곤에 빠지는 등 불안정한 생활을 했다. 자살을 시도한 사람도 있었다. 일본 정부가 불법행위를 인정하고 보상하지 않은 것이 이를 악화시켰다.

중국인 피해자들: PTSD와 '바늘방석'의 고독

중국인 등 점령지 피해여성은 어땠을까? 예를 들어, 중국 산시성山西省의 피해 여성들은 일본인이나 식민지 출신자와는 달리, 그때까지 자신들이 살아온 지역에서 피해를 당했다. 때문에 가족·친지나 이웃들이 그녀들의 성 피해를 알고 있어서 '바늘방석'에 앉은 상태에 놓여 자신의 피해를 공개적으로 호소할 수 없었다.

완아이화万愛花는 일본군에 납치되어 반복적으로 강간당하고 고문으로 뼈가 부러져 키가 줄고 오른쪽 귀도 들리지 않게 되었다. 전후에는 아는 사람의 눈을 피하려고 다른 지역에 가서 살았다. 피해 사실을 알면서도 결혼하여 사이가 좋았던 부부도 남편까지 박해를 받았으며

---

54 石田米子·內田知行編,『黄土の村の性暴力一大娘たちの戦争は終わらない』, 創土社, 2004年.

심지어 일본군에게 받은 피해 후유증인 부인병이 악화하여 자살한 여성도 있었다.

여섯 명의 중국인 피해자를 진단한 정신과 의사 구와야마 노리히코[55]에 따르면, 피해 여성은 피해 기억 하나하나가 생생한데도 외상성 기억, 앞뒤 연결이 확실하지 않은 PTSD 특유의 증상 '기억의 단편화'을 보였다고 진단했다. 또 피해 당시 10대였던 여성은 아동학대의 측면이 강해 '전쟁이 끝나고 50여 년의 시간이 지났어도 PTSD는 여전히 남아있다'라는 점, '불안'과 '억울함' 우울함을 느끼고 있다는 점을 분명히 했다.

산시성 중국인 피해자와 그 유족은 1990년대 후반에 일본 정부를 대상으로 전시 성폭력과 '위안부' 소송을 제기했는데, 헌신적인 일본인 지원자의 현지 방문·조사, 재판 지원 활동을 통해서 그들을 신뢰하게 되었다고 한다. 또 2000년대에 들어 산시성 지역과 베이징에서 대규모 '위안부' 전시가 열리기도 하고 최근에는 중국 정부가 위안소 터를 보존하고 공문서의 자료 보관에 나서는 등 성폭력·'위안부' 문제에 대한 중국 사회의 인식이 변하고 있다.

이처럼 조선인 및 중국인 피해자는 일본군 '위안부' 제도와 조직적인 강간에서 비롯된 성 피해, 전후에 계속된 PTSD·육체적 후유증, 사회적 낙인 때문에 자신의 과거나 피해를 호소하지 못한 채 1990년대에 '위안부' 문제 해결 운동이 시작될 때까지 고독과 침묵 속에서 오랜 세월을 보낼 수밖에 없었다. 일본인 피해자들 역시 고독과 침묵 속에서 살았지만 이들에 대한 사회적 인식이나 지원 운동은 일어나지 않았다는 점에서 조선인·중국인 피해자들과는 달랐다.

---

55 桑山紀彦, 「中国人元『慰安婦』の心的外傷とPTSD」, 『季刊戦争責任研究』 19号, 1998年.

그러나 한국인 피해자의 '전후'의 삶을 연구한 양현아는 '위안부'[56] 피해 여성을 '불쌍하고 무력한 피해자'로 볼 것이 아니라, 증언하는 것 자체가 대단한 용기를 필요로 하며 증언이 자신을 치유하는 길로 이어진다는 사실에 주의를 촉구했다. 그에 더해 '위안부' 피해를 정신적·육체적·사회적 차원에 걸쳐있는 '복합성', '위안부' 문제에 대한 정의正義가 수립되지 않기 때문에 고통이 계속되는 '지속성', 피해에 대한 무관심·무시·왜곡 등 현재의 사회관계 속에서 고통이 재생산되는 '현재성'을 갖는 문제로 분석했다.

최근 '위안부'를 향한 헤이트 스피치가 일본 사회를 휩쓸며, '전후' 70년 가까이 지나도 피해 여성의 '복합적', '지속적', '현재적'인 고통이 치유될 전망이 보이지 않는다. 히로타 가즈코가 말하는 "몸을 파는 일은 인간의 근원적인 문제로", "본인의 의지라면 괜찮다는 것은 말도 안 되는 소리"강조점은 인용자라는 깊은 통찰은 '몸을 판다'는 것에만 그치지 않고 모든 전시 성폭력 피해자에 해당한다는 것을 잊어서는 안 된다.

*이 글은 '위안부' 문제 웹사이트 'Fight for Justices' 입문편 「여성들은 전후에 어떻게 살아왔는가? 女性たちは戦後どのように生きてきた?」를 대폭 가필 수정한 것이다.

【참고문헌】

アクティブ・ミュージアム, 「女たちの戦争と平和資料館」編, 西野瑠美子·金富子責任編集 『証言未来への記憶 アジア「慰安婦」証言集I』, 南·北·在日コリア編上, 明石書店, 2006.

56　梁鉉娥著, 梁澄子訳, 「植民地後に続く韓国人日本軍「慰安婦」被害」, 同上, 『証言未来への記憶アジア「慰安婦」証言集』, 南·北·在日コリア編下, 2010年.

同,『証言 未来への記憶 アジア「慰安婦」証言集Ⅱ』, 南・北・在日コリア編下, 明石書店, 2010.

アクティブ・ミュージアム,「女たちの戦争と平和資料館〔wam〕」,『ある日, 日本軍がやってきた: 中国・戦場での強かんと慰安所』, wamカタログ6, 2010.

安世鴻,『重重: 中国に残された朝鮮人日本軍「慰安婦」の物語』, 大月書店, 2013.

石田米子・内田知行編,『黄土の村の性暴力: 娘たちの戦争は終わらない』, 創土社, 2004.

「慰安婦」問題 web サイト "Fight for Justices",「日本軍『慰安婦』忘却への抵抗・未来への責任」, http://fightforjustice.info

韓国挺身隊問題対策協議会・挺身隊研究会編, 山口明子訳,『中国に連行された朝鮮人慰安婦』, 31書房, 1996.

韓国挺身隊問題対策協議会,『日本軍「慰安婦」証言統計資料集〔ハングル〕』, 2011.

桑山紀彦,「中国人元『慰安婦』の心的外傷とPTSD」,『季刊戦争責任研究』19号, 1998.

ジュディス・L・ハーマン, 中井久夫訳,『心的外傷と回復』, みすず書房, 増補版, 1999.

宮地尚子,『トラウマ』, 岩波新書, 2013.

梁鉉娥著, 梁澄子訳,「植民地後に続く韓国人日本軍『慰安婦』被害」, 同上,『証言 未来への記憶アジア「慰安婦」証言集Ⅱ』, 南・北・在日コリア編下, 2010.

尹美香著, 梁澄子訳,『20年間の水曜日』, 東方出版, 2011.

尹美香著, 金富子訳,「韓国挺対協運動と被害女性」,「戦争と女性への暴力」, リサーチ・アクションセンター編, 西野瑠美子・金富子・小野沢あかね責任編集,『「慰安婦」バッシングを越えて』, 大月書店, 2013.

후기

본문에서도 밝혔듯이, 유곽이나 예기집 등에서 일본군 위안소로 간 일본인 여성 중에는 '위안부' 시절이 "즐거웠다", "다른 때에 비해 나았다"라고 회상하는 분이나, 전후에도 전前 일본군이 모이는 '전우회'에 참가하는 분도 계십니다. 일본인 '위안부' 중에는 장교를 상대했기 때문에 일반병사를 상대했던 '위안부'보다 더 나은 대우를 받았던 이들이 있었던 것도 사실입니다. 그러나 일반병사용 '위안부'로서 하루에 수십 명을 상대해야 했던 여성들 사이에서조차 당시가 "그립다"라고 회상하는 이들이 있다는 것에 우리는 놀라움과 함께 가슴이 저며오는 깊은 슬픔과 분노를 느꼈습니다.

잡지나 서적을 통해서 일본인 '위안부'였던 여성들의 생애사를 살펴보면 그들이 인신매매의 희생자였음을 알 수 있습니다. 가난 때문에 유곽에 팔려가 무거운 빚을 떠안고 그만둘 길이 보이지 않는 매춘 생활을 강요받았던 것입니다. 전후에는 '위안부', '매춘부'였던 사실이 알려지게 되면 사회에서 멸시당하고 배제되며 가족에게조차 버림받아 결국엔 매춘의 세계로 되돌아가거나 고독과 빈곤 속에서 살 수밖에 없었습니다. '저자 서문'에서 언급했듯이 우리 사회에는 지금도 매춘여성을 그렇지 않은 여성과 분리해서 차별하고, 매춘을 직업으로 하는 여성이라면 무슨 일을 당해도 어쩔 수 없다는 사고방식이 존재합니다. 이 사회는 그러한 처지의 여성들에게 실로 냉혹한 사회입니다. 그렇기에 더더욱 '나라를 위한 일이다', '야스쿠니에 모셔진다'라고 추켜세워진 '위안부' 시절은 그녀들에게 그나마 '나았던 시절'이며, 그래서 그때를 그리워하게 되는 것 아닐까요?

일본군과 일본이라는 국가는 여성들의 곤궁함을 공략하여 그녀들의 성性을 전쟁에 이용하고 버렸습니다. 여기서 잊지 말아야 할 것은 그녀들을 매춘생활이나 '위안부'로 내몰았던 인신매매의 관습이 당시 일본 사회에서도 금지되어야 했던 일이었음에도 전전戰前의 일본 정부가 이를 방치했다는 사실입니다.

이렇게 생각하면, 이전에 '매춘부'였던 '위안부' 여성을 그렇지 않은 '위안부' 피해자로부터 배제해서는 안 됩니다. 그렇게 차별하는 것은 '매춘부'라면 어떤 일을 당해도 상관없으니 '위안부'가 되어도 어쩔 수 없다는 사고방식으로 이어지고 결국 이것은 당시의 군부와 내무성이 '위안부' 후보자로 가장 먼저 예기·창기·작부 여성들을 표적으로 삼은 것과 동일한 발상이 되어 버리기 때문입니다. 또한 여성을 이분화하는 이러한 발상에 근거하여, 전후에 일본 정부가 자발적으로 미군을 위한 '위안시설'을 만들었다는 사실도 잊어서는 안 됩니다. 여성을 '매춘부'와 그렇지 않은 여성으로 나누고, '매춘부'라면 희생되어도 상관없다는 사고방식은 지금까지도 그 명맥을 이어오고 있습니다. 그렇기 때문에 일본인 '위안부' 피해여성들은 자신을 피해자로 인식하지 못하고 소송을 제기할 수도 없는 것 아닐까요?

일본인 '위안부'의 삶을 쫓는 과정에서 여성을 인신매매하여 '매춘부'나 '위안부'로 삼았던 사람들이 일본 사회에 다수 존재했다는 사실을 새삼 알게 되었습니다. 이 책에는 그런 공창업자에게 들은 증언도 실렸지만 공창업자가 아닌 민간인도 많은 여성의 매매나 사기성이 짙은 주선에 관여했다는 것 또한 알 수 있었습니다.

한편, 일본인 '위안부' 중에도 속아서 '위안부'가 되거나 혹은 될 뻔한 여성들이 많았다는 것을 잊어서는 안 됩니다. 그런 사람들의 생애사는 거의 알려져 있지 않습니다. 일본 사회에는 전쟁 전부터 여성을 인신매매나 사기로 매춘에 빠뜨리는 업자가 실로 많았습니다. 그 때문에 일본군은 전쟁이 시작되자 그런 업자들에게 명령해서 수많은 여성을 '위안부'로 징집할 수 있었던 것 아닐까요? 궁극적으로는 '위안부' 문제의 해결에 있어서 일본인 한 사람 한 사람이 구성원이 되는 일본 사회의 토양에 대해 묻고 있는 것입니다. 우리는 '위안부' 문제에 관한 일본군과 일본 국가의 범죄성에 대해 추궁해야 하며 여성을 매매하는 업자가 공공연하게 활동할 수 있었던 전전의 일본 사회, 전후 70년이 지났는데도 '위안부'는 '공창'이지 성노예가 아니었다고 발언하는 정치인들, 그리고 대다수의 사람이 그런 말을 위화감 없이 받아들이는 이 사회의 인권의식을 문제 삼지 않으면 안 됩니다.

일본인 '위안부'에 관한 조사와 연구는 이제 막 그 실마리를 찾기 시작했습니다. 당사자나 관계자가 고령화되면서 좀처럼 증언을 듣기 어려운 상황이 되었습니다. 하지만 우리는 한 분이라도 실제로 경험한 이야기를 들려주시기를 바라고 있습니다. 어떤 정보라도 좋으니 꼭 말씀해 주셨으면 합니다. 이 책이 일본인 '위안부' 문제에 대한 실상을 규명하기 위한 첫걸음이 되기를 진심으로 바랍니다.

엮은이

역자 후기

법정에 서지 않은/못한 일본인 '위안부'

2020년 12월, '2000년 일본군 성노예 전범 여성국제법정'[이하, 2000년 여성법정] 개최 20주년을 기념하며 한국과 일본뿐만 아니라 영국과 필리핀 등 세계 곳곳에서 관련 학술대회와 토론회가 열렸다. 2000년에 비해 보다 인민화되고[1] 젠더 관점이 반영된 국제법적 환경이 만들어졌[2]음에도 불구하고, 일본군 '위안부' 문제에서 아직까지도 충분히 논의되지 못한 식민지 책임의 문제와 비/불처벌의 문제를 다루려는 학술적 노력이 돋보였다.

---

1 한일 양국 정부는 샌프란시스코 강화조약이나 한일협정을 근거로 줄곧 법적 판단을 미루어 왔는데, 거꾸로 그런 종류의 국제법이나 국가 간 조약 등을 피고 혹은 판단의 대상으로 삼는 것이 바로 '인민화된 국제법'이라고 할 수 있다. 그런 점에서 2000년 여성법정은 '인민화된 국제법'에 상응하는 새로운 법정 혹은 새로운 법적 형식의 발명이라는 의의를 갖는다. 심아정, 「'권력 없는 정의'를 실현하는 장소로서의 '인민법정'—2000년 여성국제전범법정의 사례를 중심으로」, 『일본연구』 제30집, 고려대일본연구소, 2018년, 48쪽.

2 2000년 이후로 유엔안보리에서 채택된 여성과 평화 안보 관련 결의는 무려 10건에 이른다. 주요 의제는 성폭력 범죄에 대하여 책임을 묻는 것이었다. 특히, 비/불처벌의 관행을 종식시키고 집단학살, 여성과 여성아동을 대상으로 저지른 성폭력을 포함한 반인도적 범죄를 저지른 이들에 대한 기소책임을 모든 국가가 지고 있음을 강조한 결의 제1325호(2000년)는 이러한 범죄가 사면의 대상이 되어서는 안 된다고 강조한다. 결의 제2467호(2019년)에서는 국가의 관할권에 초점을 맞추고, 회원국들에게 분쟁 및 분쟁 후 성폭력에 대한 수사와 기소, 성폭력 피해자들의 사법접근성 등을 강화하도록 촉구했다.

그러나 2000년에도, 20년이 지난 2020년에도 공론장의 수면 아래 가라앉은 '앙금'과도 같은 존재들이 있다는 것을 잊어서는 안 된다. 전前 일본인 '위안부'가 바로 그들이다. 일본인 '위안부'는 누구인가? 일본인 '위안부'는 일본 사회에서 '매춘부였으니까 피해자가 아니'라는 정조 이데올로기의 낙인이 찍힌 채 오랜 시간 침묵을 강요당해 왔다.

　　2000년 여성법정에서는 처음으로 일본인 '위안부' 또한 피해자임이 인정되었지만, 그 후 수차례 제출된 「전시 성적 강제 피해자 문제해결 촉진에 관한 법률안」에는 피해 보상의 대상에서 일본인이 제외되었다. 이 책의 저자들은 이러한 배경에 "식민지 지배와 전쟁범죄라는 틀에서 아시아의 피해에 관심을 갖는 역사 인식의 획기적인 전환의 이면에, 일본인 '위안부' 문제에 대해서는 조사조차 제대로 이루어지지 않은 채 배제되어 왔다는 문제가 버티고 있다"[3]고 말한다.

　　공소 사실에는 일본인 '위안부' 피해에 대한 내용도 포함되었는데, 쇼와 천황 히로히토裕仁와 일본 정부에 대해 전쟁 범죄의 일부로서 일본인 '위안부' 피해에 대한 공소를 제기한 것은 일본 국내에서도 최초의 시도라는 점에서 그 의의가 크다고 할 수 있다.

　　하지만 정작 일본인 '위안부'는 단 한 명도 2000년 여성법정에서 증인의 자리에 서지 않았다/못했다. 이러한 사실은 일본인 '위안부'의 "피해의 가벼움"을 말하는 것이 아니라, 오히려 그들이 짊어져야 했던 "복합적 억압의 독특한 무게"[4]를 역설하는 것으로 이해되어야 한다. 후지메 유키藤目ゆき는 2000년 여성법정의 셋째 날인 12월 10일, 일본 측 검사단의 전문가 증인 중 한 사람이자 일본 근현대사 연구자로서

3　이 책의 서문을 참조할 것.

4　후지메 유키, 「일본인 '위안부' 문제의 공소와 그 의의」, 『당대비평』, 생각의 나무, 2001년, 199쪽.

증언했다. 다음은 일본 측 검사단과 후지메 유키 사이에 오간 말이다.

> 일본측 검사단: 일본인 '위안부'들은 '위안부'가 되기 전에 이미 공창,
> 즉 매춘부였습니다. 증인의 생각으로는 그런 여성들이 군에 의한 성
> 폭력 피해자가 아니라는 것입니까?

> 후지메 유키: 아니오, 그녀들도 피해자라고 생각합니다. 군 '위안부'
> 로서 당했던 폭력과 지배는 피해자의 전력前歷에 의해 좌우되는 것이
> 아니기 때문입니다. 애당초 일본의 공창제도는 그 자체로 대단히 폭
> 력적인 것이며 나아가 군국주의적인 제도입니다.[5]

검사의 질문에 이어 판사로부터도 일본인 '위안부'가 몇 명인지를
묻는 질문이 이어졌다. 당시에는 일본인 '위안부'의 전체 숫자가 파악
되지 않은 상태였고, 일본인 여성들을 일본군 성노예 제도의 피해자
로 볼 것인지, 또 어느 범위까지 피해자로 볼 것인지를 둘러싸고 연구
자들 사이에서조차 인식의 차를 좁히지 못하고 있었다고 한다. 때문
에 공소는 피해자와 가해자를 엄밀히 특정할 수 있는 하이난다오海南
島와 오키나와, 두 건에 대해서만 제기되었다.

나중에 판사 자신도 지적했지만, 질문의 주안점은 전체 '위안부' 수
보다 '위안부'였음이 확인된 일본인 여성의 수였다. 이에 대해 후지메
유키는 "두 사람"이라고 대답했다. 군 '위안부'였다는 사실을 공표한
여성으로서 잘 알려진 우에하라 에이코上原榮子와 시로타 스즈코城田す
ず子를 염두에 둔 것이다. 훗날 후지메 유키는 당시의 법정에서 "두 사

---

5 Fight for Justice 홈페이지에 게재된 2000년 법정 관련 영상을 참고할 것.(최종검색일:
2020/11/16) https://archives.wam-peace.org/wt/all-schedule 번역은 필자에 의함.

람"이라고 대답해야 했던 것에 대한 주저와 저항이 적지 않았다고 밝힌 바 있다. 실제로 존재했던 일본인 '위안부'의 총수와 너무나 동떨어져 있는 숫자였기 때문이다.[6]

그러나 이들 '두 사람'이 김학순처럼 일본 정부를 상대로 소송을 제기하는 방식으로 '위안부' 제도를 고발하며 나섰던 것은 아니다. 이런 의미에서라면 '커밍아웃'한 일본인 '위안부' 피해자는 단 한 명도 없다. 일본인 '위안부' 중 일본 국가를 상대로 '위안부' 피해를 주장하는 소송을 한 사람은 없었기 때문이다.

2000년 여성법정에 서지 못한 피해여성들이 누구인가를 살피는 작업은 민간의 법정에서도 재현되지 못했던 존재들의 삶을 뒤늦게나마 마주하는 일이기도 하다. 일본인 '위안부'를 둘러싼 복잡다단한 관계망을 되짚어 보는 일은 '강제성'의 유무 혹은 '위안부'는 공창인지의 여부를 놓고 다투는 기존의 논의 프레임을 벗어나, '새로운 물음'을 던짐으로써 지금-여기의 여성들이 겪고 있는 젠더기반 폭력이라는 현실과의 전망 속에서 말해져야 한다.

일본인 '위안부'는 누구인가

일본인 '위안부' 문제는 징모와 관련된 자료만 보더라도 육·해군, 내무성, 경찰 등 국가기관 뿐만 아니라 가족, 친척, 공창업자, 묵인 사창업자, 유곽, 군에 출입하던 상인, 제대한 군인, 찻집 주인 등 민간인에 이르기까지 다양한 사람과 조직이 공모관계에 있었음을 알 수 있다. 그뿐만 아니라 군 '위안부' 정책이 실시되던 기간에 일본의 폐창 단체는 순결보국운동을 제창하며 군대의 성병 예방에 의욕을 보이고 '아

---

6   후지메 유키, 위의 글, 193~194쪽.

메리칸 플랜'을 성병 방지의 이상적인 국책이라 찬양하면서 일본 정부로 하여금 본받도록 요청하는 한편, 군 '위안부' 정책에 대해서는 침묵을 지켰다.

일본군과 국가의 법적 책임을 면피하지 않으면서도, 여성에 대한 성착취와 노예화를 지탱해 온 이들의 군상을 면밀히 들여다보는 작업은 사회적 책임과 더불어 제도로서의 위안소가 어떠한 정치·경제·사회적 그물망 속에서 가동하고 있었는지 되물을 수 있다는 점에서 매우 중요하다. 일본인 '위안부' 문제를 어떻게 '새롭게' '문제화'해 나갈 수 있을지, 역사적 사료와 현재적 담론을 오가는 섬세한 물음이 던져져야 할 때다.

1991년 김학순의 증언으로부터 30년이 지났지만, 일본 사회에서 일본인 '위안부'는 공창제도 하의 매춘부라는 이미지가 각인되어 "매춘부니까 피해자라고 할 수 없다"는 인식이 여전히 만연하여, 지금껏 그 피해와 실상이 제대로 드러날 수 없었다. 니시노 루미코는 "일본인 '위안부'의 처우는 같은 일본인이라고 해도 하나로 묶어 이야기할 수 없다"고 말한다. 위안소의 형태나 설치시기, 위안소가 있던 지역과도 관계가 있지만 일본인 여성이 '위안부'가 된 경위는 다양하고, 그 중 '본인의 의지에 반해' '위안부'가 된 경우도 적지 않기 때문이다.

---

7   제1차 세계대전 중에 구미 제국은 군대를 보호하려고 여성 억압적인 성 통제를 강화한다. 미국은 여성을 성병의 원인으로 보고, 병영 5마일 안에서 성매매 여성으로 의심되는 여성을 체포해 시민권을 정지하는 군대보호정책(아메리카 플랜)을 채택한다. 후지메 유키 지음, 김경자, 윤경원 옮김, 『성의 역사학─근대국가는 성을 어떻게 관리하는가』, 삼인, 2004년, 400~401쪽.

'강제연행' 논쟁을 넘어선 새로운 해석—'공인'과 '은폐'라는 이중적 태도[8]

이 책에서 가장 길고 어려운 글은 나가이 가즈의 논문이다. 이 논문은 김해진이 번역하고 나머지 멤버들이 함께 여러 번 검토하는 과정을 거치면서 가까스로 그 내용을 이해할 수 있었다. 나가이 가즈는 1996년 말에 새롭게 발굴된 경찰 자료를 통해, '위안부' 논쟁에서 해석으로 문제가 됐던 육군문서, 「군위안소 종업부 등 모집에 관한 건」[9] 1938년 3월 4일자, 이하 부관통첩의 의미를 재검토했다. 부관통첩은 요시미 요시아키가 발견하여 군이 위안소를 통제하고 감독했다는 것을 보여주는 결정적인 증거로서 1992년 아사히신문에 보도된 바 있다.

요시미 요시아키와 그에 맞서는 자유주의사관론자들은 주로 '강제연행'의 유무를 따지는 문맥으로 위 통첩의 해석을 둘러싼 논쟁을 벌였다. 그러던 중 1996년에 문제의 부관통첩과 긴밀한 관련이 있는 경찰관계의 공문서, 「지나支那 도항 부녀의 취급에 관한 건」 1938년 2월 23일자, 이하, 경보국장통첩과 그에 부수하는 몇 건의 보고서가 발견되었다. 이를 계기로 나가이는 기존의 이항대립과는 다른, 새로운 해석을 내놓으며 '위안부' 문제를 '강제성' 프레임에 가두지 않는 새로운 사고의 지평을 열었다. 오해를 피하기 위해 말해두자면, 나가이의 글은 '강제성'을 부인하기 위해 쓰인 글이 아니다.

나가이는 부관통첩이나 경보국장통첩이 도대체 무엇을 단속하려 했던 것인지, 애초에 이 통달들은 무엇을 목적으로 제출된 것인지를 문제 삼아야 한다고 말한다. 새롭게 발견된 경보국장통첩은 '위안부' 모집 활동을 하는 업자가 자신들은 군의 의뢰를 받았다고 떠들고 다니는 것에 의심을 표하는 지방경찰에게, 위안소 개설이 국가의 방침이

---

8 이 책의 제1장, 나가이 가즈의 글을 참조할 것.

9 アジア歴史資料センター, レファレンスコード, JACAR:C04120263400.

라는 내무성의 의향을 확실히 전달하여 경찰의 의사통일을 도모할 목적으로 제출되었다. 즉 '위안부' 모집과 도항을 합법화하는 동시에 군과 위안소의 관계를 은폐하면서 모집 행위를 규제하도록 지시한 문서라는 것이 나가이의 해석이다. 또한 부관통첩은 경찰의 조치에 응하기 위해 내무성의 규제방침에 '위안부' 모집을 하는 업자의 선정에 주의를 기울이며 지방경찰·헌병대와 긴밀히 연락을 취할 것을 출장 군사령부에 명령한 지시문서이지, 애초에 '업자가 강제연행을 하는 것을 금지한' 단속 문서가 아니라는 해석을 내놓았다.

군의 위안소 정책은 당시의 사회통념과도 현저하게 동떨어진 것이어서 그것이 지방경찰 차원까지 철저히 주지되지 않은 사이에 업자의 네트워크를 통해 정보가 퍼져 '위안부' 모집활동이 공공연하게 개시되었다. 그렇기 때문에 이러한 혼란을 수습하고 군의 '위안부' 조달에 지장이 생기지 않도록 하는 동시에 지방경찰이 염려하는 '황군의 위신을 실추시키고 후방의 민심을 동요시킬 만한 사태'를 방지하기 위해 취해진 조치가 바로 경보국장통첩이며, 이와 관련해서 육군성이 출장군사령부에 보낸 것이 문제의 부관 첩이었다.

결국 경보국장통첩이 단속의 대상으로 삼았던 것은 업자의 위법적인 모집 활동이 아니라, "업자가 진실을 말하는 것", 즉 "군이 위안소를 설치하고 '위안부'를 모집하고 있다"고 선전하고 알리는 것이었다. '위안부' 모집은 은밀하게 이뤄져야만 했고 군과의 관계를 언급해서는 안 되었다는 사실이 공문서에 대한 나가이의 면밀한 독해를 통해 드러났다. 이 통첩은 한편으로는 '위안부' 모집과 도항을 용인하면서도, 군과 국가가 위안소와 맺고 있는 관계에 대해서는 은폐할 것을 업자에게 의무화했다. 이것이 요점이다. 이러한 '공인'과 '은폐'의 이중적 태도가 당시 경보국의 방침이자, 일본 정부의 방침이었다.

나가이 가즈는 두 개의 통첩, 그와 관련된 경찰 보고서, 결재문서 등의 분석을 통해 공문서 간의 관련성과 인과관계를 밝히고 '위안부' 징모와 이송 관련 문서에서 드러나는 일본군, 일본 정부, 경찰, 업자들의 증언을 통해 드러난 여러 행위자의 '공모'를 규명했다.

우먼리브운동의 급진성 뒤에 남겨진 일본인 '위안부'

이 책의 후반부에는 일본인 '위안부' 열 명의 증언과 전후의 삶이 간략하게 수록되어 있다. 가장 마음에 남았던 사람은 야마우치 게이코였다. 그녀는 어린 나이에 게이샤가 되었다가 전차금을 받고 트럭섬에서 '위안부' 생활을 했다. 그 후, 1972년에『주간 아사히 예능』에 연재 중이던「도큐먼트 태평양전쟁」의 기획 취재에 협력했는데, 당시의 증언에서 "인생에서 트럭섬에 있던 시절이 가장 좋았다"라고 말하기도 했다. 그러나 같은 해, 야마우치 게이코는 48세의 나이에 자살로 생을 마감했다.

야마우치가 자살한 1972년은 일본에서 우먼리브운동[10] 등 여성해방운동이 한창이던 시기로, 40대 후반이 된 전前 일본인 '위안부'들과 우먼리브운동에 뛰어든 20대 여성들이 같은 시공간에 살고 있었다. 68혁명의 세계적 흐름 속에서 일본에서도 베트남전쟁 반전운동으로 생겨난 '가해자의 논리'가 전공투운동의 '자기부정의 논리'와 짝을 이루

10　우먼리브(ウーマン・リブ)운동은 여성해방운동(Women's Liberation Movement)의 '우먼'과 '리버레이션'을 붙여 만든 약자로, 1960년대 후반에서 1970년대 전반에 걸친 특정한 시기의 운동을 가리킨다. 1969년에 정점에 달했던 전공투운동과 반전운동 등을 함께 하던 여성들의 관계성 속에서 1970년, '그룹 싸우는 여자들(ぐるーぷ闘うおんな)'이 결성되었다. 이들은 1972년까지 각종 시위, 특히 낙태금지법 개악 반대 시위를 주도하고 공동육아를 모색하며 출입국관리법안 반대투쟁을 펼치는 등 1970년대 중반까지 일본 여성운동에서 중요한 역할을 했다.

며 등장했던 때가 있었다. 전공투에 참가한 여학생들은 운동 내부의 남성 우위에 반발하여 성차별을 고발했고, 이것이 1970년대 일본의 우먼리브운동으로 이어졌다. '가해자로서의 일본인'이라는 주체화를 내걸었던 당시 운동의 흐름 속에서, 우먼리브의 여성들 또한 '일본인' 여성이라는 입장을 성찰하기 위해 '위안부로 강요된 조선인 여성'이라는 수사를 '삐라'에 등장시키기도 했다.

그러나 우먼리브의 '삐라'나 벽보에서도 일본인 '위안부'에 대한 언급은 찾아볼 수 없다. '가해자의 논리'는 자칫 가해국 국민이라는 덩어리가 전혀 균질적이지 않음을, 일본인 여성들 사이에서도 계급이나 거주지, 세대 등에 따라 전쟁에 대한 경험이 다르고, 일본인 '위안부'의 경험 또한 파견된 시기와 장소에 따라 다르다는 사실을 간과할 수 있는 함정이 있다. 야마우치가 자살한 그해에 우먼리브를 이끌었던 다나카 미쓰는 『생명의 여자들에게』[11]라는 책을 집필하고 있었다. 우먼리브운동은 일본인 '위안부' 문제를 동시대적인 문제로서 마주하지 못했고, 운동의 급진성 뒤에 남겨진 자들 중에는 일본인 '위안부'가 있었다.

'비교사'를 넘어서 '교차적' 관점으로

야마우치는 사병을 상대하는 조선인 '위안부'들과 달리, 장교를 상대하는 '엘리트' '위안부'였다. 상대하는 대상에 따라 처우가 달랐던 만큼 경험한 내용 또한 조선인 '위안부'와 달랐을 것이다. 그러나 본국, 식민지, 점령지 여성들의 전쟁경험과 성폭력 피해는 이 여성의 경험과 저 여성의 경험을 비교하며 피해의 위계를 만드는 방식이 아니라,

---

11 다나카 미쓰 지음, 조승미 옮김, 『생명의 여자들에게—엉망진창인 여성해방론』, 2019년, 두번째테제.

이 제도와 저 제도를, 이 정책과 저 정책을 비교하면서 여성들을 분리하며 억압하는 갖가지 권력이 어떻게 맞물려 작동하는지에 착목하여 다뤄져야 한다.

이 책에 소개된 열 명의 일본인 '위안부' 중에 게이코라 불린 사사구리 후지는 패전 직후인 1945년 8월 22일에 버마에 있는 일본군 포로 수용소에 도착했고, 수용소 병원에서 일하게 되었다. 무엇보다 간호부와 똑같이 하얀 앞치마를 두르고 일할 수 있다는 게 기뻤다고 한다. 게이코의 '기쁨'은 '위안부'와 '간호부'를 무급군속과 유급군속으로 구분하며 '원호'의 자격을 놓고 그어지는 분할선을 드러낸다. 게이코의 '기쁨'은 전쟁의 협력자로서의 피해자라는 '원호의 대상으로 포섭되는' 동시에 가해국의 국민이기 때문에 전시 '성적 강제 피해자에서 배제되는' 모순의 지대에서 분출된다.

게이코는 귀국해서도 고향 집에 돌아갈 엄두조차 내지 못하고, 귀향선을 같이 탔던 김필련金必蓮, 이금화李金花와 하카타역에서 헤어진 후, 다시 유곽에서 일하게 된다. 1958년에 전면적으로 시행된 '매춘방지법'으로 아카센赤線·아오센靑線 지역의 가게들이 문을 닫자, 게이코는 요릿집 접시닦이, 뒷골목 여관의 종업원, 허름한 술집의 잡부, 모텔 잡부 등 갖가지 일을 했다. 그러나 일하는 곳이 바뀌어도 "'원래 몸 파는 여자'였던 걸 알게 되면 함께 일하는 동료들도 무시하고 업신여기는 사실만큼은 변하지 않았다"고 한다.[12]

게이코는 센다 가코가 쓴『종군위안부』의 주인공이기도 하다. 책 속에서 게이코가 위안소에서 병사들을 상대할 때 몸이 상하지 않게 빨리 끝내는 기교를 선배에게 배워 알게 되었을 때, "김필련과 이금화에게

---

12   이 책의 제3장, 히로타 가즈코의 글을 참조할 것.

도 이것을 가르쳐 주어야겠다는 생각을 했다"고 말하는 장면이 있다.[13]
이 짧은 대사는 이 책의 논조와 시각이 문제적임에도 기억에 남아 지워지지 않는다. '위안부'들의 에이전시/수행성을 주로 '위안부'와 병사와의 관계에 국한해서 말하는 이들도 있지만, '위안부'들 사이의 관계성에서도 말할 수 있는 것 아닐까 하는 생각이 들었다.

'하찮은' 존재들로 자리매김되어 온 이들이 서로를 더 낮은 하위의 위계로 밀어내며 자신의 피해를 입증하는 일은 바로 그 위계의 선을 그은 권력의 구조를 강화하며 자기도 모르게 그러한 구조의 유지에 기여하는 결과로 이어진다. 그렇다면 하찮다고 여겨지는 존재들이, 존엄이 박탈당한 바로 그 자리에서 서로를 밀어내거나 지우지 않고 서로의 존재를 비출 수 있는 '다른 이야기'는 어떻게 가능할까.[14]

후지메 유키가 지적했듯이 전후의 역사학은 근대 국가의 지배구조 분석이나 지배계급에 대한 인민투쟁사를 주요 연구대상으로 삼아 왔지만, 성과 생식의 자기결정권을 쟁취하기 위해 싸운 인민의 저항과 사회운동은 역사학에서 정통적인 연구대상으로 간주되지 못했다.[15] 일본인 '위안부'를 둘러싼 논의는 일본에서도 여전히 신중함 속에 있고, 한국에서는 아직 본격적으로 논의되는 공론장이 드물다. 일본인 '위안부' 여성들이 놓여 있던 사회적·경제적 취약성의 근간에 군국주의, 제국주의, 자본주의, 가부장제, 계급성, 정상가족 이데올로기 등이 버티고 있음을 알아차리는 것이 중요하다. 또한 '성적 재생산권리에 대한 침해'라는 섹슈얼리티에 대한 적극적인 관점으로 일본인 '위안부'

---

13 센다 가꼬오 지음, 이송희 옮김, 『종군위안부』, 백서방, 1991년, 128쪽.

14 심아정, 「피해/가해의 틀을 흔들며 출몰하는 오키나와의 조선인」, 『사이間SAI』 제27호, 2019년, 264쪽.

15 후지메 유키, 앞의 책, 16쪽.

문제를 바라보아야 한다.

에필로그

이 책은 논형출판사의 〈'전후' 일본의 운동과 사상 시리즈〉제2권에 해당하고, 번역공동체 '잇다'의 세 번째 작업이다.[16] 번역 기간 내내 역자들의 부모님이 모두 노환으로 입퇴원을 반복하고 코로나19라는 변수까지 겹치는 바람에, 1년을 예상했던 공동 작업은 2년째로 접어들었다. 역자들은 그 어느 때보다도 작업에 오롯이 집중하기 어려운 시기를 함께 겪어냈다. 작업을 중단하고 또다시 이어가는 과정에서 우리는 서로의 삶에서 돌봄 노동의 가치를 새삼 돌아보게 되었는데, 이또한 예기치 못한 경험이었다.

일고여덟 살 때부터 남의집살이를 하고 애보개를 하면서 십대가 되면 이 유곽에서 저 유곽으로 몇 번이고 팔리고 되팔리는 백 년 전 일본의 빈곤층 여성들의 경험을 마주하고, 함께 슬퍼하고 분노하며 이 책의 지면에 머물렀던 충실한 시간은 역자들에게 느닷없이 닥쳐온 힘든시기를 버텨내게 해준 동력이 되었다. 우리는 '위안부'들 사이의 식민지적 차이를 의식하면서도 일본인 '위안부' 문제를 이해하기 위해서 굳이 그 차이에서 출발하려고 하지는 않았다. 번역을 끝내고 나니 더 알고 싶은 것들이 생겨났다. 역자들에게 일본인 '위안부'는 여전히 물음으로 남아있는 존재다.

---

16 번역공동체 '잇다'의 전작으로는 다음의 두 권이 있다. 이흥섭 지음, 잇다 옮김, 『딸이 전하는 아버지의 역사』, 논형, 2018년, 구리하라 야스시 지음, 잇다 옮김, 『마을을 불살라 백치가 되어라─백 년 전 여성 아나키스트의 삶과 죽음』, 논형, 2019년. 논형의 〈'전후' 일본의 운동과 사상 시리즈〉로는 2020년에 출간된 제1권, 니시무라 히데키 지음, 심아정, 김정은, 김수지, 강민아 옮김, 『'일본'에서 싸운 한국전쟁의 날들─재일조선인과 스이타사건』이 있다.

마지막으로 일본의 저자 선생님들께 감사의 인사를 전한다. 일본인 '위안부' 문제가 한국에서 어떻게 '문제화'될 수 있을까. 출간 이후 여러 공론장을 통해 저자분들과 더 많은 이야기를 나눌 수 있는 기회가 생겨났으면 좋겠다. 이 책의 출판을 조금의 망설임도 없이 허락해 주신 논형출판사의 소재두 사장님, 곧 태어날 둘째와 함께 편집에 애써 주신 홍민선 편집자님, 비어있는 두 개의 의자로 멋진 표지를 디자인해 주신 이명림 디자이너님께 감사를 드린다. 치열한 논쟁 속에서 하나하나의 번역어와 한 문장 한 문장에 정성을 쏟으며 분투한 번역공동체 '잇다'의 김해진, 경혜진, 김수용, 심아정의 노력이 독자들에게 가 닿기를 바란다.

2021년 2월, 혹한과 팬데믹이 한풀 꺾인 어느 날
역자들을 대신하여
심아정

참고문헌과 자료

◆ 서적·잡지기사

支那派遣軍経理部, 『支那派遣軍経理月報』, 支那派遣軍経理部, 1941. 3.

白川俊介, 「転落女性群像 ヤミの女の生態」, 『女性改造』, 1947. 3. 4.

「実態調査座談会 パンパンの世界」, 『改造』, 1949. 12. 1.

「ハマのモロッコ娘」, 『週刊読売』, 1952. 12. 7.

藤原道子, 「売春婦のパスポート」, 『改造』, 1953. 3. 25.

「現代版唐人お吉の生態」, 『真相』, 1954. 8.

重村實, 「特要員と言う名の部隊」, 『文藝春秋』, 1955. 12.

辻政信, 「上海料亭·焼打事件」, 『文藝春秋』, 1955. 12.

「光を求める娘たち: 更生相談室の窓口から」, 『婦人朝日』, 1956. 2. 5.

岩内善作·田中寿美子, 「そこが間違っている」, 『婦人朝日』, 1956. 3. 1.

「更生できない更生寮」, 『週刊新潮』, 1956. 5. 1.

「戦線を駆ける慰安婦部隊」, 『人物往来』, 1956. 6 10.

「赤い街·青い街」, 『アサヒグラフ』, 1956. 6. 24.

末永勝介, 「補償されない殺人事件: 米軍属に殺されたバーの女性」, 『週刊新潮』,
        1957. 2. 25.

「戦場を駆けるセックス」, 『人物往来』, 1957. 4. 10.

「特集 赤線地帯」,『別冊週刊サンケイ』, 1958. 2. 25.

暉峻康隆,「売春ニッポン一五〇〇年史: 公認国から非公認国へ」,『別冊週刊サンケイ』, 1958. 2. 25.

「八十五年目の真実」,『別冊週刊サンケイ』, 1958. 2. 25.

「消える赤い灯の行方 来るか簡易恋愛時代」,『別冊週刊サンケイ』, 1958. 2. 25.

向井啓雄,「四大陸の白線巡り」,『別冊週刊サンケイ』, 1958. 2. 25.

平山芦江,「吉原ものがたり」,『別冊週刊サンケイ』, 1958. 2. 25.

神崎清,「業者はこうして肥った: 娼妓解放から売春汚職まで」,『別冊週刊サンケイ』, 1958. 2. 25.

「特殊女性は何処へいく?」,『別冊週刊サンケイ』, 1958. 2. 25.

山口林路,「慰安婦國営論」,『別冊週刊サンケイ』, 1958. 2. 25.

安田徳太郎,「性病という名の歴史」,『別冊週刊サンケイ』, 1958. 2. 25.

「売春禁止 これからどうなる? 既に"新手戦術"もちらほら」,『別冊週刊サンケイ』, 1958. 2. 25.

古今亭志ん生,「志ん生くるわ咄し」,『別冊週刊サンケイ』, 1958. 2. 25.

「春の宿マダムの手記」,『別冊週刊サンケイ』, 1958. 2. 25.

「ベテスダの涙」,『日本』, 1958. 7. 1.

「私たちも人間らしく生きたい」,『サンデー毎日』, 1958. 9. 21.

寺川要,「新京慰安所繁盛記」,『別冊週刊サンケイ』, 1960. 8. 1.

「元セレベス白人女子抑留所長の告白」,『週刊サンケイ』, 1960. 10. 24.

富山忠男,『水は流れ山は連なる〔一主計将校の思い出〕』, 1963.

「横須賀の女性を守った慰安婦」,『漫画サンデー』, 1965. 3. 10.

「大特集戦争と性 この異常体験がもたらした傷痕」,『アサヒ芸能』, 1967. 8. 20.

第五飛行師団経理官の集い,「航空機の蔭に」, 五経会, 1968.

長部日出雄,「満州の荒野を行く一馬族の女頭目になった日本人の娼婦た

ち」,『アサヒ芸能』, 1968. 10. 6.

伊藤桂一,『兵隊たちの陸軍史: 兵営と戦場生活』, 番町書房, 1969.

歩一〇四物語刊行会,『歩一〇四物語―わが連隊の記録』, 歩一〇四物語刊
　　行会, 1969.

太宰白一郎,『戦塵万里―野戦軍医の転戦記』, ゆうもあくらぶ出版部, 1970.

稲葉正夫編,『岡村寧次大将資料』上, 戦場回想篇, 原書房, 1970.

高橋義,『あ, ラバウル』, 日新報道出版部, 1970.

千田夏光,「日本陸軍慰安婦」,『週刊新潮』, 1970. 6. 27.

「性の奴隷として生きた戦場の女たち」,『週刊大衆』, 1970. 8. 20.

城田すず子,『マリヤの讃歌』, 日本キリスト教団出版局, 1971. 改訂版, かにた
　　出版部, 1985.

中村信,『大草原』, 青雲社, 1971.

名古屋歩六会編『歩兵第六連隊歴史追録第二部』, 歩六史刊行会事務局, 1971.

高砲二十二戦友会,『高砲二十二戦史』, 高砲二十二文集委員会, 1971.

伊藤桂一,「大陸をさまよう慰安婦たち」,『新評』, 1971. 8.

「戦場の芸者・菊丸が26年目に明かす波乱の人生」,『アサヒ芸能』, 1971. 8. 12.

破竹会,『破竹: 海軍経理学校第八期補修学生の記録』, 永末書店, 1972.

三島鉱太郎, 小川要次郎編,『騎兵第四旅団機関銃隊誌』, 元騎兵第四旅団機
　　関銃隊MG会本部, 1972.

「いまも続く"慰安婦戦友会"の悲しみの秘録」,『現代』, 1972. 4.

佐木隆三,「娼婦たちの天皇陛下」,『潮』, 1972. 6.

神崎清,「池田勇人と戦後の売春」,『潮』, 1972. 6.

守谷正,『比島捕虜病院の記録』, 金剛出版, 1973.

大桶修義,『ビルマ日記』, 中央公論事業出版, 1973.

小平哲三,『戦線随筆』, 非売品, 1973.

竹森一男, 『兵士の現代史—2·26から敗戦へ』, 時事通信社, 1973.

千田夏光, 「国が奪った青春の残酷『御国のために』自決した慰安婦」, 『サンデー毎日』, 1972. 11. 22.

「告白! 戦争慰安婦が生きてきた忍従の28年」, 『アサヒ芸能』, 1973. 8. 12.

千田夏光, 「ラバウルの従軍慰安婦『私は兵隊3万人の欲望を処理した』」, 『週刊大衆』, 1973. 11. 22.

千田夏光, 「四万人の慰安婦を供給したソウルの美都波収容所」, 『週刊大衆』, 1973. 12. 27.

「我がぐうたら戦記『女と兵隊』」, 『アサヒ芸能』, 1974. 4. 25.

大林清, 「従軍慰安婦第一号順子の場合」, 『現代』, 1974. 4.

大林清, 「従軍慰安婦順子の上海慕情」, 『現代』, 1974. 5.

飯野健治, 「白奴隷トラスト·RAA」, 『創』, 1974. 8.

「撃沈された女子軍属たちが集団慰安婦に堕ちるまでの戦争体験」, 『週刊新潮』, 1974. 8. 22.

「女は乗せない戦闘機に女を乗せた男」, 『週刊大衆』, 1974. 8. 22.

「最前線で女体突撃に終始! 兵隊失格だった男」, 『週刊大衆』, 1974. 8. 22.

広田和子, 『証言記録 従軍慰安婦·看護婦: 戦場に生きた女の慟哭』, 新人物往来社, 1975.

平塚柾, 『証言記録 太平洋玉砕戦: ペリリュー島の死闘』, 新人物往来社, 1975.

金本林造, 『太平洋戦記⑫ニューギニア戦記』, 河出書房新社, 1975.

「見捨てられた戦争慰安婦 その後の性生活」, 『アサヒ芸能』, 1975. 5. 1.

小沢昭一, 「四畳半むしゃぶり昭和史25 ゲスト須川昭 兵隊一円将校二円だった心やさしき『戦場の天使』たち」, 『週刊ポスト』, 1975. 7. 4.

「RAA特殊慰安施設協会」, 『アサヒ芸能』, 1975. 8. 21.

「甘えを排除したある『証言記録』」,『朝日ジャーナル』, 1975. 11. 28.

九紫会,『命をかけた青春: 陸軍経理部幹部候補生の太平洋戦争回想録』, 陸経第九期生会, 1976.

舩坂弘,『玉砕戦の孤島に大義はなかった』, 光人社, 1977.

角田賤夫,『太平洋戦争の体験』, ふだん記全国グループ, 1977.

戦争体験を記録する会,『私たちと戦争』二, タイムス, 1977.

第五十二防空隊員編,『五十二防空隊員の戦記』, 全日本同愛会, 1977.

菅野正哉,「上野の山探訪記: 闇の女性の根拠地」,『艶楽書館』, 1977. 4.

「吉原病院見聞録」,『艶楽書館』, 1977. 4.

「カストリ雑誌に見る〈娼婦の世界〉」,『艶楽書館』, 1977. 4.

神崎清,「日本戦後売春史: 吉原·米軍上陸·RAA」,『艶楽書館』, 1977. 4.

吉田俊雄,「海軍料亭の灯は消えて」,『文藝春秋』, 1977. 5.

北尾謙三,『ぼんぼん主計長奮戦記』, サンケイ新聞社, 1978.

酒井三郎,『傀儡部隊: セブ島義勇隊隊長の手記』, けん出版, 1978.

田中保善,『町医者ボルネオにたたかう: 独歩四三二大隊戦記』, 西日本新聞社, 1978.

浜野春保,『万雷特別攻撃隊』, 図書出版, 1979.

本八郎編,『つわもの: 静岡歩兵第三十四連隊第六中隊誌』, 六中会, 1979.

大木保男ほか編·海軍主計九期会,『五分前の青春: 第九期海軍短期現役主計科士官の記録』, 海軍主計九期会, 1979.

岩田清治,『海軍主計大佐の手記』, 原書房, 1979.

鈴木俊雄,『回想のフィリピン戦線』, 鈴木医院, 1979.

中島正舒,『ビルマ鎮魂歌』, 丸の内出版, 1979.

「体験告白『私は元陸軍の慰安婦だった』」,『週刊読売』, 1979. 6. 17.

山谷哲夫,「『沖縄のハルモニ』前口上」,『中央公論』, 1979. 9.

中村法一,『ビルマ戦線の終幕』, エピック企画出版部, 1980.

「東京で一番辛い命令『女の調達』」,『週刊新潮』, 1980. 8. 21.

三宅善喜,『密林に消えた兵士たち: 私のダバオ戦記』, 健友館, 1981.

林芳男,『当番兵の見たビルマ戦線』, 林芳男, 1981.

羅南憲友会,『羅南憲兵隊史: 胡馬北風に嘶く羅南隊の回想と終焉』, 羅南憲
　　　友会, 1981.

千田夏光,『従軍慰安婦・慶子: 死線をさまよった女の証言』, 光文社, 1981.

菊池蹟,『狂風インパール最前線』, 叢文社, 1982.

渡辺哲夫,『海軍陸戦隊ジャングルに消ゆ: 海軍東部ニューギニア戦記』, 戦誌
　　　刊行会, 1982.

石田新作,『悪魔の日本軍医』, 山手書房, 1982.

貝塚侊,『細菌から象まで: 一軍医のビルマ戦記』, 大雅, 1982.

「妊婦の腹を裂き, 胎児の顔を割り!」,『女性自身』, 1982. 9. 9.

「私は貝にはなれない!」,『女性自身』, 1982. 9. 30.

「進駐軍米兵の性犯罪調書」,『宝石』, 1982. 12.

「満洲開拓団・処女たちの凄春」,『宝石』, 1983. 9.

鈴木卓四郎,『憲兵余録』, 図書出版社, 1984.

四至本広之烝,『隼南溟の果てに』, 戦誌刊行会, 1984.

玉井紀子,『日の丸を腰に巻いて: 鉄火娼婦・高梨タカ一代記』, 現代史出版
　　　会, 1984.

「故郷の山河をいま一度見たい」,『女性自身』, 1984. 9. 25.

新京陸軍經理学校第五期生記念文集編集委員会事務局,『追憶』下, 1985.

朝日新聞山形支局,『聞き書き ある憲兵の記録』, 朝日新聞社, 1985.

上條彰,『あの山を越えれば: 第二師団元主計少尉の追憶』, 上條彰, 1985.

佐藤基,『椰子の実: 私の従軍回想録』, けやきの街出版, 1985.

古賀明男,『思い出の兵隊そしてビルマ雲南戦線』,葦書房,1986.

金井英一郎,『Gパン主計:ルソン戦記』,文藝春秋,1986.

加藤徹,『従軍三度私の小さな歴史』,ヒューマンドキュメント社,1986.

戸井昌造,『戦争案内:ぼくは20歳だった』,晶文社,1986.

讃岐章男,『広野の戦場』,第一出版,1986.

久田二郎,『定本戦野まぼろし』,第一印刷,1987.

浜口信平編,『文集うしお 陸軍経理学校第十期経理部甲種幹部候補生隊』,
　　　　潮会,1987.

久保村正冶,『第十一軍通信隊』,図書出版,1987.

堀口正夫,『アジアの烽火:星の流れに』,第一部上巻,堀口正夫,1987.

赤尾純藏,『茶毘の烟り:殉国の士を悼みて』,赤尾純蔵著書刊行委員会,1987.

陸軍経理学校幹候第十一期文集編集委員会編集・企画,『燦』,陸軍経理学校
　　　　幹候第十一期文集編集委員会,1987.

沼津戦後の戦友会,『かたりべの群れ2私の戦場体験』,沼津戦後の戦友会,1988.

奥谷進,『太平洋戦争 青春の記録』,奥谷進,1988.

富沢茂,『女たちの戦場よもやま物語』,光人社,1988.

郷城会,「独立歩兵第一旅団幹第一四三六部隊渡辺隊」,『郷城:郷城会発足二十
　　　　周年記念誌』,記念誌編集委員会,1988.

大里巍,『わが青春は大陸の果てに: 満州・広東そしてビルマ・雲南へ』,大里
　　　　巍,1988.

陸軍経理学校第六期幹部候補生有志,『主計官』,1988.

山内一生,『憲兵よもやま物語』,光文社,1988.

七起会,『思い出 海軍と人と主計科 短現七期文集』,七起会文集刊行委員会,
　　　　1988.

上原栄子,『辻の華』,戦後篇上,時事通信社,1989.

谷川美津枝,『女たちの遙かなる戦場: 従軍看護婦たちの長かった昭和史』, 光人社, 1989.

松本良男·幾瀬勝彬編,『秘めたる空戦』, 光人社, 1989.

市川靖人,『ああ, 海軍ばか物語』, 万有社, 1989.

久保田勲,『望郷南満州鉄道』, 共同文化社, 1990.

小林誠司編,『不屈の輸送: 輜重兵第二連隊史記』上巻, 佐藤新次郎, 1990.

工藤四郎,『草むす屍』, 教育出版センター, 1990.

石川惣吉,『四中隊とともに』, 石川惣吉, 1990.

浜松昭,『沖縄戦こぼれ話』, 月刊沖縄社, 1990.

石田忠四郎,『或る憲兵下士官の雑記帳』, 雄文出版企画室, 1990.

船橋市企画部企画調整室編,『平和の尊さを伝えたい: 市民の戦争体験記』, 船橋市, 1990.

「慰安婦物語」,『平和への架け橋 練馬区戦争体験記録』下巻, 練馬区, 1991.

「前線で: 兵の二つの問題」上同.

柏熊静,『泰山』, 講談社出版サービスセンター, 1991.

下崎吉三郎,『南方での想い出』, 下崎吉三郎, 1991.

秋山健二,『だんびらの日記: ソロモン海に死す, 海軍主計少佐秋山新一の日記』, 秋山建二, 1991.

渡瀬吉人,『薩拉斉無情: 憲兵残酷物語』, 渡瀬吉人, 1992.

三ヶ野大典,『悲劇のサイパン』, フットワーク出版, 1992.

生田達二,『パプア·ニューギニアの思い出』, 生田達二, 1992.

今村武士,『補充兵戦記』, 今村武士, 1992.

川田文子,『皇軍慰安所の女たち』, 筑摩書房, 1993.

松永悟著, 平五電三会高知大会事務局編,『電信第三連隊史追録』, 電三会, 1993.

和気シクルシイ,『戦場の狗: ある特務諜報員の手記』, 筑摩書房, 1993.

山下政雄,『明日なき日々』, 山下政雄, 1993.

『別冊歴史読本戦記シリーズ第25巻 女性たちの太平洋戦争』, 新人物往来
　　　社, 1994.

坂本たか,『渚の墓標』, 坂本たか, 1995.

西河克己,『白いカラス: 生き残った兵士の記録』, 光人社, 1997.

古畑文男,『凡人の人生記録: ビルマ戦線の追想: 安兵団一軍医の手記』, 古畑
　　　文男, 1997.

後藤隆之,『国境の街にて』, 三重県良書出版会, 1998.

江口萬,『ビルマ戦線敗走日記』, 新風書房, 1999.

陳千武著・保坂登志子訳,『猟女犯: 元台湾特別志願兵の追想』, 洛西書院,
　　　2000.

神出杉雄,『大陸戦線こぼれ話: 中島隊の軌跡』, 文芸社, 2003.

原田政盛,『満州建国を支えた女性群像』, 文藝書房, 2004.

高橋秀治,『第四航空軍の最後: 司令部付主計兵のルソン戦記』, 光人社,
　　　2008.

宮下忠子,『思川: 山谷に生きた女たち 貧困・性・暴力 もうひとつの戦後女性
　　　史』, 明石書店, 2010.

◆주요 공문서 일본인 '위안부'의 징집·도항에 관한 공문서를 중심으로

不良分子ノ渡支取締方ニ関スル件〔外務次官〕, 1937. 8. 31.

支那渡航者ニ対スル身分証明書発給ニ関スル件〔福岡県知事〕, 1937. 12. 15.

上海派遣軍内陸軍慰安所ニ於ケル酌婦募集ニ関スル件〔群馬県知事〕,

1938. 1. 19.

北支派遣軍慰安酌婦募集ニ関スル件〔山形県知事〕, 1938. 1. 25.

支那渡航婦女募集取締ニ関スル件〔高知県知事〕, 1938. 1. 25.

時局利用婦女誘拐被疑事件ニ関スル件〔和歌山県知事〕1938. 2. 7.

上海派遣軍内陸軍慰安所ニ於ケル酌婦募集ニ関スル件〔茨城県知事〕,
    1938. 2. 14.

上海派遣軍内陸軍慰安所ニ於ケル酌婦募集ニ関スル件〔宮城県知事〕,
    1938. 2. 15.

支那渡航婦女ノ取扱ニ関スル件〔内務省警保局長通牒案〕, 1938. 2. 18.

支那渡航婦女ノ取扱ニ関スル件〔内務省警保局長〕, 1938. 2. 23.

軍慰安所従業婦等募集ニ関スル件〔陸軍省兵務局兵務課〕, 1938. 3. 4.

済南其他膠済鉄道沿線渡航者取締方ニ関スル件往復〔大分県知事/外務省
    アメリカ局長〕, 1938. 4. 25, 5. 4.

支那渡航婦女ノ取扱ニ関スル件〔外務省アメリカ局長〕, 1938. 5. 20.

支那渡航婦女ニ関スル件 伺〔内務省警保局警務課長〕, 1938. 11. 4.

南支方面渡航婦女ノ取扱ニ関スル件〔内務省警保局長〕, 1938. 11. 8.

醜業婦渡支ニ関スル経緯〔内務省〕不明.

漢口陸軍天谷部隊慰安所婦女渡支ノ件往復〔外務大臣/漢口總領事〕, 1938.
    12. 23., 12. 27.

父島要塞司令部参謀部, 陣中日誌, 1942. 5.

海南島海軍慰安所ノ件〔台湾拓殖株式会社〕, 1939. 4. 4.

海南島調査隊用並ニ軍用資材供給ノ件〔台湾拓殖株式会社〕, 1939. 4. 21.

人員並ニ物資輸送ノ件 三亜方面行特要員十人一組の分名簿五月二十四日基隆
    発メナド丸〔台湾拓殖株式会社〕, 1939. 5. 9.

台拓関係海南島渡航者人名表, 1939. 6. 19.

「南洋行酌婦募集広告取締」, 内務省警保局外事課『外事月報』, 1942. 4.

*出典: 女性のためのアジア平和国民基金, 『政府調査「従軍慰安婦」関係資料集成』第一巻, 龍溪書舍, 1997, 吉見義明編集·解說, 『従軍慰安婦資料集成』, 大月書店, 1992, 朱德蘭編集·解說, 『台湾慰安婦関係資料集』第一巻, 不二出版, 2001, 鈴木裕子·山下英愛·外村大編, 『日本軍「慰安婦」関係資料集成』上, 明石書店, 2006.

◆VAWW-NET Japan, VAWW RAC 출판간행물

マクドゥーガル著, VAWW-NETジャパン編訳 松井やより·前田朗解說『戦時·性暴力をどう裁くか: 国連 マクドゥーガル報告全訳』, 凱風社, 2000.

VAWW-NETジャパン編, 『日本軍性奴隷制を裁く: 2000年女性国際戦犯法廷の記録第1巻 戦犯裁判と性暴力內海愛子·高橋哲哉責任編集』, 緑風出版, 2000.

VAWW-NETジャパン編, 『日本軍性奴隷制を裁く: 2000年女性国際戦犯法廷の記録第2巻 加害の精神構造と戦後責任池田理惠子·大越愛子責任編集』, 緑風出版, 2000.

VAWW-NETジャパン編, 『日本軍性奴隷を制裁く: 2000年女性国際戦犯法廷の記録第3巻「慰安婦」·戦時性暴力の実態1 日本·台湾·朝鮮編宋連玉·金富子責任編集』, 緑風出版, 2000.

VAWW-NETジャパン編, 『日本軍性奴隷制を裁く: 2000年女性国際戦犯法廷の記録第4巻「慰安婦」· 戦時性暴力の実態2 中国·東南アジア·太

平洋編 林博史·西野瑠美子責任編集』, 緑風出版, 2000.

VAWW-NETジャパン編, 『裁かれた戦時性暴力: 「日本軍性奴隷制を裁く女性国際戦犯法廷」とは何であったか』, 白澤社, 2001.

VAWW-NETジャパン調査·起訴状作成チーム編, 『日本軍性奴隷制を裁く「女性国際戦犯法廷」意見書·資料集』, VAWW-NETジャパン, 2001.

VAWW-NETジャパン編, 『日本軍性奴隷制を裁く: 2000年女性国際戦犯法廷の記録第5巻 女性国際戦 犯法廷の全記録1 松井やより·西野瑠美子·金富子·林博史·川口和子·東澤靖責任編集』, 緑風出版, 2002.

VAWW-NETジャパン編, 『日本軍性奴隷制を裁く: 2000年女性国際戦犯法廷の記録第6巻 女性国際戦 犯法廷の全記録2 松井やより·西野瑠美子·金富子·林博史·川口和子·東澤靖責任編集』, 緑風出版, 2002.

ラディカ·クマラスワミ著, VAWW-NETジャパン翻訳チーム訳, 『女性に対する暴力をめぐる10年: 国連人権委員会特別報告者クマラスワミ最終報告書』, 明石書店, 2003.

「戦争と女性への暴力」, リサーチ·アクション·センター編, 西野瑠美子·金富子·小野沢あかね責任編集, 『「慰安婦」バッシングを越えて: 「河野談話」と日本の責任』, 大月書店, 2013.

軍「慰安婦」問題webサイト制作委員会編 吉見義明·西野瑠美子·林博史·金富子責任編集『「慰安婦」·強制·性奴隷: あなたの疑問に答えます Fight For Justice ブックレット』, 御茶の水書房, 2014.

집필자 소개

◆**책임편집**

니시노 루미코西野瑠美子

'전쟁과 여성에 대한 폭력' 리서치 액션센터^{VAWW RAC} 공동대표, 일본인 '위안부' 프로젝트팀. 2004년도 일본저널리스트회의 JCJ상, 제1회 평화·협동 저널리스트기금 장려상 등 수상. 편서와 저서로『戰場の「慰安婦」』明石書店, 2003,『従軍慰安婦と十五年戦争』明石書店, 2002,『日本軍「慰安婦」を追って』マスコミ情報センター, 1995,『「慰安婦」バッシングを越えて』共編, 大月書店, 2013,『暴かれた真実NHK番組改ざん事件』共編著, 現代書館, 2010 등이 있다.

오노자와 아카네小野沢あかね

릿쿄대학立教大学 교수. 일본근현대사, 여성사 전공. VAWW RAC 운영위원, 일본인 '위안부' 프로젝트팀. 저서로『近代日本社会と公娼制度』吉川弘文館, 2010,「米軍統治下沖縄における性産業と女性たち——1960~70年代コザ市」『年報日本現代史』第十八号, 2013,『慰安婦バッシングを越えて』共編著, 歴史学研究会ほか編『「慰安婦」問題を/から考える』共著, 岩波書店, 2014 등이 있다.

◆집필자게재순

마에다 아키라前田朗

도쿄조케이대학東京造形大学 교수. 전공은 형사인권론, 전쟁범죄론. 일본민주법률가협회 이사, 일한관계개선캠페인 공동대표. 저서로『鬪う平和学』共著, 三一書房, 2014,『二一世紀のグローバル·ファシズム』共編, 耕文社, 2013,『增補新版ヘイト·クライム』三一書房, 2013,『九条を生きる』青木書店, 2012,『人道に対する罪』青木書店, 2009,『軍隊のない国家』日本評論社, 2008 등이 있다.

송연옥宋連玉

아오야마가쿠인대학青山学院大学 교수. 조선한국근현대사 전공. 저서로『脱帝国のフェミニズムを求めて』有志舎, 2009,『軍隊と性暴力』共著, 現代史料出版, 2010 등이 있다.

나가이 가즈永井和

교토대학京都大学 문학연구과 교수. 일본근현대사 전공. 저서로『近代日本の軍部と政治』思文閣出版, 1993,『青年君主 昭和天皇と元老西園寺公望』京都大学学術出版会, 2003,『日中戦争から世界戦争へ』思文閣出版, 2007,『倉富勇三郎日記』共編, 国書刊行会, 第一巻 2010, 第二巻 2012 등이 있다.

이시바시 나오코石橋菜穗子

대학원에서 여성학 전공, 석사과정수료.

다바 사치코田場祥子

VAWW RAC 운영위원. 일본인 '위안부' 프로젝트팀.

하야시 히로후미林博史

간토가쿠인대학関東学院大学 경영학부 교수. 전공은 현대사, 군대·전쟁론. 저서로 『差別と暴力としての米軍基地』かもがわ出版, 2014, 『米軍基地の歴史』吉川弘文館, 2012, 『BC級戦犯裁判』岩波新書, 2005, 『沖縄戦と民衆』大月書店, 2001 등이 있다.

히로타 가즈코広田和子

1939년. 기타큐슈北九州 시 출생. 저서로는 『証言記録 従軍慰安婦·看護婦』新人物往来社, 1975, 新人物文庫, 2009, 『癌治療革命の先端 横内医院』展望社, 2000, 増補版 2010 등이 있다.

아마하 미치코天羽道子

1926년 만주국 다롄大連 출생. 1943년 신징 시키시마여고新京敷島高女 졸업. 1946년 지유가쿠엔自由学園 고등과 졸업. 1951년 성루크St. Luke 여전 입학. 1954년 졸업. 같은 해 5월 '베테스다 봉사 여성과 어머니회'의 창립과 동시에 입소하여 자원봉사를 하면서 현재에 이르고 있다. 사이타마埼玉현 가조加須의 아이노즈미愛泉 유아원에 약 2년, 베테스다 경영 이즈미료에서 약 11년을 지내고, 1978년부터 가니타 부인의 마을에서 1989년부터 24년간 시설장을 역임, 현재 명예촌장.

니시카와 미유키西川幸

NHK 문제를 생각하는 모임효고 사무국.

히라이 가즈코平井和子

히토쓰바시대학一橋大学 사회학연구과 특임강사. 전공은 일본근현대

여성사, 젠더사. 일본인 '위안부' 프로젝트팀. 저서로 『日本占領とジェンダー』有志舎, 2014, 『「ヒロシマ以後」の広島に生まれて』ひろしま女性学研究所, 2007, 『占領と性』共著, インパクト出版会, 2007 등이 있다.

김부자金富子

도쿄외국어대학東京外国語大学 대학원교수. 전공은 젠더사, 젠더론, 식민지기 조선교육사. VAWW RAC 공동대표. 저서로는 『植民地期朝鮮の教育とジェンダー』世織書房, 2005, 『継続する植民地主義とジェンダー』世織書房, 2011, 공저에 『軍隊と性暴力』現代史料出版, 2010, 『遊廓社会2』吉川弘文館, 2014, 공동 편저에 『「慰安婦」バッシングを越えて』大月書店, 2013 등이 있다.

◆ **자료정리**

다바 사치코田場祥子

VAWW RAC 운영위원. 일본인 '위안부' 프로젝트팀.

요시이케 도시코吉池俊子

호세이대학法政大学 겸임강사. 일본인 '위안부' 프로젝트팀.

야마구치 아키코山口明子

VAWW RAC 운영위원. 일본인 '위안부' 프로젝트팀.

야마다 게이코山田恵子

VAWW RAC 사무국장. 일본인 '위안부' 프로젝트팀.

◆**전쟁과 여성에 대한 폭력 리서치 액션센터** Violence Against Women in War
Research Action Center

통칭 VAWW RAC. 1998년 6월에 발족했다. '전쟁과 여성에 대한 폭력' 일본네트워크 VAWW NET ジャパン 를 발전시켜 개칭하고, 2011년 9월에 재출발했다. 비폭력·평화·탈식민지주의의 입장에서 여성의 인권이 존중되는 사회의 실천을 목표로 하여, 일본군 '위안부' 문제의 해결을 위해 진상규명 조사·연구 을 축으로 활동을 이어가고 있다. 편서로는 『「慰安婦」バッシングを越えて』 大月書店, 2013 이 있다.

전후 일본의 운동과 사상 2

일본인 '위안부'
애국심과 인신매매

초판 1쇄 인쇄 2021년 2월 25일
초판 1쇄 발행 2021년 2월 28일

편저자 니시노 루미코·오노자와 아카네
역자 번역공동체 잇다

펴낸곳 논형
펴낸이 소재두
등록번호 제2003-000019호
등록일자 2003년 3월 5일
주소 서울시 영등포구 당산로 29길 5-1 502호
전화 02-887-3561
팩스 02-887-6690

ISBN 978-89-6357-245-1 03910
값 19,800원